성공의 문을 여는 열쇠 33

조 일 형 지음

지유문고

머 리 말

우리는 미증유의 경제 공황 사태인 IMF를 맞아 많은 사람들이 직장을 잃고 경제적 고통과 실패한 인생의 자책감 속에서 방황하고 괴로워하고 있습니다.

국가 경제 정책의 실패라는 거대한 물결에 휩쓸려 나까지도 실패자가 되고 만 이 어처구니없는 상황에서 하루빨리 나 자신을 추스려 재기하는 계기를 마련하는 데 조그마한 도움이나 힘이 되어 준다면 얼마나 좋을까 하고 이 책을 쓰게 되었습니다.

그래서 이 책은 주로 정신력과 마음가짐의 중요성에 중점을 두었으며, 그것들을 7가지로 나누어 분류하고, 각 장마다 다시 몇 개씩의 절로 나누어 설명했습니다.

이 책을 쓰는 데는 여러 가지 성공학 저서들을 참고했습니다.

우리는 한 번뿐인 우리의 생을 실패로 마감할 수는 없습니다. 나의 직업을 통하여, 나의 일을 통하여, 나의 하루하루을 통하여, 나의 결혼 생활을 통하여, 우리는 우리의 인생을 실질적이며, 보람되며, 빛나는 훈장으로 만들어야만 합니다.

　실의에 빠져 있는 모든 사람이 넘치는 의욕으로 재기의 날을 맞기를 바라며, 날마다가 한숨뿐인 오늘을 날마다가 웃음뿐인 내일로 바꾸기를 바랍니다.

2000년　2월

차 례

차 례

제 1 장
목표 없는 성공은 없다

● ● ●

싸울 수 있는 경우와 싸워서는 안 될 경우를 아는 자는 승리한다.
많은 병력과 적은 병력의 사용 방법을 아는 자는 승리한다.
윗사람과 아랫사람의 마음이 같으면 승리한다.
조심스레 경계함으로써 경계하지 않는 적을 기다리는 자는 승리한다.
장수가 유능하고 군주가 견제하지 아니하는 자는 승리한다.
이 다섯 가지는 승리를 미리 아는 길이다.

손 자

1

목표는 왜 필요할까요

서울로 유학 가서 공부하던 아들이 방학이 되어 농촌인 고향에 돌아왔습니다. 하루는 아버지를 돕기 위해 아버지 대신 소를 몰고 밭을 갈았습니다.

그런데 이상하게도 아버지가 쟁기질한 밭고랑은 똑바른데 자기가 쟁기질한 밭고랑은 꼬불탕꼬불탕 비뚤비뚤 고르지 않았습니다.

아버지에게 왜 그런지 그 이유를 물었습니다. 그러자 아버지가 되물었습니다.

"너는 소를 몰고 가면서 어디를 보느냐?"

"소 뒷발을 따라가면서 뒤집어지는 흙을 봅니다."

"그러니 밭고랑이 비뚤비뚤할 수밖에 없지."

나는 살기 위해서, 봉사하기 위해서,
또 가끔 즐기기 위해서 먹은 적은 있어도
향락을 위해서는 먹지 않았다.
／간디

"그럼 어디를 보면서 쟁기질을 해야 하는데요."

"저기 밭가에 소나무가 한 그루 서 있지 않니. 그 소나무를 보고 가면 그 나무가 목표가 되기 때문에 밭고랑이 똑바르게 된단다. 너는 목표가 없기 때문에 이렇게 비뚤비뚤할 수밖에 없는 거다."

인생에서 목표가 중요하다는 사실을 모르거나 부정하는 사람은 거의 없을 것입니다. 그러나 불행히도 대부분의 사람들은 확실한 목표를 가지지 않고 임기응변식으로 살고 있습니다.

미국의 양로원에서 사는 노인들의 사망률은 생일과 공휴일 전날에는 비교적 낮다고 합니다.

할 일이 없는 대부분의 노인들은 생일이라든지 크리스마스라든지 하는 기념일을 멋있게 보내기 위한 계획을 세우고 그 날이 오기를 손꼽아 기다립니다. 그러나 그런 기념일이 지나고 나면 일정한 목표가 달성되었다는 만족감과 함께 삶의 의지가 약화되기 때문에 사망률이 급증한다고 합니다.

'파브르의 곤충기'로 유명한 프랑스의 곤충학자 앙리 파브르는 어느 날 날벌레에 관해 연구를 하다가 매우 이상한 현상을 발견했다고 합니다. 파브르가 관찰하고 있던 이 날벌레들은 앞서가는 놈만 따라다니면서 빙빙 도는 것이었습니다.

1주일 동안이나 밤낮으로 앞서가는 놈만 따라서 빙빙 돌던 날벌레들은 결국 굶주려 죽고 마는 것이었습니다. 가까운 곳에 먹이를 넉넉히 두었는데도 그놈들은 먹이를 먹지 않고 앞서가는 놈만 따라다니다가 굶주려 죽고 만 것입니다.

왜냐 하면 날벌레들은 목적 의식 없이 행동하기 때문입니다. 사람들도 목적 없이 살면 이런 실수를 범하는 것입니다.

사람이 인생에서 실패하는 원인 중 가장 큰 것은 계획을 세우지 않고 사는 데서 찾을 수 있습니다. 목표 없는 인생은 인생을 낭비하고 있는 것과 같습니다. 목표가 없으니 계획을 세울 수 없겠지요.

그런데 대부분의 사람들은 왜 인생의 목표를 세우지 않는 것일까요. 그들은 목표에 도달하지 못할 것을 두려워하고 겁내어 목표 설정을 하지 않는 것입니다.

아무런 계획을 세우지 않으면 아무런 실패도 하지 않을 것이라고 생각할지도 모릅니다. 그러나 이것은 잘못된 생각입니다. 따지고 보면 세상에 실패하지 않고 성공만 한 사람은 거의 없습니다.

배는 항구 안에 있을 때 훨씬 안전합니다. 그러나 배는 항구에 묶여 있기 위해서 만들어진 것은 아닙니다. 항해는 누구도 예측할 수 없는 위험을 항상 수반합니다. 그래도 배는 항해를 해야만 합니다.

만약 사람이 목표를 수립하지 않는다면 실패할 염려는 없겠지요. 그러나 사람이 세상에 태어나서 밥만 먹고 똥만 싸다 죽는다면 그를 가

> 서적은 그것을 이해하는 사람에 의해서만 전해지고,
> 사물은 그것을 이해하는 사람에 의해서만
> 귀하게 여겨진다.
> √갈홍

리켜 사람이라고 우리는 일컬을 수 없을 것입니다.

사람에게 인생의 목표는 그 개인의 존재 이유가 되기도 하지만 크게는 인류가 존재하는 이유이기도 합니다. 목표는 내가 내 자신을 위해서, 그리고 다른 사람들을 위해서 내가 할 수 있는 모든 것을 가능케 할 것입니다.

혹 나는 목표 없이 이 치열한 생존 경쟁에 참여하고 있지는 않은지 지금 당장 되돌아봅시다. 목표 없이 살고 있으면서 성공하기를 바라고 있는 것은 아닌지 반성해 봅시다.

내가 학생이든 회사원이든 자영업자이든, 내가 농촌에서 살고 있든 서울에서 살고 있든, 내게 합당한 목표를 가지고 있어야 합니다. 나에게 설사 산을 옮길 만한 힘이 있다고 하더라도 그 힘을 쓸 목표를 가지고 있지 못하다면 그 힘을 나쁜 일에 사용하여 영원한 죄인이 되고 말는지도 모릅니다. 그러나 그 힘을 사용할 분명한 목표를 가지고 있다면, 역도 선수가 되든 씨름 선수가 되든 그 힘을 이용하여 내 인생을 향상시킬 수 있는 큰 일을 이루어 낼 수 있을 것입니다.

세계 최고봉인 에베레스트 산을 역사상 최초로 정복한 영국의 힐러리 경은 "나는 에베레스트에 오르고야 말겠다는 목표를 세우고 등산을 시작했는데, 어느 날 정말로 에베레스트 꼭대기에 올라 있는 나를 발견했습니다."라고 말했습니다.

목표 없이는 누구도 인생에서 어떤 것도 얻을 수 없습니다.

2

성공의 문을 여는 열쇠

목표는 계획으로 달성됩니다

세 명의 탐험가가 '생명과 지혜의 동굴'을 탐험하기로 했습니다.

동굴 입구에는 동굴을 지키는 문지기가 있었습니다. 동굴 안으로 들어가려면 문지기의 허락을 받아야 했습니다.

문지기가 세 사람의 탐험가에게 물었습니다.

"생명과 지혜의 동굴에 들어가면 얼마나 멀리까지 탐험할 계획입니까?"

세 사람의 탐험가는 서로 의논을 하고는 멀리까지 들어간다고 하면 들여보내 주지 않을 것 같아서 이렇게 대답했습니다.

"그리 멀리 들어가지 않을 겁니다. 우리는 단지 동굴에 들어갔다왔다는 말만 들으면 되니까요."

미래를 생각지 않는다면 아무것도 가질 수 없다.
√굴즈워디

동굴지기는 매우 실망한 표정을 지으며 안내인을 불렀습니다.

"이분들을 동굴로 안내하되 멀리 가지 말고 가까운 곳만 잠깐 보여주고 돌려보내십시오."

목표는 성취하고자 하는 목적이며 계획은 그 목적을 달성하기 위한 구체적인 방법입니다. 목표와 계획은 모두 나의 마음 속에 들어 있습니다.

주위를 한번 살펴봅시다. 자연을 제외하고 우리 주위에 있는 사물은 거의 모두 누군가의 머릿속에서 누군가의 목적에 의해 만들어진 것입니다. 지금 내가 입고 있는 옷, 내가 살고 있는 집, 그리고 일상 생활에 필요한 모든 것들은 누군가의 생각에서 비롯된 것이고, 그 생각한 것을 설계하고 만들며, 또 파는 일이 또 다른 사람들의 목표로 정해집니다.

우리들의 눈에 보이는 모든 사물은 사람들의 마음 속에 있는 목표와 계획 또는 아이디어에서 시작되었습니다.

그런데도 우리는 자녀 교육에 관심이 많은 사람들까지도, 자녀들에게 목표와 계획을 세우는 일에 조언을 해 주거나 목표나 계획을 세우도록 이끌어 주는 부모를 찾아보기 힘듭니다.

목표와 계획을 세우는 일이 일상화되도록 하는 일만큼 중요한 인생의 준비는 없는데도 말입니다.

많은 사람들이 매일, 매주, 매월 쉬지 않고 일하고 있습니다. 그 중 어떤 사람은 목표를 가지고 있기도 하겠지만, 그 목표 역시 모호하고 수동적이어서 제대로 기능을 다하지 못하는 경우가 많습니다. 예를 들자면 목표가 물질적인 것에 한정되어 있는 경우가 많습니다.

목표를 세우고 그 목표를 달성하기 위해서는 구체적인 계획을 세우는 일이 중요합니다.

구체적인 목표는 여러 가지 관점에서 세울 수 있습니다. 3년 동안 얼마만한 돈을 저축하겠다든지, 직장에서 어떤 일을 성취할 것이라든지, 집장만을 몇 년 안에 하겠다든지, 만약 미혼이라면 행복한 관계를 지속적으로 유지할 수 있는 대상을 선택하여 결혼하겠다는 목표를 세울 수도 있습니다.

어떤 사람이 이런 말을 했습니다.

"대부분의 사람들은 일생을 행복하고 멋지게 함께 보낼 사람을 선택하는 것보다 새 차를 고르는 데 더 많은 관심을 기울인다."

참으로 안타까운 일입니다.

목표를 세울 때는 진지하게 생각해야 합니다. 가정 생활과 사회 생활을 더욱 풍요롭게 하는 목표를 세워야 합니다. 매일 자신의 존재 가치를 생각하고 삶의 여러 가지 면을 고려하여 어떻게 발전시켜 나가야 행복한 생활을 영위할 수 있는지를 생각해야 합니다.

이 때 나의 생각은 창의적이어야 하고 누군가의 것을 본딴 모방에 사람은 서로의 입장과 처지를 바꿔 생각해야 한다.
√공자

서 벗어나 나만의 꿈을 가져야 합니다. 목표 설정이 현실적이든 비현
실적이든 따지지 말아야 합니다.

이렇게 만든 여러 가지의 목표를 메모해 놓고 그 중에서 다섯 가지
정도를 선택합시다.

다음 단계는 이 다섯 가지의 목표에 어떻게 도달할 것인가 그 방법
을 결정해야 합니다.

대부분의 사람들은 여기서 포기하고 맙니다. 왜냐 하면 실현 가능
성이 희박한 지나치게 큰 목표를 세웠기 때문입니다.

생각과 달리 목표를 달성하기 어려우면 그만 실망해서 포기하고 마
는 경우가 많습니다.

포기하지 않을 목표를 세우려면 이런 방법을 써 보는 것이 어떨까요.

우선 여러 가지 목표를 다 메모합니다. 그리고 그 목표를 여러 단계
로 나누어서 아주 쉬운 단계부터 차근차근 해 나가겠다는 계획을 세
웁니다. 그래야 목표 달성의 기쁨을 맛보면서 점차 고감도의 목표를
향해 나갈 수 있습니다.

목표를 향해 가다가 어떤 사람들은 종종 스스로 무력해지고 마는
경우도 있습니다. 만약 목표 달성에 약간의 성과는 있지만 이 정도에
서 멈추지 않으면 안 될 사정이 생겼다면 목표를 다시 한 번 점검해
보아야 합니다. 그리고 그 목표가 얼마나 중요한 것인가를 생각해 보

고, 그 목표가 별로 중요한 것이 아니라면 과감히 버리고 더 적합한 목표로 바꿔 봅시다. 그리고 새로운 목표를 성취하겠다는 새로운 각오로 다시 시작합시다.

목표에 도달하기 위해 다음과 같은 방법을 써 보는 것도 도움이 될 것입니다.

다섯 가지의 목표를 카드에 적습니다. 그리고 그 목표로 가는 각 단계를 적어 둡니다. 한 장은 매일 보는 거울에 붙여 둡니다. 다른 한 장은 지갑에 넣고 다닙니다. 이렇게 함으로써 매일 의식적으로나 무의식적으로나 각 목표의 단계를 마음 속에 되새기게 됩니다.

그렇다고 해서 목표 달성을 위해 너무 조바심을 내거나 서두를 필요는 없습니다. 목표 달성을 위한 가장 적절한 방법에 따르면 되는 것입니다.

근무 시간중에도 의식적으로 목표와 그 실행 방법을 생각해야 합니다. 이렇게 하면 무의식의 마음까지도 목표 달성을 위해 움직이게 될 것입니다. 이렇게 하면 나의 무의식은 점심을 먹거나 운전을 할 때와 같은 예기치 않은 때에 능력을 발휘할 수도 있습니다. 언제든지 갑자기 떠오르는 모든 생각을 적어 두기 바랍니다.

실제적이고도 도달 가능한 단기 목표 외에 장기적인 목표, 예를 들면 나는 장차 의사가 되겠다는 목표를 세웠을 경우, 그 목표에 다가가 사색은 지혜를 낳는다.
√ 관자

기 위한 구체적인 단계적 목표를 세워야 합니다. 물론 목표가 현실적이고 실제적이어야 하는 것은 두말 할 필요가 없습니다.

목표와 계획은 모두 현실적인 환경의 변화에 따라 변할 수 있습니다. 목표나 계획을 변경할 수 없는 것, 비석에 새겨도 좋을 만큼 절대로 바꿀 수 없는 것이라고 스스로를 한정해 버리면 안 됩니다. 목표와 계획을 수정하는 것은 결코 실패가 아닙니다.

목표는 이상일 뿐입니다. 주위의 여건이나 현실적 환경이 목표를 낮추지 않을 수 없게 할지도 모릅니다. 그래서 목표 가운데 50%밖에 달성하지 못한 경우가 생길는지도 모릅니다. 그러나 그것을 실패라고 생각할 필요는 없습니다. 만약 목표를 세우지 않았다면 그 50%조차도 얻지 못했을 것이니까요.

어떤 목표는 여러 가지 어려움에도 불구하고 기어코 달성하고 싶은 유혹을 느끼는 것이 있을 것입니다. 그 목표가 더 이상 현실적인 것이 아니라면 현실적인 다른 목표를 설정하는 것이 더 좋을 것입니다.

목표가 목표 자체로 고정되어서는 안 됩니다. 100% 달성을 고집하다가는 자칫 실패자가 될지도 모르기 때문입니다.

야구 선수의 평균 타율을 생각해 봅시다. 3할 타자는 우수한 타자에 속합니다. 우리는 자신의 목표에도 그와 같은 여유를 가져야 합니다. 100% 달성에 너무 집착하지 맙시다. 왜냐 하면 우리는 신이 아니고 인간이기 때문입니다.

3

성공의 문을 여는 열쇠

목표는 이렇게 세웁시다

① 목표는 가능한 크게 세워야 합니다

목표가 작으면 사람의 마음을 자극하지 못합니다. 목표가 크면 클수록 도전 의지가 솟아오릅니다. 목표가 크면 기대도 크고, 큰 기대를 가지고 있는 사람은 그것을 달성하기 위해서 더 많이 노력하고 더 많이 일을 하게 됩니다. 그러면 당연히 이루는 것도 클 수밖에 없습니다.

우리 나라의 올림픽 국가 대표 축구 선수단이 목표를 기껏해야 아시아 지역 예선 통과 정도에 둔다면 국민적 관심도 관심이지만 선수들 자신도 적당히 해내겠다는 나태에 빠질 수 있습니다. 그러나 목표를 본선에서 8강에 둔다면 예선 게임의 수준을 높이고 실력을 향상시

가장 유능한 자는 가장 많이 배우는 자이다.
√괴테

키기 위해 모든 가능한 노력과 수단을 다 동원할 것입니다. 국가의 지원, 국민의 관심, 축구인들의 노력, 선수 개개인의 각오와 노력 등이 모두 최선을 다하는 쪽으로 모아질 것입니다.

내가 대학 입시를 앞둔 고등 학생이라면 진학 목표를 일류대에 두고 공부하는 것과 적당한 대학에 두고 공부하는 것과 어느 쪽이 공부의 강도와 각오에서 더 맹렬하겠습니까?

내가 만약 자동차 세일즈맨이라면 한 달 판매 목표를 5대로 잡는 것과 10대로 잡는 것과 어느 쪽이 더 많이 노력하고 열심히 뛰겠습니까?

물론 달성하기에 전혀 불가능할 정도의 거창한 목표는 오히려 애초부터 도전 의지를 꺾어 버릴 수 있습니다.

목표는 달성 가능한 정도에서 최대한으로 크게 세우고 그것을 달성하기 위해 최선을 다한다는 각오를 다져야 합니다.

② 목표는 장기적인 것부터 세워야 합니다

장기적인 목표를 가지고 있는 사람은 단기적인 불행이나 스트레스나 장애물이나 사소한 문제점들은 얼마든지 극복할 수 있습니다. 이러한 여러 가지 장애물을 극복하고 마침내 장기적인 목표를 달성했을 때 우리는 그 역경들이 나를 넘어뜨리는 돌부리가 아니라 성공으로 가는 길의 디딤돌이었다는 사실을 알게 될 것입니다.

장기적인 목표를 향해 나아가는 사람은 과정에서 만난 여러 가지 문제들에 대해 그때 그때 해답을 만들면서 나아갑니다. 그러므로 장기적인 목표를 수립하면서 모든 문제점에 대하여 완벽한 해답을 가지고 출발하겠다는 욕심을 버리는 것이 좋습니다.

아무리 계획을 완벽하게 세웠다고 하더라도 일을 하다 보면 예기치 않은 돌발 사태나 돌출되는 문제에 부딪힐 수밖에 없을 것입니다. 그럴 때는 부분적으로 계획을 수정해 가면서 일을 추진해 가면 되는 것입니다.

장기적인 목표를 세우지 않고 너무 단기적인 목표만 세워 그것을 해치우기 위해 몰두하다 보면 일시적인 장애나 돌발 사태가 짜증스러움을 가중시키고, 실망감 때문에 괴로워하게 될 것입니다.

그러므로 장기적인 목표를 우선 세우고 그 장기적인 목표를 달성하기 위한 수단으로서 단기적인 목표를 세우도록 합시다.

③ 목표는 하루에서부터 시작해야 합니다

위대한 사람이 될 수 있는 기회는 장백폭포처럼 수직으로 떨어져 내려서 내게 오는 것이 아니라 작은 빗방울이 모이고 모여 옷을 적시

부드러운 빗방울이 딱딱한 대리석을 뚫는다.
√럭비

는 가랑비처럼 오는 것입니다.

큰 목표를 향해 나아가는, 하루하루의 목표를 달성하기 위해 열심히 일하다 보면 나도 모르는 새에 어느덧 목표가 눈앞에 다가와 있는 감격을 맛보게 될 것입니다.

아무리 높은 에베레스트의 산봉우리일지라도 한 걸음 한 걸음씩 나아감으로써 정복되는 것입니다.

하루하루의 목표를 세우지 않고 무작정 장기적인 목표에만 도전하는 사람은 몽상가이거나 공상가라고밖에 볼 수 없습니다.

오늘 하루의 목표를 달성하고 만족감에 젖어서 퇴근하는 행복한 사람은 날마다가 행복한 사람이고, 마침내 큰 꿈을 보너스처럼 얻게 되는 행운까지도 차지하는 정말로 행복한 사람일 것입니다.

④ 목표는 구체적으로 세워야 합니다

구체적인 목표란 '나는 돈을 많이 벌겠다'는 식의 막연한 계획이 아니라, '나는 100만 원을 10개월 안에 모으겠다'는 식으로 기간과 수량을 정하는 것을 말합니다.

구체적인 목표가 아닌 막연한 목표를 세우는 사람은 어떤 일을 해도 어떻게 일을 해도 성공할 수가 없습니다. 그냥 우왕좌왕하다가 심신만 피로해져 쓰러지고 마는 사람이 되기 십상입니다.

실현 가능성이 없는 뜬구름 같은 계획은 결코 세워서는 안 됩니다.

행운만을 믿고 계획을 세워서도 안 됩니다.

나를 위한 계획이 아니고 남의 눈을 의식하거나 남을 즐겁게 해 주기 위한 계획도 세워서는 안 됩니다.

내 인생의 주인공은 나이고 그런 나를 위한 계획이어야만 내가 즐거운 마음으로, 적극적인 관심을 갖고 실천할 수 있게 됩니다.

그리고 다른 무엇에 앞서서 너무 황당하거나 실현 가능성이 전혀 없는 목표를 설정해서는 안 됩니다.

실현 가능성이 없는 줄 알면서 굳이 허황한 목표를 세우는 사람은 실패했을 때 변명하기 위해 미리 도망갈 구멍을 만들어 놓는 사람입니다. 그런 사람들은 누가 보아도 실현 불가능해 보이는 목표이기 때문에 다른 사람들도 이해해 줄 것이라고 바라는 것입니다.

자신이 흥미없는 분야에 대해 목표를 세워서도 안 되고, 다른 사람에게 과시하기 위해서 목표를 세워서도 안 되고, 남이 권유하기 때문에 어쩔 수 없이 목표를 세워서도 안 됩니다.

이렇게 세운 목표에는 당연히 최선의 노력을 기울이지 않게 될 것이기 때문입니다.

행운만 바라고 어떻게 되겠지 하는 막연한 기대감에 빠져서 목표를 세우는 것도 잘못입니다. 행운은 성공을 가져다 주지 않습니다. 성공

> 불가능이란 소신한 자의 환상이요,
> 비겁한 자의 도피처이다.
> √나폴레옹

을 가져다 주는 확실한 보증 수표는 바로 노력뿐입니다.

사람의 기본적인 행동 양식은 설계 단계에서부터 목표 추구형으로 만들어져 있습니다. 마치 유도 미사일을 움직이는 자동 조절 장치와도 같습니다. 목표가 애매모호하거나 불분명하면 그 자동 시스템은 제대로 작동하지 못합니다. 목표물이 사정 거리보다 먼 곳에 있어도 그 유도 미사일의 자동 조절 장치는 작동을 제대로 하지 못합니다.

목표가 분명하고 정확한 것이라면 우리의 행동 양식은 그것을 향해서 스스로 질문하고 스스로 해답을 제시하면서 목표와 관계되는 여러 가지 여건 변화에 대응해 나갑니다.

⑤ 목표를 세우기에 앞서 나 자신을 알아야 합니다

나 자신이 처해 있는 위치와 처지를 분명히 깨닫지 못한 채 세운 목표는 사상누각과 같습니다. 나의 현실에 맞는 목표를 세우기 위해서 우선 '나의 현재'를 객관적으로 분명히 파악해 보아야 합니다.

그런 다음에 '나의 능력'을 객관적으로 평가해 보아야 합니다.

만약 내가 보험 회사 영업 사원이라면, 한 달 정도의 나의 생활을 스스로 기록해 보면 나의 능력이 눈에 보일 것입니다. 나의 생활을 정확히 기록하기 위해서 다음의 몇 가지 사항을 알아야 합니다.

① 아침에 일어나는 시간과 잠자리에 드는 시간, 출근 시간과 퇴근
하는 시간.

② 점심 시간, 커피 타임, 친구 만나는 시간, 그 밖에 사적인 일로
소비하는 시간.

③ 고객과의 대화, 영업 활동을 위한 거래처 방문, 판매고를 높이
기 위해 일하는 시간.

이렇게 자신의 24시를 한 달 동안 정확하게 기록해 보면 내가 보험
가입자를 더 많이 모집하기 위해 얼마나 적극성을 가지고 노력하고
있는지, 아니면 그냥저냥 시간만 때우고 있는지 드러나게 됩니다. 이
렇게 확실한 근거를 바탕으로 내가 개선해야 할 부분을 포함해서 나
의 능력을 측정해 보면 합리적인 목표 설정이 가능해집니다.

⑥ 목표 달성을 위한 세부 계획을 세워야 합니다

목표를 달성하려면 우선 메모지에 바라는 목표를 상세히 기록합니
다. 구체적으로 언제까지 무엇을 어떻게 하겠다는 내용을 기록해야 합
니다.

그리고 그것을 중요한 순서대로 순번을 정해서 기록합니다.

그 다음에는 그 목표를 달성하는 데 나타날 수 있는 장애 요소 목록

자기의 목적에 대한 수단을 알고,
그것을 포착해 이용할 줄을 아는가 모르는가에 따라서
행복과 불행이 갈린다.
√괴테

을 만듭니다. 만일 목표를 달성하는 데 장애 요소가 없다면 그 목표는 이미 달성한 것이나 다름 없습니다. 아직 이루지 못한 목표에는 장애 요소가 없을 수 없습니다.

장애 요소 목록을 작성했다면 그 장애 요소를 극복할 수 있는 방법을 세워 둡니다. 만약에 장애 요소를 정확히 예측하고, 그것들을 극복할 방법을 미리 찾아 둔다면 그 목표는 이미 절반쯤은 성공적으로 달성한 것과 같습니다.

이런 훈련을 통해 예측 불가능한 돌발 사태를 만나더라도 그것을 극복할 수 있는 요령과 실력이 향상될 것입니다.

사람들은 대부분 생각지 못한 장애물을 만나면 당황해서 그것을 극복하려 하기보다는 해결하기 위한 노력을 포기하고 맙니다. 포기하면 변화에 대응하고 문제를 해결하기 위해 스스로 작동하던 행동 양식의 자동 시스템도 작동을 멈추고 맙니다.

그런 사람은 '나는 할 수 없다' 는 말을, 어떤 일을 해 보기도 전에 입에 달고 다닙니다.

패배 의식에 젖은 사람은 결코 성공할 수 없습니다.

4

성공의 문을 여는 열쇠

목표를 달성하기 위해서 꾸준히 노력합시다

리처드 버크가 쓴 유명한 소설 '갈매기의 꿈'을 읽어 보셨는지요.

갈매기들은 모두 쓰레기 더미 등을 뒤지면서 먹고 사는 데 만족하며 살았습니다. 그런데 조나단이라는 갈매기만은 결코 그런 삶에 만족할 수가 없었습니다.

조나단은 오직 하늘을 날아오르는 일에 전념합니다. 날개는 먹고 살기 위해 존재하는 것이 아니라 하늘을 날기 위해 존재한다고 믿었습니다.

조나단은 하늘 높이 나는 일에 열정을 다했고, 마침내 그 꿈을 이룹니다. 하늘 높이 날아오른 조나단은 이렇게 외칩니다.

"이것이 하늘이구나."

일이 즐거우면 인생은 낙원이다.
일이 의무에 불과하면 인생은 지옥이다.
√고리키

다른 갈매기들은 이런 꿈을 이루려고 한 조나단을 미쳤다고 여겨 자기들의 사회에서 추방해 버립니다.

조나단은 매우 슬펐습니다. 조나단은 그가 동료들의 사회에서 쫓겨 난 것을 슬퍼한 것이 아니라, 먹고 사는 데만 급급하고 오직 배부른 것에서만 행복을 추구하는 동료들의 모습을 슬퍼한 것입니다.

그는 고독한 선구자였습니다.

'가장 높이 나는 갈매기가 가장 멀리 본다.'

이 책에 씌어 있는 유명한 말입니다.

세계 무적의 한국 양궁 선수들이 명상 속에서 목표물을 향해 활을 쏘는 이른바 마인드 컨트롤 훈련을 한다고 해서 그 독특한 훈련법을 다른 나라에서 배워 갔다고 합니다.

실제로 이런 정신 훈련은 여러 분야에서 그 효과를 입증하고 있습 니다. 정신 훈련 뿐만 아니라 실제 훈련이나 연습도 중단함이 없이 꾸 준히 해야 그 효과가 줄어들지 않고 점진적으로 향상되는 것은 누구 나 아는 사실입니다.

미국의 네스미드 소령은 골프를 좋아했다고 합니다. 그는 주말이면 열일 제쳐 놓고 골프를 쳤는데 그의 실력은 90타 정도였다고 합니다. 그는 월남전에 참전했다가 월맹군의 포로가 되어 5년 동안이나 짐승 우리 같은 작은 감방에서 갇혀 지냈습니다.

그는 어떻게 하면 이 곳에서 탈출할 수 있을까만을 생각하다가, 내가 이 곳에서 미치지 않고 살아남으려면 무언가 정신을 쏟을 만한 일을 해야겠다고 생각했습니다. 그래서 그는 상상만으로 18홀을 다 도는 상상 골프를 했습니다. 그 5년 동안 하루도 빠짐없이 상상 속에서 18홀을 돌았습니다. 그는 온 정신을 집중하여 한 타 한 타를 쳤고, 실전에서보다 더 지극한 집중력으로 공을 홀에 집어넣었습니다.

그가 상상 골프로 18홀을 도는 데는 4시간이 소요되었습니다. 그 상상 골프 덕에 그는 미치지 않고 5년의 감방 생활을 할 수 있었습니다. 그가 석방되어 미국에 돌아와서 다시 골프채를 잡았을 때 그는 옛날의 90타 실력보다 훨씬 우수한 74타를 기록했다고 합니다.

이러한 정신적인 훈련은 내가 하는 무슨 일에서나 목표를 달성하는 데 큰 효과를 발휘합니다. 운동 선수는 물론이고, 의과 대학 학생이 시체를 가지고 실습하면서 실력을 연마하는 것도 그렇고, 영업 사원이 고객을 설득하기 위해 대화법을 훈련하는 것도 목표 달성을 위한 연습이라고 하겠습니다.

이런 훈련 과정에서 실제로 중요한 것은 어떤 분야의 어떤 목표를 세웠더라도, 그 목표가 반드시 곧 달성될 것이라고 믿는 자기 최면이 중요합니다. 내가 마음 속으로 굳게 믿으면 믿는 대로 결과는 나타나게 됩니다.

시도하지 않는 곳에 성공이 있었던 예는 결코 없다.
√넬슨

　일단 목표를 세우면 다른 것은 돌아보지 말고 오로지 목표만을 생각하고 목표 달성만을 위해서 행동해야 합니다. 적극적으로 목표 달성을 생각하면 목표는 만드시 달성할 수 있습니다.

　목표를 계속해서 주시하고 목표를 계속해서 추적하면 그 목표가 어디로 숨을 수 있겠습니까.

　신약성서에 보면 베드로가 물 위를 걷다가 물에 빠진 이야기가 나옵니다. 베드로는 예수 그리스도를 향해 물 위를 걸어가고 있었습니다. 그런데 그 때 바람이 불어서 시선을 바람에 빼앗기는 바람에 그만 물에 빠지고 만 것입니다.

　권투 선수들이 시합 전에 인터뷰를 하는 것을 보면 어느 누구도 내가 질 것이다라는 말을 하지 않습니다. 반드시 상대를 때려누이겠다고 호언장담을 합니다. 이번 시합을 반드시 이기고 다음에는 누구누구를 목표로 삼겠다고 말하기도 합니다. 그들은 상대를 이기겠다는 목표로 고된 훈련을 하고, 그 고된 훈련을 잘 이겨 낸 사람이 이기는 경우가 많습니다. 훈련중에 스캔들을 일으키거나 매니저와 갈등을 일으킨 선수치고 시합에서 승리한 경우를 보기 힘듭니다.

　목표는 그것을 달성하기 위해 세운 계획을 실천함으로써 달성됩니다. 계획을 실천에 옮기는 행동이야말로 성공하는 사람이 갖추어야 할 덕목입니다. 아무리 훌륭한 계획일지라도 행동에 옮기지 않으면 한낱 종이 위에 그린 꽃일 뿐입니다.

제 2 장
반드시 이룬다는 신념을 갖자

● ● ●

자기 앞에 어떠한 운명이 가로놓여 있는가를
생각하지 말고 앞으로 나아가라.
그리고 대담하게 자기의 운명에 도전하라.
이것은 옛말이지만 거기에는 인생의 풍파를 헤쳐 나가는 묘법이 있다.
운명을 두려워하는 자는 운명에 먹히고
운명에 도전하는 자는 운명이 길을 비킨다.

비스마르크

5

성공의 문을 여는 열쇠

신념을 가지면 기적이 생깁니다

알버트 아인슈타인은 네 살이 되어서도 말을 잘 못해 주위 사람들은 물론 부모에게 저능아 취급을 받았습니다.

여덟 살이 되어서야 학교에 들어갔는데, 담임 선생은 그 아이가 너무 모자라 다른 학생들에게 피해를 주므로 학교에 나오지 못하게 해 달라고 부모에게 통사정을 했습니다.

당시 그의 학적부에는 '이 어린이한테는 어떤 업적도 기대할 수 없음'이라고 씌어 있습니다.

나중에 아인슈타인은 취리히에 있는 한 대학 입시에 떨어져서 그 다음 해에야 겨우 합격할 수 있었습니다.

하지만 그는 훗날 상대성 이론으로 세계적인 대과학자가 되었습니다.

사람이 낮에 언행의 실수를 했다면
밤에도 마음을 바로잡을 수 없다.
√김재

에디슨은 학교 선생님이 건네준 쪽지를 어머니에게 보여 주었습니다. 거기에는 에디슨이 정상적인 학습 속도를 따라가지 못할 만큼 우둔하므로 자퇴시켰으면 좋겠다는 내용이 적혀 있었습니다.

에디슨은 어렸을 때 새처럼 하늘을 나는 실험을 한답시고 친구에게 소다를 먹여 고생시키기도 하고, 병아리를 나오게 하겠다고 달걀을 품는 등 여느 아이와 달랐습니다.

에디슨의 어머니는 아들의 이런 행동을 우둔한 것으로 보지 않고 뛰어난 재능으로 보았으며, 그가 훌륭한 발명가가 될 수 있도록 믿고 격려해 주었습니다.

집이 가난해서 어릴 때부터 나폴리의 한 공장에서 기계공으로 일하던 카루소는 성악가가 되고 싶어서 열 살 때 처음으로 음악 레슨을 받았습니다. 그런데 그 선생은 "넌 안 돼. 네 목소리는 문에서 나는 바람 소리 같아."라고 말해 함께 있던 아이들의 웃음거리가 됐습니다.

하지만 농사를 짓는 과부였던 어머니는 아들에게 음악적 재능이 있음을 알고는 포기하지 않고 끝까지 그를 뒷바라지 했습니다.

결국 그는 미성을 인정받아 세계적인 테너 가수로 자리를 굳혔습니다. 말년에는 미성이 상실되기도 했지만 그는 변함없이 성실하게 음악 활동을 계속했습니다.

증기선을 발명한 플튼은 학교에서 공부를 못했습니다. 선생님이 어머니에게 불평하자 어머니는 이렇게 말했습니다.

"선생님, 내 아이는 너무도 창조적인 생각으로 가득 차 있어서 낡은 책 속의 개념을 넣어 둘 빈 공간이 없답니다."

플튼의 어머니는 아들이 공부는 못해도 설계는 매우 잘한다는 사실을 알고는 동네의 기계 상점에서 일하도록 해 주었습니다.

플튼은 훗날 증기선을 발명하고는 그 증기선으로 대서양을 횡단하겠다고 공표했습니다. 그러자 사람들은 '플튼의 실수'라고 하면서 그 일이 실패할 것이라고 생각했습니다. 그렇지만 플튼은 보기 좋게 그 일을 성공시키고 맙니다.

중국의 태항산과 왕옥산은 각각 둘레가 7백 리나 되고, 높이가 만 길이나 되는 큰 산으로 본래는 기주의 남쪽, 황하의 북쪽에 있었습니다.

북산(北山)이라는 곳에 우공(愚公)이라는 사람이 살았는데 그의 나의 90세였습니다. 태항산과 왕옥산을 마주하고 살았는데 우공은 산 북쪽으로 통행할 때 막힌 곳이 있어서 거기를 지나려면 멀리 돌아서 가게 되는 것을 괴로워하고 있었습니다.

하루는 가족들을 모아 놓고 좋은 방법을 의논하면서 말하기를

"나는 너희들과 함께 힘을 다해 그 험준한 데를 평평하게 닦아서 멀리 돌지 않아도 산 북쪽을 통행할 수 있도록 할 것을 목표로 삼겠다.

오늘 할 수 있는 일에 전력을 다하라.
그러면 내일에는 한 걸음 더 진보한다.
√뉴턴

너희들도 내 뜻을 따르겠느냐."

하니, 모두 따르겠다고 하였으나 그의 아내가 의문을 제기하기를

"당신의 힘으로는 작은 동산 하나도 헐 수 없을 것입니다. 그런 힘으로 태항산과 왕옥산을 어떻게 하시겠다는 것입니까. 그리고 그 흙과 돌은 어디다가 처분하실 것입니까."

라고 하였습니다. 이에 다른 가족들이 말하기를

"그것은 발해의 끝인 은토(隱土) 북쪽에 버리면 됩니다."

라고 하였습니다. 그는 마침내 아들과 손자를 이끌고 나아가 돌을 깨뜨리고 흙을 파내 키와 삼태기에 담아 발해의 끝으로 운반하는 일을 시작했습니다.

이웃에 사는 젊은 과부에게 아들이 하나 있었습니다. 이제 겨우 이를 갈기 시작하는 어린 나이였는데 뛰어가서 그들을 도와 추운 겨울에서 더운 여름으로 철이 바뀌고 나서야 처음으로 한 차례 흙과 돌을 발해 끝에다 버리고 집으로 돌아왔습니다.

고을의 지혜있다는 한 노인이 그 일을 말리며 말하기를

"당신의 지혜 없음은 이루 말할 수 없군요. 당신의 남은 여생의 여력으로는 저 산의 터럭 하나도 헐어 낼 수 없는데 그 흙과 돌을 어떻게 하실 것입니까."

하니, 우공이 길게 한숨지으며 말하였습니다.

"당신 마음의 완고함은 진실로 막혔군요. 젊은 과부의 어린 아들조

차 그렇지 않습니다. 비록 내가 죽는다고 하더라도 아들이 있어 살고 있습니다. 아들은 또 손자를 낳았고, 손자는 또 아들을 낳을 것입니다. 그래서 자자손손 끝이 다하는 일이 없을 것입니다. 그러나 산은 더 자라지 않습니다. 어찌 평지로 만들어지지 않을 것입니까."

이에 지혜 있다는 노인은 대답할 말을 잃었습니다.

뱀을 부리는 산신(山神)이 이 말을 듣고, 그 작업이 중단되지 않을 것을 두려워하여 그것을 상제(上帝)에게 고하였습니다. 상제가 그 정성에 감동되어 힘좋은 과아씨의 두 아들에게 명령하여 두 산을 업어다가 하나는 북극의 동쪽으로 옮겨 놓고, 하나는 옹주의 남쪽으로 옮겨 놓게 하였습니다.

이로부터 우공이 사는 곳에는 높이 솟은 고지대가 없어졌고, 우공은 평평한 평지에서 자유로이 가고 싶은 곳을 왕래하였습니다.

신념은 이처럼 하늘도 두려워하고 산신도 두려워하는 것입니다.

'믿음은 태산도 옮길 수 있다' 는 성서의 구절도 있듯이 우리는 성공을 가져다 주는 가장 확실한 안내자는 바로 신념이란 것을 배울 수 있습니다. 신념에는 신비한 힘이 있습니다. 신념은 일을 하는 데 필요한 힘, 기술, 능력, 에너지를 제공해 줍니다. '나는 반드시 할 수 있다' 고 믿으면 그 일을 해내는 데 필요한 방법이 구해집니다.

> 가볍게 승낙하는 것은 반드시 신용이 적고,
> 쉽다는 것이 많으면 반드시 어려움이 많다.
> √노자

　실제로 오늘날 우리 눈에 보이는 신비한 일들, 이를테면 인간이 달나라에 갈 수 있는 일, 무선 전화기로 서울에서 미국의 친구에게 통화를 할 수 있는 일, 실물에 가까운 영상이 공중 전파를 타고 우리집 텔레비전 수상기에 재현되는 일 등을 해낸 사람들은 우연히 어쩌다가 그런 일을 해내게 되었을까요.

　인간을 반드시 달나라에 보내겠다는, 그리고 반드시 보낼 수 있다는 신념이 없었다면, 그런 일은 단지 공상의 수준에 머물러 있을 수밖에 없었을 것입니다. 성공한 모든 일의 배후에는 성공에 대한 신념이 존재하고 있습니다. 성공을 믿는 확고한 신념은 성공한 사람들의 정신과 마음에 자리잡고 있는 기본적인 성분입니다.

　나는 반드시 이 일을 성공적으로 해낼 수 있다고 믿는다면, 진심으로 그렇게 믿는다면, 그 일은 이루어지고 말 것입니다.

　실패한 사람들이 하는 말 가운데 공통적인 것이 있습니다.

　"주위 사람들이 많은 조언을 해 주지만 나는 그것이 도움이 된다고 믿지 않는다."

　"해 보기는 하겠지만 잘 될 것 같지 않다."

　믿지 않는다는 생각은 부정적인 힘입니다. 부정적인 힘은 실패만을 낳을 뿐입니다. 불신하고 회의하고 있는 동안 마음은 그 불신을 보증하는 원인을 만들어 냅니다.

의심, 회의, 불신, 실패할 것이라는 잠재 의식, 성공을 간절히 소망하지 않는 것 등 대부분의 실패는 이러한 것들이 원인이 됩니다. 의심을 품으면 실패하고 신념을 가지면 성공합니다. 그것은 진리입니다.

신념은 성공을 조절하는 자동 온도 조절기와 같은 것입니다. 신념의 희망 온도를 높이면 성공 확률도 올라가고 신념의 희망 온도를 낮추면 성공의 확률도 내려갑니다.

신념의 자동 온도 조절 장치를 상향 조절하지 않고 사는 사람은 점점 위축되고 점점 자기를 과소 평가하게 되어, 세월이 흐름에 따라 말씨, 걸음걸이, 행동 등에까지 나타나게 됩니다.

훌륭한 일을 해내지 못하는 평범한 사람들은 대부분 나는 별로 가치가 없는 사람이라고 믿고 있으며, 그렇기 때문에 인생에서 하찮은 것밖에 얻지 못하고 있습니다.

나는 가치 있는 사람이라고 믿어야 합니다. 그래야 전진할 수 있고, 성공의 열매를 수확할 수 있습니다. 나는 큰일을 할 수 있다고 믿어야 하고 그 큰일을 해내기 위해 치밀한 계획을 세워 행동에 옮기면 목표를 달성하게 됩니다. 그렇게 하면 내가 하는 모든 일, 사람을 대하는 태도, 나의 성격, 생각, 견해 등이 이렇게 나에게 말해 줄 것입니다. "여기에 능력이 있는 사람이 있다. 이 사람은 아주 중요한 인물이다."

사람은 그가 하는 생각, 사고 방식의 결과물입니다. 마음은 생각의 공장입니다. 하루 종일 끊임없이 온갖 생각을 낳는 매우 바쁜 공장입

> 인생을 가장 인생답게 인도하는 힘은 의지력이다.
> 기둥이 약하면 집이 흔들리는 것처럼
> 의지가 약하면 생활이 흔들린다.
> √에머슨

니다.

이 생각의 공장은 두 사람의 관리자가 움직입니다. 한 사람은 승리라는 사람이고 또 한 사람은 패배라는 사람입니다.

승리 씨는 적극적인 생각의 생산을 관리합니다. 패배 씨는 소극적인 생각의 생산을 관리합니다.

승리 씨는 '왜 이 일에 나는 적합한 사람인가, 왜 이 일을 해내는 데 내가 필요한 사람인가' 그 원인과 답을 찾는 일에 골몰합니다.

패배 씨는 '왜 나는 이 일을 맡을 수 없는가, 왜 나는 약한가, 왜 나는 이 일을 해내는 데 부적당한 사람인가' 하는 부정적인 까닭을 발견하는 일에 골몰합니다.

생각의 공장을 관리하는 이 두 사람은 공장주인 '나' 의 명령에 매우 민감하게 반응합니다. 내가 적극적인 생각을 하면 승리 씨가 즉각 반응하고, 소극적인 생각을 하면 패배 씨가 민감하게 반응합니다.

'나' 자신에게 '오늘은 좋지 못한 날이다' 라고 신호를 보내면 패배 씨가 오늘은 너무 덥다든지, 일이 잘 되어 가지 않을 것이라든지, 몸살이 날 것이라든지 하는 생각을 즉각 생산해 냅니다. 패배 씨는 유능한 관리인이기 때문에 눈깜짝할 사이에 '나' 를 자기가 생산해 낸 부정적인 생각들로 지배해 버리고 맙니다. 그러면 내가 아차하고 깨달을 겨를도 없이 '나' 의 하루는 재수 없는 날이 되고 맙니다.

반대로 '나' 자신에게 '오늘은 무척 좋은 날이다' 라고 신호를 보내면 승리 씨가 즉각적으로 오늘은 멋진 날이다, 날씨도 활동하기에 좋고, 무엇이든 일이 잘 풀릴 것 같은 예감이 든다, 이런 긍정적인 생각을 생산해 냅니다. 그러면 그 날은 '나'에게 좋은 날이 되는 것입니다.

승리 씨는 '나'에게 왜 성공할 수 있는지를 실제로 입증하려고 노력하고, 패배 씨는 왜 실패할 것인지를 납득시키려고 합니다. 그뿐 아니라 이 두 관리자 중 어느 한쪽을 더 많이 활용하면 활용할수록 세력이 막강해집니다. 그래서 상대를 점점 '나'에게서 몰아내고 '나'를 완전히 차지해 버리고 맙니다.

'나'는 성공하려면 생각의 공장에서 패배 씨를 관리자의 자리에서 쫓아내야 합니다. 패배 씨를 쫓아내는 방법은 간단합니다. 어떤 경우에도 승리 씨만을 활용하면 됩니다. 그렇게 하면 승리 씨의 세력이 커져서 패배 씨가 준동하지 못하도록 압도해 버릴 것이기 때문입니다.

성공으로 가는 첫걸음은 바로 나 자신을 믿는 것입니다. 나 자신이 나는 반드시 성공할 것이라고 믿는 것입니다.

신념의 힘을 몸에 익히고 신념의 힘을 강화하기 위한 3가지 방법

① 성공만을 생각한다

일을 하고 있을 때도, 집에 있을 때도, 실패는 생각하지 말고 오로지 성공만을 생각한다. 난관에 봉착했을 때는 극복할 수 있다

자신을 귀하게 생각함으로써 남을 천하게 생각하지 말며
스스로가 크다 하여 남의 작음을 비웃지 말고
용맹만을 믿고 적을 가볍게 여기지 말라.
√강태공

고 생각하고, 기회가 오면 내가 해낼 수 있을까 하고 회의하지 말고 나는 반드시 해낼 수 있다고 생각한다. 오로지 '나는 성공한다'는 기본적인 생각으로 일관해야 한다.

② 나 스스로를 찬양한다

성공한 사람이라고 해서 다 슈퍼맨인 것은 아니다. 성공하는 데는 초능력이 필요한 것도 아니고, 성공이 신비한 것도 아니다. 성공한 사람들은 자기 자신과 자기가 하는 일에 신념을 가진 평범한 사람에 불과하다. 그렇다고 해서 나 자신을 값싸게 팔아서는 안 된다.

③ 크게 믿는다

성공의 크기는 신념의 크기에 비례한다. 작은 성공을 바라면 작은 성공밖에 거둘 수 없다. 큰 목표를 계획하면 큰 성공이 이루어진다. 큰 생각이나 큰 계획이 작은 생각이나 작은 계획보다 쉬울 수도 있다.

6

성공의 문을 여는 열쇠

자신감을 가지고 도전하면 이루어집니다

미국의 메이저 리그에는 역사상 전설이 된 많은 야구 선수가 있습니다. 그 중에서도 외팔이 야구 선수 그레이의 활약상은 전설을 뛰어넘어 신화가 되었습니다.

그레이는 1917년 펜실바니아 주에서 태어났습니다.

여섯 살이 되었을 때 증기 기관차를 타 보고 싶어 달리는 기차에 올라타다가 철로 옆에 나뒹굴었고, 그 때 병원에 실려 가 오른팔을 잘라 내야 하는 수술을 받았습니다. 그렇게 해서 그는 평생 외팔이로 살아야 했습니다.

열 살 무렵부터 그레이는 야구를 좋아해서 왼팔만으로 방망이를 휘둘러 공을 치고, 수비에서도 왼손만으로 공을 잡았습니다. 외팔이라

나의 최대의 영광은
한 번도 실패하지 않는 것이 아니라
쓰러질 때마다 일어나는 데 있다.
√골드스미스

는 결점을 보충이라도 하듯 그레이는 바람처럼 빨리 달렸습니다. 그레이는 동네 야구의 스타 플레이어가 되었습니다.

청년이 된 그레이는 세미 프로 구단에서 활약했습니다. 외팔이 야구 선수의 활약을 보려고 관중들이 만원을 이루었습니다. 그레이의 꿈은 메이저 리그 선수가 되는 것이었습니다.

그는 마침내 1943년 마이너 리그에서 3할 8푼 1리의 타율을 가진 우수한 타자가 되었고, 수비에서도 눈부신 활약을 했습니다.

그는 외야수로 활약하면서 공이 외야로 날아오면 빠른 발을 이용해 바람처럼 달려가 공을 잡았고, 잡은 공을 공중에 던져 올린 뒤 얼른 글로브를 조금 남아 있는 오른팔과 옆구리 사이에 끼어 벗고는 글로브를 벗은 왼손으로 공을 받아 내야수나 포수에게 던져 주는 것이었는데 이 동작이 실로 눈깜짝할 사이에 이루어져 관중들의 박수 갈채를 받았습니다.

1944년 그레이는 타율 3할 3푼 3리, 도루 68개를 기록하여 최우수 선수로 뽑혔습니다.

이 시즌이 끝난 뒤 그레이는 꿈에 그리던 메이저 리그의 선수가 되었습니다. 세인트루이스 부라운즈 팀이 2만 달러의 이적료를 내고 그를 스카웃한 것입니다. 외팔이 야구 선수의 경기를 보려고 관중이 몰려들어 그가 뛰는 경기는 항상 만원이었습니다.

1년 동안 77경기에서 외팔이 그레이는 불굴의 정신과 피나는 훈련,

그 모든 것보다 '나는 할 수 있다'는 신념으로 기적을 만들어 낸 것입니다.

신념은 마음을 만드는 대장장이입니다. 지금 내가 해야 할 일은 적극적인 신념으로 나의 잠재 의식 속에 '나는 할 수 있다'는 자기 최면의 공간을 만드는 일입니다. '해 봐도 나는 안 돼' 따위의 부정적인 감정을 깨끗이 없애버리는 일입니다. 잠재 의식은 건설적인 생각과 파괴적인 생각을 구별할 수 없습니다. 나의 생각에 따라 그것은 어느 쪽으로든 결정됩니다.

잠재 의식은 위험이나 공포, 용기나 신념에 의해 정반대 방향으로 현실화되는 것입니다.

그것은 마치 불과 같아서 바르게 쓰면 우리에게 유익한 일을 하지만, 악용하면 인간을 멸망케 하는 결과를 가져옵니다. 자기 암시나 신념도 나의 사용에 따라 나에게 성공이나 행복을 가져다 주기도 하고 비극을 가져다 주기도 합니다. 이런 모든 것은 내가 잠재 의식을 어떻게 움직이며 어떻게 활용하느냐에 달렸습니다.

만약 내가 나의 능력에 대해 불신하거나 의심을 품고 있으면 자기 암시의 법칙은 불신의 정신을 내 마음 속에 심고 그것이 행동으로 나타나도록 부추길 것입니다. 자동차의 핸들처럼 자기 암시의 법칙은 나

> 먹는 것 입는 것이 부족하다고
> 부끄러워할 필요가 없다.
> 어떤 희망을 갖고 있느냐가 중요하다.
> √공자

의 생각에 따라 나를 성공의 고속 도로로 가게 하고 실패의 비탈길로 가게도 할 것입니다.

나의 잠재 의식 속에 심어 두어야 할 7가지 말

① 나는 인생의 최대 목표를 달성할 능력을 갖고 있다.(그러므로 나는 참고 견디며 목표가 달성될 때까지 끈기 있게 달라붙을 것이다. 나는 약속한다. 절대로 중도에 포기하지 않고 목표를 달성할 것을 맹세한다.)

② 나는 나의 마음을 지배하고 있는 생각이 멀지 않아 실제로 움직여 활동할 것을 믿는다.(그러므로 나는 매일 30분씩 정신을 통일하여 나 자신이 바라고 있는 인간상을 생각하겠다. 그렇게 하여 뚜렷한 영상을 마음 속에 새겨 둔다.)

③ 나는 자기 암시의 원리를 통하여 내가 마음 속으로 그리고 있던 목표가 어떤 일을 하면 달성될지를 알 수 있게 되었다.(그래서 나는 10분간씩 자신감을 붙이도록 집중적으로 시도해 본다.)

④ 나는 내 인생의 주요 목표를 문장으로 명확히 쓰기 시작했다.(그 목표를 달성하는 데 필요로 하는 자신감이 몸에 밸 때까지 결코 중도에서 체념하지 않겠다.)

⑤ 나는 진리와 정의에 의한 것이 아니면 어떤 지위나 부도 오래 가지 않는다는 것을 알고 있다.(그러므로 나의 큰 목표 달성에 도움

이 되지 않는 작은 이익이나 부당한 이익에 눈이 어둡지 않다.)
⑥ 나는 내가 걸어가는 바른 길과 남을 협력케 할 강력한 방법을 몸에 지니고 있다.(그러므로 나는 타인에게 봉사하고 타인도 나에게 유용하도록 할 것이다.)
⑦ 나는 증오, 선망, 질투, 이기심 등을 배척한다.(왜냐 하면 타인을 함정에 몰아넣고는 내가 성공한다 해도 오래 가지 못하기 때문이다. 나는 남을 믿고 나 자신을 믿는 까닭에 남도 나를 믿어 주도록 요구한다.)

이 7가지 생활 신조를 마음으로 맹세하고 적어도 하루 한 번 정도는 소리 높여 외워 보고 그것을 행동으로 옮기도록 노력한다면 나도 모르는 사이에 자신감이 생기고 성공하는 인간이 될 것입니다.

신념과 자신감의 힘이 얼마나 위대한 결과를 가져오는지를 알고 싶다면 인류 역사상 훌륭한 업적을 남긴 사람들의 생애를 살펴보는 것도 좋은 방법이 될 것입니다.

예수 그리스도의 생애는 어떻습니까. 그는 박해가 크고 심하면 심할수록 신념을 더욱더 키워 갔습니다. 기적이라고 말하는 그리스도의 가르침은 결국 신념이라는 하나의 단어로 정의해도 좋을 것입니다.

인도의 위대한 지도자 간디의 생애도 신념으로 일관한 삶입니다. 그는 돈도 없고, 집도 없고, 무기도 없고, 군대도 없이 전쟁을 치렀습니다. 그에게는 신념 이외에는 가진 것이 아무것도 없었습니다. 그는 이 누가 가장 행복한 사람인가?
남의 장점을 존중해 주고 남의 기쁨을
자기의 것인 양 기뻐하는 자이다.
√러테

신념 하나로 2백만 명의 사람을 움직일 수 있었습니다.

충무공 이순신 장군은 단 13척의 배로 왜선 3백 척과 맞싸워 왜군을 대파하고 임진왜란을 승리로 이끄는 계기를 만들었습니다. 이순신 장군도 '우리가 이길 수 있다.'는 신념 하나로 적과의 싸움에서 결코 물러나지 않았던 것입니다.

신념이 없으면 성공할 수 없습니다.

7

성공의 문을 여는 열쇠
실패를 두려워하지 않으면 성공이 보입니다

옛날 옛적에 달팽이 한 마리가 살았습니다. 달팽이는 개울가 돌틈에서 살았습니다. 그 곳은 꽃도 없고 불어 대는 바람과 내리쬐는 햇볕 때문에 살기에 불편한 곳이었습니다.

어느 날, 그 곳을 지나가는 개미에게 달팽이가 하소연을 했습니다.

"이 곳은 살기 좋은 곳이 아니야."

개미가 의아하다는 눈으로 달팽이를 보면서

"그럼 이사를 가. 왜 좋지 않은 곳에 살면서 불평만 하니. 저 언덕 너머에 살기 좋은 곳이 있어."

하고 말했습니다.

"언덕 너머에 다른 세상이 있다고?"

달팽이는 믿을 수가 없었습니다. 마침 그 곳을 지나가던 잠자리가 달팽이에게 말했습니다.

"세상에… 저 언덕 너머에 살기 좋은 세상이 있다는 걸 모른단 말이니? 저 언덕 너머에는 나비가 향기로운 꽃 사이를 누비며 꽃가루를 모으며 날고, 지렁이는 땅을 일구며 살고, 꿀벌은 꽃송이 속에 머리를 처박고 꿀을 먹는단다. 모두들 얼마나 재미있게 사는데."

달팽이는 몹시 흥분했습니다. 엎어지면 코 닿을 저 언덕 너머가 낙원인 줄 모르고 여기에서 여태 살았다니. 달팽이는 이사를 가기로 했습니다.

꿀벌이 달팽이의 이사를 도와 주러 왔습니다. 그러나 달팽이는 쨍쨍 내리쬐는 햇볕을 보고는

"오늘은 이사를 할 수 없겠어. 저 뜨거운 햇볕이 나를 태워 죽일거야." 하고는 이사를 뒤로 미루었습니다.

다음 날, 나비가 달팽이의 이사를 도와 주러 왔습니다. 그 날은 바람이 불었습니다. 달팽이는

"오늘도 안 되겠어. 저 바람이 내 야들야들한 살갗을 가만두지 않을 거야."
하고는 다시 이사를 미루었습니다.

다음 날은 잠자리가 이사를 도와 주러 왔습니다. 그 날은 비가 왔습니다.

"오늘도 안 되겠어. 비 때문에 저 언덕을 넘어가기 힘들 것 같아."

달팽이는 그 날도 이사를 하지 못했습니다. 그 날 이후, 아무도 달팽이의 이사를 도와 주러 오지 않았습니다. 달팽이는 끝내 이사를 할 수가 없었습니다. 달팽이는 꽃도 없고 풀도 없고 돌자갈만 깔려 있는 곳에서 때때로 언덕을 바라보며 한숨을 쉬었습니다.

"난 몸이 약한 게 탈이야. 그렇지 않으면 저 언덕 너머에서 지금쯤 행복하게 살고 있을 텐데…."

성공하지 못한 사람들이 가지고 있는 공통점 가운데 하나가 결단력이 없다는 점입니다. 머리 속으로 생각은 많은데, 그 생각을 실행에 옮기지 못하는 사람들에게 이유가 없는 것은 아닙니다. 그들은 항상 적당한 이유를 만들어 합리화하기를 좋아합니다.

그들이 행동에 옮기지 못한 데는 변화에 대한 두려움을 이기지 못하는 성격이 큰 원인을 차지하기도 합니다. 그것은 또 계획에 대한 확실한 신념을 갖지 못한 데 원인이 있기도 합니다. 그러므로 성공을 원하는 사람은 우선 확고한 신념, 즉각적인 결단력과 행동에 옮기는 실천력을 갖추어야 합니다.

그것은 곧 자기와의 싸움을 의미합니다. 자기와의 싸움에서 가장 먼저 상대해야 할 것은 '불안감' 입니다. 불안감은 실천에 옮기려는 행신용을 잃어 버리면 설 땅이 없게 된다.
√공자

동력에 제동을 거는 주범입니다. 더구나 한 번 실패한 경험이 있어서 재도전하려는 때에는 불안감이 더 크게 작용합니다.

불안은 성공을 향해 나아가는 모든 사람에게 실패를 불러일으키는 가장 일반적인 원인이기도 합니다. 불안이란 그것이 우리에게 미치는 좋지 못한 영향력을 자칫하면 지나쳐 버리기 쉬울 만큼 막연한 심리적 현상입니다.

우리는 불안감을 느끼는 일에 익숙해져 있기 때문에 불안감을 정상적인 현상으로 받아들이는 것입니다. 더구나 한 번 실패한 경험을 가진 사람은 불안감을 느낄 때 먼저 긴장부터 합니다. 무언가 좋지 않은 일이 일어날 것만 같은 막연한 느낌 때문에 실천 의욕을 잃고 맙니다.

불안감은 정신적인 집중을 가로막고 판단력을 흐리게 합니다. 침착성을 잃게 하고 잠을 충분히 자지 못하게 합니다.

불안감은 성공하기 위해서 극복해야 할 가장 무서운 적입니다. 불안감은 다음과 같은 좋지 못한 현상들을 가져옵니다.

① 불안은 나를 소심하게 만듭니다.

당연히 소심증에 걸린 사람은 어떠한 일에도 성공할 수가 없습니다. 소심한 사람은 도전할 용기도, 배짱도 갖고 있지 못합니다. 불안한 마음을 가지고 있는 사람은 그 불안감을 쫓아 버리기 위해 가끔 엉뚱한 행동을 하는 경우가 있습니다. 그러나 그것은 참다운 용기가 아니기 때문에 어딘지 불합리한 구석이 있고 진실성도 없어 보입니다.

② 불안은 여러 가지 스트레스에서 생깁니다.

스트레스가 누적되면 불안감을 만들어 냅니다. 스트레스는 일과 상관 없는 곳에서도 생기지만 일에 영향을 미칩니다. 가정에서 생긴 스트레스, 건강이 나빠서 생긴 스트레스, 수면 부족에서 오는 스트레스도 일에 지장을 줍니다. 이런 여러 종류의 스트레스가 풀리지 못하고 쌓여 가면 불안감으로 나타납니다.

사람들은 가정 생활과 직장 생활은 서로 다른 곳에서 하는 생활이므로 서로 상관이 없다고 생각하기 쉽습니다. 그러나 이런 생각은 잘못된 것입니다. 직장 생활이든 가정 생활이든 나의 생활입니다. 따라서 한쪽에서 일어난 스트레스가 다른 쪽으로 스며들게 마련입니다.

내가 직장 생활에서 성공하려면 가정 생활이 안정되어야 합니다. 그러므로 직장에서 부하 직원이 가정 생활에 문제가 있다면 그의 사생활이라는 이유로 무관심해서는 안 됩니다. 적극적으로 개입해서 부하 직원의 가정 생활이 안정되도록 도와 주어야 합니다.

③ 불안은 사고력을 감퇴시킵니다.

긴장하거나 불안을 느낄 때는 그 불안을 극복하기 위해서 무의식 중에 많은 에너지를 소모하게 됩니다. 이것이 상황에 대처하는 사고를 방해하며 사고의 원활한 흐름을 잃게 합니다. 사고를 마비

발전이 고개를 넘으면 퇴폐가 시작된다.
√노신

시키기 때문에 신중하게 생각할 수 없게 되고 침착성을 잃게 됩니다. 책상 앞에 앉아서도 일손이 잡히지 않아 괜히 펜만 들었다 놓았다 하고, 담배만 계속 피우게 됩니다. 두뇌의 기능이 원활하게 작용하지 않기 때문입니다.

④ 나의 불안은 다른 사람에게까지 영향을 미칩니다.

내가 불안감을 감추기 위해 노력한다고 해도 나의 주변 사람들은 금방 눈치를 채고 맙니다. 불안감은 전염성이 강합니다. 명랑한 사람과 함께 있으면 나도 즐겁고, 침울한 사람과 함께 있으면 나도 우울해지는 것과 같습니다. 불안을 느끼고 있는 사람이 회사의 상사인 경우에는 그것이 주는 영향은 극심합니다.

침착하지 못한 태도, 거친 말소리, 성급한 행위 등 불안감에 빠져 있는 여러 가지 징후들이 주위 사람들에게 드러나게 되고, 그러면 주위 사람들은 피하려고 합니다.

이런 불안감을 떨쳐 버릴 수 있는 방법은 없을까요?

불안감을 떨쳐 버릴 수 있는 4가지 방법

① 배짱을 가진다.

실패해도 좋다, 한번 부딪쳐 보는 거다, 이 일에 실패한다고 해서 내 인생이 끝나는 것은 아니다, 이렇게 마음을 다잡아 보기 바랍니다. 생각해 봅시다. 우리가 과거에 경험했던 입학 시험이나 입사 시험에서 실패했다고 해서 인생이 끝난 적이 있었던가요? 그것은 단지 지나가는 과정일 뿐이었습니다. 오히려 전화위복이 된 적은 없었습니까.

'이 일에 실패해도 좋다. 나는 단지 최선을 다할 뿐이다.' 라는 배짱을 가질 때 불안은 도망가고 말 것입니다. 인생은 어차피 단거리 경주가 아니라 마라톤 경주가 아니냐고 좀 느긋한 마음으로 매사에 임하는 자세를 가져야 합니다. 그래야만 '실패하면 어쩌지' 하는 불안감이 생기지 않습니다.

② 감정을 자연스럽고 여유 있게 가지려고 노력한다.

일을 할 때도 가능하면 편안한 마음을 가지려고 노력하고, 휴식을 취하고 있다는 자세로 일을 하면 한결 마음이 느긋해질 것입니다. 불안감이 스며들 여지와 틈을 주지 않으면 스트레스도 생기지 않습니다.

③ 열심히 일에 몰두해서 산다.

인간은 누구나 일하지 않고 편안히 살기를 바랍니다. 인간에게는 일하기 싫어하는 속성이 있습니다. 게으름은 부리면 부릴수록 중독이 됩니다.

사람의 정신이나 육체는 쓰지 않으면 병들게 되어 있습니다. 대

언제나 순간을 놓치지 말라.
어떤 상황이든 어떤 순간이든 그 하나하나가
영원의 표시로서 무한한 가치가 있다.
√ 괴테

장장이처럼 종일 망치질을 하면 팔뚝이 단단해지고 힘이 세지듯 우리들의 정신 세계도 쓰면 쓸수록 사고의 깊이가 깊어지고 판단력이 정확해집니다.

사람이 성장하고 발전하는 데는 부지런함이 가장 큰 길이 되고 게으름은 몰락으로 가는 고속 도로가 됩니다.

평소에 게으른 사람은 조그마한 어려움도 귀찮게 생각하고 피해 가려고만 합니다. 어려움에 맞서서 적극적으로 극복하려고 하지 않습니다. 인생이란 절대로 즐거운 여행이 아닙니다. 고난과 역경으로 점철된 가시밭길입니다.

싸워서 이기겠다는 신념과 끊임없이 나아가려는 적극적인 의지가 없이는 한 걸음도 나아갈 수 없는 것이 인생입니다. 그러니 게으름피울 여유도 없고 주저앉아 있을 수도 없습니다.

길을 가다가 넘어졌다고 해서 일어나지 않을 것입니까. 우리는 재빨리 일어나 툭툭 털고 다시 걸어가야만 하는 것입니다.

주저앉고 싶은 마음, 게을러지려는 마음과 싸워서 절대로 지면 안 됩니다. 매순간 싸워서 이겨야 합니다.

④ 웃음과 유머를 잃지 않는 생활을 한다.

자연스러운 웃음은 어떤 보약보다도 좋은 약이라고 합니다. 웃음은 정신적인 긴장을 풀어 주고 심신을 부드럽게 해 주고 기분을 상쾌하게 해 줍니다. 웃음은 그래서 건강을 지키는 묘약이라고 합니다. 기분이 우울하거나 알지 못할 불안감이 스며들 때는 웃음이라는 약을 먹어 봅시다. 내가 웃으면 주위의 사람들도 유쾌한 기분이 되어 즐거워합니다. 웃음은 몸과 마음을 젊어지게 합니다. 웃으면 신체 내부 기관의 활동이 활발해져서 기분도 좋아지고 얼굴 표정도 밝아집니다.

미국의 링컨 대통령은 유머가 풍부한 사람이었다고 알려져 있습니다. 남북 전쟁이 한창이던 때도, 각료들에게 재미있는 이야기를 해서 긴장된 분위기를 폭소의 장으로 바꾸어 놓곤 했다고 합니다. 여러 사람이 좋아하고 인기가 있는 사람은 명랑하고 활기찬 사람인 경우가 많습니다. 그런 사람에게는 주변에 많은 사람들이 모여듭니다.

얼굴을 찡그리고 있다고 해서 문제가 풀리는 것도 아니고, 한숨을 쉰다고 해서 실패가 성공으로 바뀌는 것도 아닙니다.

웃음과 유머를 잃지 않으면 의외로 잘해 보자는 용기와 기어코 해내고야 말겠다는 의지와 신념이 저절로 용솟음치게 됩니다.

여기에 적극적 사고를 위한 '절대 십계명'을 제시합니다. 마음에 새겨 두고 실행해 보기 바랍니다.

① '불가능하다'는 말에 절대 동의하지 말라.

② 어려운 일에 봉착했을 때 절대 낙담하지 말라. 끝까지 그 문제

> 미래는 현재에 의해서 얻어진다.
> √사무엘 존슨

를 해결하기 위해서 노력하라.

③ 나에게 주어진 가능성을 **절대** 부인하지 말라.

④ 남이 제안하는 훌륭한 의견을 **절대** 거부하지 말라.

⑤ 실패할 위험이 있다고 해서 계획을 **절대** 포기하지 말라.

⑥ 남이 실패했다고 해서 나도 실패할 것이라고 **절대** 속단하지 말라.

⑦ 시간이 없다고 해서, 자금이 없다고 해서, 기술이 부족하다고 해서, 건설적인 아이디어를 **절대** 버리지 말라.

⑧ 나 자신이 불완전하다는 이유로 나에게 주어진 기회를 **절대** 포기하지 말라.

⑨ 성공에 대한 확신이 없다고 해서 나에게 주어진 기회를 **절대** 거부하지 말라.

⑩ 하나의 목표가 달성되었다고 해서 **절대** 중단하지 말라. 한 가지 목표가 달성되면 더 높은 새로운 목표를 설정하고 계속 전진하라.

이 '**절대 십계명**'을 기억하면서 꿈을 키워 가기 바랍니다. 신이 주신 무한한 꿈을 따라 쉬임없이 전진하십시오.

8

성공의 문을 여는 열쇠

신념은 능력을 믿는 데서 나옵니다

이탈리아의 크레모나라는 도시에 음악을 좋아하는 세 명의 아이가 살았습니다.

그 중 한 소년은 아름다운 테너 목소리를 가지고 있어서 성악을 잘했고, 다른 한 소년은 바이올린을 잘했습니다. 안토니오는 목소리가 좋지 않아서 성악을 할 수도 없었고 바이올린도 잘 켜지 못했지만 손재주가 있었습니다. 할아버지가 물려준 조각칼로 나무를 깎아서 무언가를 만드는 일을 좋아했습니다.

안토니오는 바이올린 제작자로 유명한 아마티 노인을 찾아가서, 자기가 만든 조각품을 보여 주며 제자로 삼아 달라고 부탁했습니다.

"너는 왜 바이올린을 만들려고 하는 거니?"

> 한 아름의 굵은 나무도 티끌 만한 싹에서 생기고,
> 9층의 높은 탑도 흙을 쌓아서 올렸고,
> 천리 길도 발 밑에서 시작된다.
> √노자

"저는 음악을 사랑합니다. 그러나 목소리가 좋지 않아서 성악가가 될 수 없습니다. 하지만 저는 음악을 위해서 무언가 하고 싶기 때문입니다."

"그래, 가장 좋은 음악은 목에서 나오는 소리가 아니라 마음의 노래란다. 음악을 하는 방법에도 여러 가지가 있지. 어떤 사람은 목소리로, 어떤 사람은 악기로 노래를 하지. 너는 비록 목소리는 좋지 않지만 손재주가 있으니 앞으로 훌륭한 음악가가 될 수 있을 것이다."

안토니오는 아마티의 제자가 되어 바이올린을 만드는 기술을 익혔습니다. 그리고 22살 때는 자기가 만든 바이올린에 자기의 이름을 새길 수 있게 되었습니다.

안토니오는 1천 개가 넘는 바이올린을 만들었는데 하나하나를 만들 때마다 늘 이전에 만든 것보다 잘 만들려고 노력했습니다.

그가 만든 바이올린을 바이올리니스트라면 누구나 갖고 싶어했습니다. 그 바이올린이 바로 스트라디바리우스입니다. 안토니오 스트라디바리우스가 바로 그 소년입니다.

사람에게는 누구나 다 자신만이 가지고 있는 훌륭한 능력이 있습니다. 그 능력을 잘 발굴하여 활용하는 사람은 성공하는 사람이고, 능력을 찾지 못하거나, 아예 나는 능력이 없는 사람이라고 스스로 능력 찾기를 포기한 사람은 실패하는 사람입니다.

나에게는 나만이 갖고 있는 능력이 있다고 믿는 데서부터 성공은 시작됩니다. 많은 사람들이 운명에 대해서 불평을 합니다. 그리고 자신의 능력을 발견하지 못하고 자신감을 잃은 채 살고 있습니다.

만약 내가 나의 능력을 발견하고 활동한다면 나의 인생은 내가 원하는 방향으로 발전해 갈 것입니다. 실패는 성공으로, 망설임은 확신으로, 실망은 의욕으로 바뀌고 새로운 인생이 펼쳐질 것입니다.

사람은 누구나 스스로 자신을 믿지 못하고 부정적으로 생각하면 결코 성공할 수가 없습니다. 아무리 훌륭한 목표를 세우고 치밀한 계획을 수립한다고 해도 좋은 결과를 얻을 수가 없습니다. 대부분의 사람들은 자신에게 생을 변환시킬 수 있는 능력이 있다는 사실을 잘 모르고 있으며 그 능력을 깨닫지 못하고 있습니다.

우리가 인생을 바꿀 수 있는 놀라운 능력을 알지 못하는 것은 마치 뒤뜰에 다이아몬드가 묻혀 있는 것을 알지 못하는 것과 같습니다.

평범한 생을 보내는 사람들이 대부분이고, 비참한 생을 보내는 사람도 적지 않은데, 그 사람들은 자신이 지닌 능력을 알지 못하고 그것을 활용하지 못하기 때문입니다.

능력이라는 이 놀라운 힘은 누구나 다 활용할 수 있습니다. 능력을 활용하는 데 어떤 특별한 훈련이나 교육이 필요한 것이 아닙니다. 어떤 특별한 소질이나, 명성이나, 부가 필요한 것도 아닙니다. 그 놀라

> 원래 지상에는 길이 없다.
> 걷는 사람이 많아지면 그것이 길이 된다.
> ✓노신

운 능력이라는 힘은 신분과 지위 고하를 막론하고 누구나 태어날 때부터 가지고 나옵니다. 그러므로 사람은 누구나 이 놀라운 능력의 힘을 모두 활용해야 합니다. 그럼으로써 성공의 무대에 설 수 있습니다.

사람이 가지고 있는 놀라운 힘의 능력 가운데 가장 위대한 것은 선택의 능력입니다.

옷을 사기 위해 백화점에 가서 수많은 브랜드와 수많은 색상과 수많은 모양의 옷 가운데서 자기의 마음에 드는 옷을 선택합니다.

우리는 텔레비전을 볼 때도 수많은 채널 가운데서 하나를 선택해서 시청합니다.

여행을 할 때도 산으로 갈 것인지 바다로 갈 것인지를 선택합니다.

그런데 사람들은 자기가 이렇게 선택할 능력을 가지고 있다는 사실을 깨닫지 못하고 있습니다.

이런 선택과 결정을 하게 하는 사람은 자기 자신밖에 없습니다. 내가 그것을 원했기 때문에 그것을 선택한 것입니다. 만약 그 선택이 잘못한 것이라면, 대부분의 사람들은 그 책임을 남에게 떠넘기려고 합니다. 운수로 돌리기도 하고 조상 탓으로 돌리기도 합니다.

'하늘은 스스로 돕는 자를 돕는다'는 말이 있습니다. 하늘은 세상 사람 모두에게 스스로 도울 수 있는 기회와 권리를 줍니다. 그것이 바로 선택할 수 있는 권리입니다.

만약 내가 음주 운전을 하다 사고를 냈을 때, 부자가 되고 싶은데도 아직 가난에서 벗어나지 못하고 있을 때, 누구에게 그 책임을 물어야 한다는 말입니까.

내가 태어날 때부터 가지고 있는 선택의 능력을 잘못 사용했기 때문에 그 결과로써 오늘의 현실이 있는 것입니다.

안토니오 스트라디바리우스가 자신의 능력을 잘 파악하고, 바이올린 제작자라는 길을 선택했기 때문에 이 세상의 모든 바이올리니스트가 갖고 싶어하는 바이올린을 만드는 데 성공한 것이고, 그 바이올린과 함께 그도 성공한 것이 아니겠습니까.

제 3 장
시간을 잘 써야 성공한다

● ● ●

젊음, 그것은 힘의 원천이다.
청년들이여, 결코 좌절하거나 낙망하지 말라.
그대 안에 이미 무한하게 잠재하고 있나니,
보다 강한 정신력으로 그 힘을 일깨우라.
정신을 그대의 참된 지배자로 알라.
무력한 육체의 노예가 되지 말라.

에머슨

9

일에 우선 순위를 정해 놓고 합시다

매일매일 해야 할 일들에 대해서 리스트를 작성하고, 우선 순위를 정해서 실행하는 실행표를 만들어 놓고 일과를 진행하는 사람들이 많습니다.

특히 어떤 일이나 어떤 분야에서 정상에 오른 사람들은 밑바닥에서 헤매는 사람에 비해 실행표를 활용하는 사람들이 많습니다.

일을 효율적으로 수행하는 비결에는 여러 가지가 있을 수 있습니다. 그 가운데 하나가 실행표를 작성하고 하룻동안의 행동 지침으로 활용하는 방법이 가장 효과적입니다.

실행표는 근본적인 시간 계획표입니다. 이제 그 실행표를 좀더 구체적으로 살펴보기로 하겠습니다.

인내는 힘보다 더 많은 것을 성취한다.
√에드먼드 버크

실행표를 만드는 기본은 간단합니다. 표의 맨 위에 '실행'이라고 쓰고, 그 다음 내가 이루고자 하는 목표를 쓰고 우선 순위를 정합니다. 목표가 실행되면 실행된 항목을 지우고 다른 항목을 넣습니다.

성공의 비결에는 여러 가지가 있습니다. 그 비결 가운데 하나는 깨끗하고 두꺼운 종이에 내가 해야 할 목표를 메모해서 항상 가지고 다니는 것입니다. 절대로 아무 종이에나 써서는 안 됩니다.

어떤 사람은 목표를 수첩에 기록해 둘지도 모릅니다. 어떤 경영자는 실행표를 책상 위에 두기도 합니다. 어떤 사람은 실행표를 머리 속에 기억시키려고 합니다. 그러나 그런 방법들은 효과적인 방법이 아닙니다. 나의 머리는 창조적인 작업을 위해 사용해야지 이것저것을 기억해 두기 위해서 사용하는 것은 닭을 잡는 데 장도를 쓰는 것과 같습니다.

해야 할 일을 모두 다 메모하고 있습니까? 거기에는 일상적인 활동도 포함되어 있습니까? 아니면 예외적인 것만 쓰려고 합니까? 오늘 하려고 하는 일을 다 기록하고 있습니까?

실행표를 작성하는 방법에는 여러 가지가 있습니다. 그러나 그 중 일상적인 항목은 제외하고 중요한 것만 기록하는 방법이 제일 좋습니다. 그리고 우선 순위에 특별한 주의를 기울여야 합니다.

실행표에는 장기적인 목표를 한 항목으로 설정해야 합니다. 예를 들면 '취직 시험에 합격' 같은 것을 '생일 선물을 산다' 같은 항목과 같은 표에 쓴다는 것은 우스운 일입니다. 그리고는 어떤 일을 해야 할 때 그 지침으로 실행표를 사용해야 합니다. 그러면 장기적인 계획이 필요하다는 것을 깨닫게 될 것이며 계획들을 잊지 않아야 한다는 생각이 들 것입니다.

사람들은 때때로 어떤 일이든 나 스스로 다 처리할 수 있다고 생각할지 모릅니다. 그러나 내가 직접 처리하기에 앞서 실행표를 보고 다른 사람에게 위임할 수 있는 일이 얼마나 되는지를 살펴봅시다. 부하 직원이나 다른 사람에게 맡기는 것보다는, 나와 같은 수준의 사람이거나 더 높은 수준의 사람에게 맡겨 보십시오. 그는 나보다 더 손쉽게 일을 처리할 수 있거나 내가 미처 알지 못했던 기막힌 방법을 제시할 수도 있을 것입니다.

오늘의 실행표에 있는 모든 항목은 오늘 하루가 끝나기 전까지 모두 끝내려고 노력해야 합니다. 그렇게 하는 것이 나의 책임입니다. 온 힘을 다해 오늘의 일은 오늘 처리하도록 노력해야 합니다. 해야 할 일들이 너무 많을 때는 우선 해야 할 것과 하지 않아도 될 것을 분명히 해야 합니다. 그러나 아무 생각 없이 무조건 결정을 하는 것은 옳지 않습니다.

특별히 강조하고 싶은 것은 우선 순위를 정해야 한다는 것입니다.

실행표에는 가능한 한 많은 항목을 써야 합니다. 그 많은 일들을 실행표에 따라 처리하다 보면 상당량의 일이 실현될지도 모릅니다. 그

산은 반드시 오르는 자에게만
정복당한다는 것을 잊지 말라.
√알랭

러나 효과는 매우 낮다는 사실을 알아야 합니다. 왜냐 하면 내가 한 일들이 주로 하급에 속하는 것일지도 모르기 때문입니다.

또 어떤 이들은 맨 위에 적어 놓은 항목을 실천하면서 바로 다음 항목에 신경을 쓰느라고 중요한 것을 놓치고 마는 경우도 있습니다. 이런 오류를 방지하는 좋은 방법을 소개하겠습니다.

목표를 각 항목별로 상, 중, 하로 나누어 우선 순위를 매기고, 자신이 할 수 있는 일을 제외한 별로 중요하지 않은 일들은 다른 사람에게 위임하는 방법입니다.

실행표는 여러 가지 형태로 배열할 수 있습니다. 즉 보고하고, 전화하고, 생각하고, 결정하고, 지시하는 방법의 배분법이 있으며, 비슷한 내용을 중심으로 분류할 수도 있는데, 예컨대 목표를 일의 유사성, 위치의 동질성, 인물별 등으로 나누어 적어 두는 방법도 있습니다. 그리고 실행표의 각 항목들을 종류별로 나누어서 그룹이 되게 할 수도 있습니다.

무엇보다도 실행표는 우선 순위를 정하는 것이 가장 중요하며, 또 그대로 실천해야 합니다.

먼저 중급의 목표를 실천하기에 앞서 상급의 항목을 실행합니다. 그리고 하급의 목표를 실행하기 전에 중급의 항목을 실행하도록 합니다.

어떤 날은 실행표에 적힌 모든 항목을 다 마칠 수도 있고 모든 항목을 다 실행할 시간이 없을 수도 있습니다. 만약 상, 중, 하의 순서대로 그 일을 실행할 경우, 때때로 상의 항목조차도 끝내지 못할 수도 있습니다. 어느 날에는 상과 중의 항목을 실행하고, 또 어느 날은 하의 항목까지 실행할 수도 있습니다.

중요한 것은 실행표 대로 업무를 완성시키는 것에 나의 시간을 최대한으로 활용하는 데 있습니다. 만약 중급 항목과 하급 항목을 다 실행하지 못했다면 다시 한 번 살펴보고 조정해야 합니다. 실행하지 못한 항목들을 다시 상, 중, 하급으로 분류해서 목표의 우선 순위를 재검토해야 하고, 그것에 따라서 다시 '여분의 시간' 으로 도전해 볼 수 있습니다.

적절한 시간 활용은 직장에서와 마찬가지로 가정 생활에서도 중요합니다. 그러나 사람들은 직장 일이 끝나면 그 후의 시간 활용에 대해서는 소홀히 하는 경우가 많습니다. 나의 생활이 실행표에 의해 체계화되어 있다면 훨씬 많은 시간적인 여유를 가질 수 있을 것입니다.

사소한 일들이 많다는 것은 그 실행표의 항목이 많아진다는 것을 의미합니다. 그러나 표에 기록해 두지 않으면 그것들은 잊혀지게 될 것입니다.

내 일과의 중요한 활동 중 어떤 것도 소홀히 해서는 안 됩니다. 그리고 할 필요가 없는 일은 항목을 지워 버림으로써 다음에 해야 할 활동을 선택할 수 있도록 체계화해야 합니다.

상보다 하의 항목을 더 많이 함으로써 일의 순서가 바뀔 수도 있습

> 태산이 높다 하되 하늘 아래 뫼이로다.
> 오르고 또 오르면 못 오를 리 없건마는
> 사람이 제 아니 오르고 뫼만 높다 하더라.
> √양사언

니다. 이럴 때는 이전의 상을 상과 중으로 분산시킬 수도 있으며, 이전의 하를 완전히 지워 버릴 수도 있습니다.

시간을 효율적으로 이용하는 사람들은 체계적으로 실행표의 항목을 정합니다. 그러나 모든 항목을 완벽하게 성취하려고 실행표에 너무 악착같이 매달리지는 않습니다.

10

체계적으로 생활하면 성공이 따라옵니다

우리에게 일이란 무엇을 의미하는 것일까요.

즐겁게 일하는 것과 고통스럽게 일하는 것의 차이점과 그 원인은 어디에 있다고 생각합니까?

일하기 위해서 사는 것과 살기 위해서 사는 것의 차이는 무엇이라고 생각합니까?

우리는 매일 아침 앞장에서 말한 실행표를 만들 수는 있습니다. 그러나 나의 생활이 체계적이지 못하면 실행표의 어떤 항목도 지워 나갈 수가 없습니다.

이제 체계화된 생활을 하는 방법에 대해서 알아보기로 합시다.

*만일 기회가 오지 않으면
스스로 기회를 만들어내라.
√ 스마일즈*

① 계획표를 지나치게 체계화하지 맙시다

어떤 회사의 사장이 있습니다. 그의 사무실 책상 위에는 잡다한 서류들이 흩어져 있습니다. 어느 날 그의 비서가 사장의 책상을 정돈하여 가지런히 해 놓았습니다. 책상은 산뜻하고 능률적으로 정리되었습니다. 그러나 사장은 당황했습니다. 찾아야 할 어떤 서류도 찾을 수가 없었습니다. 사장은 화가 나서 서류들을 집어던지고 말았습니다.

책상 위에 지금 당장 필요한 것이 아닌 잡다한 것들을 늘어놓는 것은 비능률적인 원인 가운데 하나입니다. 예로부터 깨끗한 업무 환경은 능률과 생산성 향상의 상징으로 여겨져 왔습니다. 그것이 일반화된 통념입니다.

그러나 우리는 그 통념이 확실한 것이라고 믿을 수가 없습니다. 잘 정리된 것이 어지러운 것보다 일을 처리하는 데 더 효과적일 수 있습니다. 그래서 우리는 환경을 정리 정돈하고 일을 체계화함으로써 능률을 높일 수 있습니다. 하지만 체계화만이 확고부동하게 원칙적으로 적용되는 것은 아닙니다. 우리들은 자신의 개성에 맞게 일을 체계화시킬 필요가 있습니다.

나의 생활을 계획할 때 지나칠 정도로 일목요연하게 체계화하려고 애쓸 필요는 없습니다. 어쩌면 그것이 오히려 능률을 저해할지도 모릅니다. 나의 성격과 나의 습관에 맞는 체계화가 더 능률적일 수 있습니다.

어떤 학생은 대학 입시를 앞두고 공부하는 방법에 관한 책만 읽느라고 실제로 학과 공부를 하지 못한 채 대학 입시에서 낙방하고 말았습니다. 우리는 어떤 경우에 일을 어떻게 처리해야 할까 하는 방법만 연구하다가 실제로는 일을 조금도 처리하지 못하고 시간을 보내 버리는 경우를 경험한 일이 있을 것입니다. 아이디어는 어디까지나 목적에 대한 수단에 불과합니다. 우리의 목적은 생의 능률을 높이는 데 있습니다.

② 적절한 도구를 찾아봅시다

토마스 칼라일은 이렇게 말했습니다.

"인간은 도구를 사용하는 동물이다. 도구가 없으면 아무 것도 아니다. 도구가 있기 때문에 인간은 만물의 영장이다."

이 말을 귀담아들을 필요가 있습니다. 특별한 도구를 가지게 되면 많은 시간과 에너지를 절약할 수가 있습니다. 우리는 딱딱한 시멘트 벽에 못을 하나 박을 때도 못을 고정하고 박을 수 있는 특별한 도구가 얼마나 필요한가를 알 수 있습니다. 그러나 우리는 도구라는 의미를 더욱 넓은 의미로 확대해서 생각해 봐야 합니다.

도구는 내가 일의 목표를 성취하는 데 도움이 되는 것을 말합니다. 내가 추구하는 목표나 활동이 무엇이든 거기에는 도구가 필요합니다. 예를 들어 내가 회계사라면 연필, 종이, 계산기 외에도 자격증이 필요하

달성하겠다고 결심한 목적을
단 한 번의 패배 때문에 포기하지는 말라.
√세익스피어

고 실무 지식도 여기에 포함됩니다. 또 내가 사무실에서 일하는 회사원이라면 책상, 의자, 컴퓨터, 사무실 등이 모두 도구가 될 수 있습니다. 그 밖에 자동차, 통계 자료, 외국어, 신문 등도 도구가 될 수 있습니다.

어떤 일이나 목표를 달성하기 위해 행동에 옮기기 전에 나 자신에게 이렇게 반문해 봅시다.

"이 일을 성공적으로 마치려면 어떤 도구들이 필요한가. 그리고 나는 그 도구를 가지고 있는가."

만약 내가 그 도구를 가지고 있지 않다면, 그 도구를 가지고 있는 사람을 찾아서 그에게 일을 맡기도록 고려해야 합니다. 나의 시간, 정력, 비용은 다른 사람을 채용함으로써 줄일 수 있습니다. 그러나 나 스스로 그 일을 처리할 수 있다면 활용 가능한 도구로 최대한의 노력을 기울여야 합니다. 지혜로운 사람과 어리석은 사람과의 차이는 그들의 도구를 선택하는 데서 나타납니다.

③ 일터를 체계화합시다

내가 일하고 있는 환경을 한번 둘러봅시다. 일터를 가지런하게 하는 일은 개인적인 문제로, 자신의 취미나 해야 할 일에 따라서 달라질 수 있습니다. 거기에는 또 몇 가지 기본 요소가 있습니다.

㉮ 위치 : 만약 내가 나의 일터를 자유롭게 선택할 수 있다면 일을

수행하는 데 도움이 되는 장소를 선택해야 합니다. 내가 하는 일이 집중력을 요구하는 일이라면 조용하고 사적인 장소를 찾아야 합니다. 반대로 자신의 일을 널리 알려야 한다면 예상 고객이 많은 장소를 선택해야 합니다.

㉯ 공간 : 적절한 일터를 선택한 후, 필요한 도구를 배열하기 전에 활용할 공간이 얼마나 되는가를 아는 것이 필요합니다.

㉰ 정리 : 자주 쓰는 도구는 쉽게 찾을 수 있는 가까운 곳에 둡니다. 내가 사용하는 모든 도구의 리스트를 먼저 작성합니다. 그리고 그 도구들이 얼마나 자주 쓰는 것인가를 살펴보아 순위를 정합니다. 그리고 그 도구들 중 사용 횟수가 많은 것을 가까운 곳에 두어야 합니다.

나의 일터 환경을 꼭 필요하지 않은 것들로 채우는 것을 삼가야 합니다. 가능하면 내가 일하는 곳에는 일과 관계된 유용한 도구들이 놓여 있어야 합니다.

㉱ 편리함 : 어떤 사람들은 일터가 안락하게 꾸며져서는 안 된다고 생각합니다. 그들은 일반적으로 힘든 일이나 고달픈 일을 하는 사람들입니다. 그렇지만 불편함은 생산성을 저해할 뿐입니다. 왜 일을 더 복잡하고 어렵게 만들려고 합니까. 인생은 그렇지 않아도 불편함이나 정신 혼란, 그리고 좌절감투성이입니다.

일반적으로 일터에는 적절한 의자와 환풍기나 조명이 있습니다.

적을 알고 나를 알면 백가지 싸움에도 위태롭지 않다.
적을 모르고 나를 알면 한 번은 이기고 한 번은 진다.
적도 모르고 나도 모르면 싸울 때마다 반드시 위태롭다.
√손자

만일 오랜 시간 동안 앉아서 일을 해야 한다면 편안한 의자가 더욱 도움이 될 것입니다. 예를 들어서 10분마다 일어나게 되는 불편한 의자는 바람직하지 못합니다. 그리고 눈의 피로를 덜기 위해서는 일률적인 간접 조명이 필요합니다. 적절한 환풍 장치는 답답함에서 생기는 피로를 덜게 하며 어느 정도의 온도가 가장 적합한가는 각 개인에 따라 다릅니다. 어쨌든 일터는 환기가 잘 되는 곳이 좋으며 쾌적한 분위기로 만들어야 합니다.

④ 사무 기술을 습득해야 합니다

현대의 직장인들은 대부분 책상 앞에 앉아서 일을 합니다. 그 책상은 하나의 도구이며 잘못 이용되거나 남용되곤 합니다. 우리는 도구인 책상을 이용하기 전에 잘못된 고정 관념을 버려야 할 것입니다.

⑦ 책상은 폐품 수집 장소가 아닙니다.

책상 위에 산더미같이 쌓여 있는 잡다한 것들을 살펴봅시다. 아마도 남대문 시장의 떨이 좌판보다 내 책상 위가 더 어지러울지 모릅니다.

⑭ 책상은 자장면 그릇, 우산, 옷 따위를 보관하는 창고가 아닙니다.

사무실을 이사한 경험이 한 번쯤은 있을 것입니다. 그 때 책상 위나 서랍을 치우면서 버린 불필요한 잡다한 물건들이 너무나 많은 것을 보고 놀랐을 것입니다.

㉲ 책상은 잊지 않아야 할 것들을 쌓아 놓는 곳이 아닙니다.

독일의 사업가인 알렉 맥켄지라는 사람이 "잊고 싶지 않은 물건들로 가득 쌓여 있기 때문에 나는 책상 위에서 찾아야 할 물건을 찾을 수가 없다."고 말했습니다.

책상을 바라볼 때마다 우리는 기억해야 할 여러 가지 것들을 볼 수 있습니다. 그로 인해 산만해진 우리의 정신과 마음이 사고 훈련에 지장을 받고 있다는 사실을 알고 있습니까. 그리고 책상 위는 시간이 지나면 지날수록 더욱더 물건들의 가짓수가 불어나서 마침내는 거기에 무엇이 있는지도 모르게 되고 맙니다. 그래서 무엇인가를 찾으려면 그 모든 물건들을 일일이 다 뒤적여 살펴보아야 합니다. 시간 관리 자문가로 알려진 메릴 더글라스라는 사람은 책상 위에 쌓아 놓기를 좋아하는 어떤 사장의 업무 일지에 대해 이렇게 말했습니다.

"그 사람은 책상 위에서 필요한 정보를 찾는 데 매일 두 시간 반을 소비했다고 일지에 써 놓았습니다."

㉳ 책상은 신분의 상징이나 트로피 등을 전시하는 곳이 아닙니다.

책상을 이렇게 잘못 사용하다가는 참으로 거대한 책상을 가져야 할 것입니다. 넉넉한 공간을 가졌지만 쌓아 놓아야 할 것들이 더 많기 때문입니다.

지나치게 숙고(熟考)하는 사람은
거의 달성하지 못한다.
√실러

책상은 무엇일까요. 책상은 정보를 받아들이고 정리하는 도구입니다. 책상은 이러한 목적에 사용되어야 합니다. 그렇지 않다면 책상은 필요하지 않을 수도 있습니다.

미국 경영협회의 회장직을 역임했던 로렌스 애플리라는 사람은 "책상은 우리의 결단을 흐리게 한다."고 말했습니다.

어떤 사장은 표준적인 사무용 책상과 의자를 버리고, 휴게실 의자와 메모, 그리고 서류 캐비닛으로 바꿨더니 훨씬 능률적이었다고 말했습니다. 책상 없는 사무실을 지지하는 사람들은 일대일의 의사 소통을 개선시키고 더 자연스러운 분위기를 낳는 이점이 있다고 입을 모아 주장합니다.

㈑ 효과적으로 책상을 배열하는 방법

＊큰 쓰레기통을 구한다.

＊책상 위에 있는 모든 것을 치우고, 서랍도 비우고, 지금 쓰지 않는 모든 것을 버린다.

＊책상 위, 혹은 속에 있는 서류나 물건들을 기록하고 중요도의 순서에 따라 분류한다. 그 물건들을 하나하나 살펴보면서 생각해 본다. "내가 이것들을 치워 버리면 가장 불편한 것은 무엇일까." 별로 불편하지 않다면 가차없이 치워 버리고 목록에서도 지워 버린다.

＊없애지 않고 남겨 놓은 것들을 잘 정리해 본다. 그리고 책상 위에는 꼭 필요한 것들만 남겨 둔다. 그리고 지금 당장 필요로 하지

않는 것은 캐비닛이나 책상 속에 보관해 둔다.

＊서랍을 사용하는 방법을 생각해 본다. 손쉽게 빨리 이용할 수 있는 방법을 생각하는 것이다. 주기적으로 책상 위의 모든 서류를 검토해 보고 현재 필요한 것만을 책상에 남겨 둔다. 1년 이상 방치되는 서류의 약 90% 이상은 결코 도움이 되지 못하는 것들이다.

＊정보를 효율적으로 활용하기 위해서는 쉽게 보관하고 쉽게 찾을 수 있어야 한다. 두 개의 상자를 준비하고 하나에는 앞으로 해야 할 일들을, 다른 하나에는 처리가 끝난 서류들을 넣고, 책상 서랍에는 미결 서류들만 넣어 둔다.

㉫ 책상에서 일할 때 유의해야 할 점

＊책상 위에는 꼭 하나의 서류만 둔다. 그 서류는 내가 처리해야 할 일 중 최우선 순위의 것이어야 한다.

＊책상 위의 것들을 지금 당장 치운다. 꼭 필요하지 않다면 캐비닛이나 서랍에 넣어 두어 눈에 띄지 않도록 한다.

＊다른 일에 정신이 혼란되지 않도록 해야 한다. 제일 중요한 일에만 집중해야 하고 그 일에서 손을 떼지 않아야 한다.

＊가능하면 비서가 책상을 정리하도록 한다. 그래서 하루가 시작될 때 가장 중요한 서류를 책상 위에 놓도록 해서 나를 돕도록 한다.

이러한 사항들은 하나의 지침에 불과합니다. 이런 사항들이 내게 꼭

어떤 직업에 있어서든 자기가 지배하면 즐겁고
복종하면 불쾌하다.
／알랭

적합하지 않을 수도 있습니다. 책상을 정리하는 것이 내게 덜 효과적일 수도 있다는 말입니다. 그럴 때는 내게 적합한 스타일을 찾아야 합니다. 그러나 책상 위가 무질서해 가지고는 일을 능률적으로 처리할 수가 없는 것만은 분명한 사실입니다.

⑤ 집중력을 길러야 합니다

우리는 초등 학교 시절 렌즈로 햇볕을 모아 쪼이면 종이가 타는 실험을 해 보았을 것입니다. 우리들의 시간과 정열도 태양열과 비슷합니다.

우리가 우리의 노력을 어느 정도 집중시키느냐에 따라 우리는 생에 원하는 것을 성공적으로 해낼 수 있습니다. 천재들도 해내기 불가능했던 일을 보통 사람들이 집중력을 발휘해서 이루어 냅니다.

우리는 생각을 기록할 때면 자연히 집중하게 됩니다. 생각하는 것을 기록하면서 다른 생각을 하기는 거의 불가능합니다. 연필과 종이는 집중력을 기르는 데 훌륭한 도구입니다.

어떤 일에 집중해야 할 경우 연필을 손에 쥐고 생각하는 습관을 길러 봅시다. 그러면서 어떤 생각이 떠오르면 하나하나 적어 둡니다. 그러면 생각은 정리되고 또한 머리 속에 기억하게 될 것입니다. 그런 과정 속에서 어떤 생각이 비합리적이며 어떤 생각들이 서로 모순이 되는지 알게 될 것입니다.

⑥ 일터에서는 오로지 일만 해야 합니다

사람은 습관에 따라 행동합니다. 그래서 우리 행동의 대부분은 생각 없이 습관적으로 이루어집니다.

우리는 일터에서 습관이 능률적이 되도록 애써야 합니다. 그렇게 하지 않으면 비생산적인 습관들로 인해 우리의 시간과 정력을 헛되이 소모하게 될 것입니다.

집중력을 기르고자 한다면 나의 일터는 오로지 일만을 하기 위해 이용해야 합니다. 사무실 책상에서 일할 경우, 일과 관계 없는 것은 책상에 두면 안 됩니다.

어떤 경우, 방문객을 맞이할 일이 생기면 사무실은 일하는 장소라기보다는 사교적인 장소가 됩니다. 그러므로 방문객에게 시간을 할애해야 할 경우에는 책상에서 벗어나야 합니다. 다른 의자에 앉거나 다른 방으로 가야 합니다. 만약 일터를 일만 하는 곳으로 습성화시킨다면 내가 책상에 앉는 즉시 그 일 속으로 빠져들게 될 것입니다.

⑦ 휴식 시간을 활용해야 합니다

책상에 앉아서 일을 하는 방법에는 여러 가지가 있을 수 있습니다. 그 가운데 하나가 언제 어떤 방법으로 어떻게 효과적으로 쉬어야 하

똑바른 길은
목표 이외의 어느 곳으로도 인도하지 않는다.
√앙드레 지드

는가 하는 것도 포함됩니다.

잠시도 쉬지 않고 무작정 하루종일 일에 매달린다고 해서 일이 잘 되는 것은 아닙니다.

일처리에 어려움을 느꼈을 때는 잠시 일손을 놓고 쉬어야 합니다. 맹목적으로 밀고 나가면 오히려 혼란과 좌절만 맛보게 될지도 모릅니다. 일을 처리한다 해도 정보를 소화하고 분류하는 데 더 많은 시간을 요할지도 모릅니다.

일을 시작할 때 그 일이 즐겁고 생산적인 것이 되기 위해서는 다음 몇 가지 유의 사항을 지켜야 합니다.

* 일을 하다가 휴식을 취할 때는 즐거운 마음을 가져야 한다. 만약 만족스럽게 잠시 일을 멈춘다면 그 일을 기쁘게 생각하고 다시 그 일을 하고자 하는 의욕이 생길 것이다.

* 일이 어느 정도 진척되었을 때는 그것을 중단하도록 노력해야 한다. 그러면 다시 일자리로 돌아와 그 일을 시작하는 데 필요한 시간을 줄일 수 있다.

⑧ 끝까지 밀고 나가야 합니다

언제 일을 멈추어야 하는가를 아는 것은 매우 중요합니다. 그러나 그것만으로 다 된 것은 아닙니다. 중도에서 난관에 부딪쳤을 때 그 일

을 훌륭히 마치도록 끝까지 밀고 나가야 합니다. 시작한 일을 성공적
으로 마치는 데 도움이 될 몇 가지 사항이 있습니다.

* 일을 진지하게 생각하고 진지하게 처리해야 한다. 일에 대한 관
  심과 하고자 하는 의욕은 쌍둥이처럼 하나가 되어야 한다. 그리고
  더 많은 정보를 모아야 한다. 어떤 일이나 많이 알면 알수록 그 일
  에 더 깊이 몰두할 수가 있다.

* 일이 이루어졌을 때의 만족감을 생각한다. 절약될 돈을 생각하고,
  더 좋은 직장으로의 전직을 생각하고, 그리고 승진을 생각했을 때
  의 행복한 삶을 생각해 본다.

* 어떤 일을 마칠 날짜를 정해 놓고 그 날짜에 마치도록 한다.

* 일을 처리하는 데 도움을 받아야 할 사람과 함께 일을 한다. 누군
  가와 함께 일을 하면 나 혼자 하는 것보다 훨씬 효과적일 수 있다.

11

시간과 정력을 덜 들이고 성공하는 방법

어떤 일을 처리하는 데 열흘이 걸리는 사람이 있는가 하면 닷새밖에 걸리지 않는 사람도 있습니다. 시간을 줄이면 당연히 정력과 노력도 줄일 수 있습니다.

시간과 정력을 절약하는 도구는 바로 기억력입니다. 기억력이 없이는 온갖 지식은 아무 쓸모 없는 것이 되고 맙니다. 기억력이 없다면 우리는 어떤 일을 할 때, 매번 전혀 새로운 것인 양 그것에 대응해야만 할 것입니다.

우리는 기억력을 이용하여 걷는 법, 말하는 법, 문제를 해결하는 법, 읽는 법 등 여러 가지 것들을 배웁니다. 기억력의 능력은 기적과도 같습니다. 우리는 주먹만한 머리에 오늘날 가장 진보한 컴퓨터보다 더 많은 정보를 입력시킬 수가 있습니다.

그러나 여기서 정보를 저장하는 것과 정보를 기억하는 것에는 차이가 있다는 것을 알아야 합니다.

우리 사람들은 정보를 저장하고 다시 상기하는 능력을 향상시킬 수 있습니다. 이를 위해서는 먼저 기억력이 어떻게 작용하는가, 그 기억력의 원리를 이해해야 합니다.

기억력은 물건이 아닙니다. 기억력은 사람의 능력을 나타냅니다. 기억은 보거나, 느끼거나, 조사하거나, 무게를 달 수 없습니다.

기억력은 다음의 세 가지 단계로 나누어집니다.

① 기억하는 것 : 정보를 저장하는 단계

② 기록하는 것 : 필요할 때까지 두뇌에 저장하는 단계

③ 다시 생각나게 하는 것 : 필요할 때 그 자료를 끄집어내는 단계

이 마지막 단계는 우리가 당면한 가장 큰 문제입니다. 우리는 "생각이 날듯말듯 한데."라는 말을 얼마나 자주 사용하고 있습니까.

우리는 뇌에 입력시킨 그 정보를 기억해 내기 위해서 그 어떤 일도 할 수 없습니다. 그러나 어떻게 그 정보를 기억시키느냐에 따라 판도가 달라집니다.

즉 기록 방법을 수정함으로써 기억력을 향상시킬 수 있는 것입니다.

기억력을 최대한으로 이용하는 데 도움이 되는 몇 가지 방법이 있습니다.

시간은 돈이라는 것을 기억하라.
√벤자민 프랭클린

＊쉬고 있을 때 두뇌가 그 일을 기억하게 하라. 만약 피로할 때 기억하려고 애쓴다면 오히려 좌절감만 느끼게 될 것이다.

＊어떤 것을 기억하기 전에 먼저 할 일이 있다. 기억해야 할 것을 편리하게 세부적으로 나누는 것이다. 예컨대 20여 개 국가의 서울 이름을 기억하려 한다면, 그것을 몇 개의 그룹으로 나누어 정리한다.

＊기억해야 할 것을 여러 번 반복해서 생각한다. 그것을 쓰는 것도 도움이 된다.

＊기억하려는 것들을 이미 기억 속에 확고히 자리잡은 다른 것들과 연관시킨다. 거기에는 낯익은 아이디어나 어떤 상징을 이용할 수도 있다. 우리는 이탈리아의 지도를 쉽게 기억할 것이다. 그것은 이탈리아의 지도가 장화처럼 생겼기 때문이다. 그러나 우리는 유고슬라비아의 지도는 쉽게 기억하지 못한다. 왜 그럴까.

＊기억해야 할 것들을 어떤 공식이나 암호문으로 배열하면 더욱 효과적이다. 예를 들어 광고학 교수는 호기심을 불러일으키고, 관심을 끌고, 욕구를 불러일으키고, 행동화하는 것을 AIDA라는 약자를 이용한다. 또 조사, 질문, 읽기, 재인용, 검토를 표시하는 다섯 단계의 연구 방식을 SQ3R의 약자로 표시한다.

＊기억하는 데에는, 기다리는 시간 같은 '자투리 시간'을 이용하면 좋다.

사우스 캐롤라이나 대학의 객원 교수인 데니스 웨이틀리는 자신의 경험을 이렇게 말했습니다.

"나는 박사 학위를 취득하기 위해 두 가지(불어, 독일어) 외국어를 영어로 번역하는 시험에 통과해야 했다. 그러나 전혀 관심이 없었던 독일어는 거의 백지 상태였고, 조금 안다고 하는 불어 역시 이름을 쓰거나 거리의 푯말을 읽는 정도에 불과했다. 그럼에도 불구하고 기적과도 같이 6주만에 두 어학 시험에 모두 통과했다.

나는 우선 적당한 단어장과 독해력 책을 샀다. 그리고 매일 그 책을 한 시간씩 읽고 30개의 단어를 외웠다. 물론 새 단어를 암기하기 전에 기억을 확실히 하기 위해서 전에 암기한 단어들을 다시 생각해 내곤 했다. 5주가 끝날 즈음 천 개의 단어를 외웠고 독해력도 꽤 향상되었다. 마지막 1주일은 검토를 위해 보냈다. 마침내 나는 두 어학 시험에 합격했다."

우리들의 주위에는 가까운 시일 내에 처리해야 할 사소한 일이 많이 있습니다. 예컨대 세금을 낸다든지, 심부름을 하고, 정원을 손질하며, 이것저것 사소한 집안 일을 한다든지, 전화를 거는 일 등 참으로 많이 있습니다. 대개 이런 일들은 대강 처리하곤 하는데 그럼으로써 일은 더 복잡해지게 마련입니다.

이런 사소한 일들이 정작 중요한 일의 효과를 감소시키는 것을 막

가장 바쁜 사람이 가장 많은 시간을 갖는다.
√비네

기 위해서는 그것들을 한데 묶어서 한꺼번에 처리해야 합니다. 예를 들면 시장에 가는 일, 은행에 가는 일, 세차장에 가는 일들을 한꺼번에 처리하는 것입니다. 집안의 잡다한 일들도 가능한 여러 가지를 한꺼번에 한데 모아서 하면 좋습니다.

사소한 일들로 인해 신경이 다른 곳으로 쏠리면 생의 중요한 목표를 소홀히 할 우려가 있으므로 주의해야 합니다.

계획과 목표 설정이 기본적으로 의사 결정의 한 과정임을 알 것입니다. 어떤 결정을 내린다는 것은 곧 문제의 해결을 의미합니다.

어떤 문제에 대해 어떻게 접근할 것인가를 정하는 것은 문제 해결의 실마리가 됩니다. 거기에 따른 몇 가지 일반적인 지침을 살펴보면 이것은 성공으로 가는 길에 숨어 있는 장애물을 더욱 쉽게 극복하게 해 줍니다.

우리는 화성에 인공 위성을 보내고 전자 두뇌가 사람의 두뇌에 가까워지고, 복제 양이 탄생되고 복제 인간이 실현되는 복잡한 과학 기술 시대에 살고 있습니다. 그 복잡성은 이제 당연한 것이 되어 우리의 삶 속으로 깊숙이 들어와 있습니다. 아니 어쩌면 생애의 모든 면에서 복잡한 것을 우리 스스로 기대하고 있는지도 모릅니다.

우리 사회는 '어떤 것도 더 이상 간단하지 않다' 는 것이 불문율화되어 있습니다. 그래서 어떤 문제를 해결하는 방법에 간단한 것과 복잡한 것을 선택해야 할 때, 우리 중 많은 이들이 후자를 선택하고 맙니다.

어떤 문제를 해결해야 할 때는 단순하면서도 만족스러운 방법을 먼저 찾아야 합니다.

전구 하나를 갈아 끼우는 데 다섯 사람이 모여서 한 사람은 전구를 들고 있고, 네 사람은 사다리 위의 그 사람을 받치고 있다면 얼마나 우스꽝스러운 일이겠습니까. 단순한 해결 방법은 많은 시간을 절약하게 할 것입니다.

광고의 천재라고 알려진 엘렉스 오스본은 창의력을 향상시키기 위해 새로운 아이디어 점검표를 제시하고 있습니다.

이 점검표는 우리가 어떤 문제에 직면했을 때 많은 도움을 줄 것입니다.

* 수정 가능성이 있는가.

—첨가해야 할 것

—더 많은 시간, 더 자주

—더 강하게, 더 높게, 더 두껍게

—이중으로, 또는 몇 배로

*최소한의 가능성은 있는가

—빼야 할 것

—보다 적게, 간결하게

시간은 지나가면 두 번 다시 오지 않는다.
그것은 매일같이 찾아오긴 하지만
얻기는 어렵고 반대로 잃기는 쉽다.
√사마천

—생략, 간소화, 분리

—더욱 낮게, 더욱 짧게, 더욱 가볍게

＊ 대체의 가능성은 있는가

—다른 과정, 요소, 자료

—다른 장소, 접근 방법, 접근 형태

＊ 재배열의 가능성은 있는가

—교환 요소, 다른 계획, 형태, 배치, 기간

—다른 사람

＊ 전환의 가능성은 있는가

—긍정적인가, 부정적인가

—반대로 해 본다, 뒤로 또는 위 아래로 바꾸어 본다

—전환의 역할

＊ 결합의 가능성이 있는가

—이점, 목적, 아이디어, 접근 방법

＊ 다른 이점의 가능성은 있는가

—새로운 이용 방법

—수정되었을 때의 다른 이점

—그 밖의 다른 이점

위의 오스본 두뇌 점검표를 다른 방법에 이용하든 이용하지 않든

이 표는 일반적으로 여러 가지 것을 다른 관점에서 보게 합니다.

그리고 우리는 윌리엄 제임스가 한 다음과 같은 말을 되새겨 볼 필요가 있습니다.

"천재는 남다른 방법으로 어떤 것을 느낄 수 있는 능력을 가졌을 뿐이다."

아이젠하워는 대통령으로 당선된 뒤 긴급한 일, 중요한 일에 집중하기 위해 행정부의 조직을 개편하고자 했습니다. 그는 덜 긴급한 일과 덜 중요한 일들은 아랫사람에게 넘기려고 했습니다. 그러나 아이젠하워 대통령은 긴급한 일과 중요한 일이 동시에 일어나지 않는다는 것을 알았습니다.

우리에게 맞닥뜨려지는 일들도 그러합니다. 중요한 일은 거의 긴급하지 않고, 긴급한 일은 거의 중요하지 않습니다.

누군가와 약속을 했는데 자동차 사고가 나는 바람에 그만 약속 시간에 늦어버리고 만 일이 일어났다고 가정해 봅시다. 그 때 사고로 파손된 차를 긴급히 수리해야 하는 일에 앞서 자동차 보험료를 지불해야 하는가를 생각하는 것은 어리석은 일입니다.

우리들 가운데는 많은 사람들이 '긴급'이라고 하는 횡포에 억눌려서 성급하게 삶을 살고 있다는 것은 분명 불행한 일입니다. 우리는 보다 더 긴급한 일을 무시하고 생에 더 중요한 일까지도 무시하며 결국

형편없는 결과를 만들어 내고 맙니다.

우리가 해결해야 할 많은 문제에 직면했을 때 우선 중요한 문제가 무엇인가를 자문해 보아야 합니다. 그래서 그 문제들을 처리해야 할 우선 순위의 맨 위에 두어야 합니다. 만약 긴급함이라는 횡포에 사로잡혀 있다면 위기는 계속해서 닥칠 것입니다.

중요한 문제를 해결하는 어떤 능력은 우리의 의식 수준 밖에 있을 수 있습니다. 우리들은 흔히 단순한 문제를 해결하는 데도 많은 수고를 하게 됩니다. 항상 해답을 아주 어렵게 찾는 습관이 되어 있기 때문입니다. 어떤 문제를 해결하는 데서 생기는 걱정과 긴장은 창의력을 약화시키고 시간을 낭비하게 합니다.

'성공의 심리학'이라는 책을 쓴 데니스 웨이틀리는 이렇게 말했습니다.

"내가 대학원에 처음 들어갔을 때 박사 논문 주제를 무엇으로 할 것인가로 고민을 했는데, 사실 적어도 2년 동안은 그럴 필요가 없었다. 그럼에도 불구하고 그런 시험을 치른 경험이 없었기 때문에 박사 논문에 대한 생각으로 가득 차 있었다.

학위 과정이나 시험에 대한 생각은 안중에도 없었다. 그러한 일은 늘 해 왔던 일이므로 잘 할 수 있다고 확신했던 것이다.

내가 박사 논문에 대해 압박감을 받으면 받을수록 걱정은 더 깊어 갔다. 그러면서도 여전히 그 주제는 정해지지 않았다.

나는 이 문제를 교수님께 말씀드렸다. 그랬더니 그분은 그 문제는 잊어버리고 당면한 일에 열중하라고 말했다. '자네의 그 문제는 잠재 의식에 맡기게. 그래서 잠재 의식이 자네에게 활용되도록 하게. 자네가 논문의 주제를 정하고자 하는 어느 날, 잠재 의식을 통해 그것이 떠오를 것일세. 대부분 중요한 일은 잠재 의식 수준에서 이루어짐을 명심하게.' 하고 충고해 주었다.

나는 그 교수님의 충고를 받아들였다. 그 후 6개월이 지났는데 논문 제목이 불현듯 떠올랐다. 잠재 의식의 가치는 대학원에서 배운 가장 큰 교훈이었다."

12

시간 관리를 잘 해야 성공합니다

'시간은 금이다' 라고 말한 사람은 벤자민 프랭클린입니다.

그가 책방을 경영했을 때, 하루는 말쑥하게 차려 입은 신사가 책방에 들어와서 책 한 권을 뽑아 들고 벤자민에게 물었습니다.

"이 책값이 얼마입니까?"

"1달러입니다."

"좀 깎아 줄 수 없습니까?"

"안 됩니다. 정찰제이기 때문에 정가대로 해야 합니다."

"에이, 그러지 말고 조금만 깎아 주십시오."

"그럼, 1달러 25센트 내십시오."

"농담하시는 겁니까?"

“이제 1달러 50센트를 내셔야 합니다. 저에게는 시간이 돈이거든요.”
이런 일이 있었다는 일화가 있습니다.

성공적인 삶을 누리고자 한다면 시간을 관리하는 기술을 터득해야
합니다.

많은 사람들이 삶의 목표를 달성하지 못하는 것은 시간을 효율적이
고 능률적으로 관리하지 못하기 때문입니다. 시간 관리를 능률적으로
하지 못한 사람치고 성공하는 사람은 없습니다.

이와 반대로 삶의 목표를 달성하여 성공적인 삶을 사는 사람들은
대부분 시간 관리의 요령을 터득하고 있는 사람들입니다.

높은 실적을 올린 성공한 사람들을 보고 “그 사람이 어떻게 그런 일
을 했지?” 하고 놀라거나 “그 사람에게 언제 그럴 시간이 있었지?”
하고 놀랍니다.

평범한 사람들은 시간의 가치를 알지 못하고 낭비해 버리는 경향이
있지만 성공한 사람들은 벤자민처럼 시간은 돈이라는 생각을 갖고 있
습니다.

시간이란 유용하게 투자될 수도 있고, 어리석게 낭비될 수도 있는
것입니다. 적절하게 투자한 시간은 더욱 높은 업적을 이루는 아이디
어를 창조해 내며, 계획안을 짜고 문제를 연구하고 지식과 정보와 경

인생을 사랑하느냐, 만익 사랑한다면 시간을 낭비하지 말라.
시간은 인생을 이루는 요소이다.
√벤자민 프랭클린

험을 습득하게 해 줍니다.

만일 낭비한 시간에 세금을 물게 한다면 사람들은 누구나 시간을 좀더 귀중하게 여겼을 것입니다. 또 우리가 삶을 돈을 주고 사야만 한다면 우리들은 시간을 좀더 나은 방법으로 사용하려고 온갖 노력을 기울일지도 모릅니다. 그러나 시간은 아무런 대가도 없이 우리 모두에게 공평하게, 전혀 공짜로 주어진 것입니다.

너무 많으면 우리들은 그것의 가치를 낮게 평가하고 낭비하는 경향이 있습니다. 공기가 그러하고, 물이 그러합니다.

많은 사람들이 자신들은 영원히 살 것처럼 생각하고 있으므로, 이 세상을 떠나기 전에 무언가 보람 있는 것을 이룰 만한 '충분한 시간'이 얼마든지 있을 것이라고 생각합니다. 그러다가 세월은 흘러가 버리고, 세월이 흘러감에 따라 좋은 기회들도 다 지나가 버리고 마는 것입니다.

매일 오늘이 내 생애의 마지막이라고 생각하고 일을 해야 합니다. 그러면 내가 목표로 하고 있는 일의 달성 기간이 빠르게 당겨질 수 있습니다. 그렇게 함으로써 집중력과 추진력이 몰라보게 향상될 것입니다. 강한 절박감이야말로 가장 큰 정열의 활력소가 됩니다.

항상 바쁘게 사는 사람은 육체적 힘이 넘쳐나는 것처럼 보이고, 시간을 낭비하며 게으르게 사는 사람은 비실비실 힘이 없어 보이는 것을 우리는 주위에서 많이 보았을 것입니다.

일을 적극적으로 추진하고 긍정적으로 사고하는 사람들은 고성능의 사고 능력을 가지고 사람의 뇌 속에 있는 정력의 샘을 자극합니다.

시간을 잘못 이용하고, 무질서하게 사는 생활 태도는 피로와 권태를 가져오게 되는데, 이것은 정신을 갉아먹는 해충이 되고 마침내는 육체까지도 망가뜨리고 마는 무서운 바이러스가 되고 맙니다.

그러므로 우리는 돈을 귀하게 여기고 생명을 귀하게 여기듯이 '시간'도 귀하게 여겨야 합니다.

시간 관리 요령① 시간을 계산하는 습관을 가진다

모든 사업체, 그것이 구멍가게이든 재벌 그룹이든 모든 사업체는 '돈'을 귀중히 여기고 그것이 들어오고 나가는 행적을 단돈 1원까지도 추적해서 틀리지 않게 계산하고 기록합니다.

나에겐 '시간'보다 더 중요하고 귀중한 것이 없는데도 그 귀중한 시간을 어떻게 소모하고 있는지 자세히 계산해 본 적이 있습니까?

사람들이 '내게는 시간이 없다'고 말하는 참뜻은 '나는 시간이 있다고 생각되지 않는다'는 것입니다. 만일 면밀하게 시간을 계산해 두었더라면, 그만한 시간쯤은 충분히 만들어 낼 수 있었을 것입니다.

지금 당장 내가 지출한 시간을 분석해 봅시다. 노트에다 한 달 동안의 기록을 정확하게 표시해 놓고 면밀히 따져 봅시다. 참으로 엄청난

평범한 사람들은 시간을 어떻게 소비할까 생각하지만
지성인은 시간을 어떻게 사용할까 궁리한다.
√ 쇼펜하우어

사실을 발견하게 되고, 현재의 내 생활의 시간 문제를 비로소 이해하게 될 것입니다.

시간 문제는 한 세기 전보다 지금이 더 큰 문제로 대두하고 있다는 점을 관찰해 보면 알 수 있습니다. 이상하다고 생각되지 않습니까? 오늘날에는 빠른 통신 수단을 비롯해서 시간을 절약할 수 있는 각종 이기들이 발명되었고 그 이기들을 사용하고 있는데도 말입니다.

그렇지만 내가 소비하고 있는 시간을 모두 계산해 본다면 왜 이 같은 기이한 현상이 빚어지고 있는지를 깨닫게 될 것입니다.

시간 관리 요령② 시간도 예산안을 짜서 쓴다

지금까지 내가 소모한 시간을 따져 보고 나면 나 자신이 시간을 어떻게 보내고 있는지 알게 됩니다. 또 하루는 정확하게 몇 시간으로 한정되어 있는가도 깨닫게 됩니다.

이제 시간 예산안을 편성해 보도록 합시다. 그러려면 우선 계획부터 짜야 할 것입니다.

나의 하루를 계획한 후에 그 계획을 실천하도록 해야 합니다. 우리가 매일매일 계획을 세우고, 그 계획을 실천하며 살아가려고 노력할 때에도 예기치 못한 방해가 생겨 우리를 좌절의 구렁텅이로 몰아넣을 때가 있습니다. 그 결과 우리는 모든 것을 포기하고 아무런 계획 없이 매일매일 단순하게 살고 싶은 충동을 느끼게 됩니다.

시간 예산안에 관한 일 중에서 이보다 더 위험한 일은 없습니다. 이렇게 아무런 계획 없이 살게 되면 계산할 수 없을 만큼 엄청난 시간의 손실을 보게 됩니다.

오늘 꼭 하고자 하는 일, 할 수 있는 일, 해야만 하는 일들을 목록을 만들어 메모지에 적어 보면, 엄청난 시간을 벌 수 있다는 사실을 발견할 것입니다.

제일 중요한 일을 맨 앞에 기록합니다. 두 번 다시 올 수 없는 기회에다 하루의 첫 시간을 배당해 놓으십시오. 지금 꼭 '해야만 한다' 고 생각되는 일보다도 다른 일에 우선권이 주어질 때도 가끔은 있을 것입니다. 지금 꼭 해야만 한다고 생각했던 일이 사실은 좀더 기다릴 수 있는 일이란 것을 발견했을 때 아마 놀랄지도 모릅니다.

오늘의 계획을 꾸준히 밀고 나갈 수 있도록 노력해야 합니다. 내가 하고 싶어하는 일을 우선적으로 해야 할 일보다 먼저 하고자 하는 유혹에 넘어가지 않게 훈련을 쌓아야 합니다. 하루를 계획하는 데는 강한 자제력이 필요하기 때문입니다.

나 자신이나 주위의 사람들이 나에게 시간을 헛되이 보내자고 유혹할 때는 '안 된다' 라는 말을 준비하고 있어야 합니다. 어떤 경우에는 전화 코드를 뽑아 놓아야 할 경우가 있을 것이고, 노크 소리를 무시해야만 할 때도 있을 것입니다. 어떤 경우에도 솔직하고 단호하게 '안

새로운 시간 속에는
새로운 마음을 담아야 한다.
√아우구스티누스

됩니다' 라고 말할 수 있는 기술을 터득해 두어야 합니다.

시간 관리 요령③ 방해에 대해서 예비책을 세워 둔다

매달 수입이 1백만 원인 사람이 예기치 못한 지출에 대한 예산을 세워 놓지 않았다면, 병이라든지 교통 사고라든지 어떤 돌발 사태에 따른 지출 때문에 경제적인 난관에 봉착하게 될 것은 당연한 사실입니다. 시간 관리도 이와 같습니다.

많은 사람들이 시간 관리를 제대로 하지 못하는 이유는 그들이 회피할 수 없는 긴급 사항에 대비할 만한 시간적 여유를 미리 예비해 두지 않았기 때문입니다.

'일찍 시작하라' 는 말은 시간 문제 해결에 핵심점이 되는 말입니다. 시간적 여유는 고속 도로에서 생명을 안전하게 해 주고, 학기말 고사에서는 성적을 올려 주고, 만나기로 한 중요한 사업상의 파트너에게서는 좋은 평판을 얻게 합니다. 그러나 시간적인 여유를 감안해 두지 않는다면 최악의 경우 감정을 파괴시키는 당황, 초조, 분노와 맞닥뜨리게 될 것입니다.

모든 일을 긍정적으로 생각하는 사람들은 미리 예상하고 있던 늦어짐마저도 고맙게 생각하고 유효 적절하게 사용하므로 보통 사람들이 보기에는 거의 불가능한 것처럼 보이는 일까지도 너끈하게 해치우는 수완을 발휘합니다.

그들은 늦어질 시간을 위해 계획을 세우는 사람들이며 시간을 아주 유용하게 쓰는 사람들입니다.

때에 따라서 계획을 지연시키는 것은 사람들에게 좋은 인상을 남기게 하는 희귀한 기회일 수도 있습니다. 일을 지연시킴으로써 오히려 사람들에게 참을성 있고 이해심이 많은 사람이라는 명성을 얻어 낼 수 있는 기회가 될 수도 있기 때문입니다.

시간 관리 요령④ 내가 쓴 시간을 체크해 본다

모든 시간이 다 똑같이 '중요' 할 수만은 없습니다.

이른 아침의 한 시간은 늦은 오후의 한 시간보다 더 중요합니다. 봄철의 한 시간은 후덥지근한 여름철의 한 시간보다 훨씬 더 귀중합니다. 월요일의 한 시간은 대개 일의 능률이 오르지 않는 월요병에 시달리는 데 반해 수요일의 한 시간은 최고도로 활력과 정력이 흘러넘치는 시간일 것입니다.

나에게는 어느 요일의 어느 시간이 가장 좋은 시간인지 파악해 둡시다. 나의 능률이 최고도로 오르는 날, 요일, 시간을 찾아 내서 가능한 가장 중요한 일을 그 때 하도록 계획을 세우는 것이 좋습니다.

시간의 비중을 체크한 다음 그에 따라 제일 좋은 시간에 가장 중요순간을 지배하는 사람이 인생을 지배한다.
√에센바흐

한 일을 할 수 있도록 시간표를 재조정해 놓으면 지금보다 훨씬 많은 일을 초과해서 달성할 수 있을 것입니다.

시간 관리 요령⑤ 자기 자극을 위한 시간적 압박감을 조성한다

일을 미루거나, 유혹에서 자신을 보호하기 위해 나 자신만의 압박 조건을 만들어 보는 것도 좋습니다.

또한 계획한 일을 다른 사람에게 공표함으로써 위에서 말한 사실을 이행할 수 있을 것입니다. 많은 사람들에게 나의 계획을 미리 말해 놓지 않으면 그 일을 시작하지 않을 가능성이 더 많을 수도 있기 때문입니다.

나의 목표 달성 시간을 정하고 그 시간표에 따라서 행동하십시오. 그것이 목표한 사업을 이룰 수 있도록 압박감을 조성해 줄 것입니다.

별로 큰 일을 이루지 못하고 있는 사람들은 스케줄에 따른 압박감에서 자신을 보호하기 위해 시간표 작성하는 일을 회피하는 습관을 가지고 있습니다. 그러나 참 진리란 내가 구체적인 계획을 통해 자신을 압박함으로써 모든 것이 행동으로 옮겨질 수 있다는 사실입니다.

시간 관리 요령⑥ 시간 절약 용품 사용을 조심한다

시간을 절약할 수 있는 온갖 용품이 쏟아져 나와 있습니다. 그러나 그것들 때문에 오히려 과거보다 더 많은 문제점들이 드러나고 있다는 사실을 의아하게 생각해 본 적이 있는지요.

이러한 용품들을 많이 갖추고 있다고 해서 반드시 시간이 절약되는 것만은 아닙니다.

'잠깐' 이란 말을 조심해야 합니다.

전화 거는 것을 예로 들어 생각해 봅시다. 그저 충동에 이끌려 건 전화가 5분이나 10분의 대화로 길어지는 수가 많습니다. 꼭 걸어야 할 이유가 없기 때문에 전화를 걸지 않았다면 그 시간을 벌 수 있었을 텐데, 충동적인 기분으로 판도라의 상자를 열어 놓은 것처럼 한꺼번에 쏟아져 나오는 이야기를 하게 되고 시간을 낭비하게 되는 것입니다.

시간 절약 용품이 절약해 주는 시간을 너무 과대 평가하지 말아야 합니다. 그것들은 시간을 절약해 준다기보다는 노동력을 절약해 주는 정도가 고작일 뿐입니다.

시간 관리 요령⑦ 시간이 없다는 핑계를 대지 않는다

바쁘다는 이유로 초대나 만남을 거절하기 전에 왜 그 시간에 나는 바빠야 하는지 그 이유를 깊이 분석해 보도록 합시다.

어쩌면 실제로 바쁜 것이 아니라 단순하게 바쁜 것처럼 느낄 뿐인 경우도 있을 것입니다. 사실상 우리들은 우리가 정말로 하고 싶은 일

인생은 짧다. 그러므로 인생을 어떻게 보내야 될까 하고
게으르게 심사숙고를 하는 데
인생의 대부분을 보내서는 안된다.
√사무엘 존슨

을 하기 위해서는 대부분 시간을 만들어서 쓰고 있습니다.

아주 중요한 일이 나에게 부딪치면 대부분의 계획을 변경하고, 스케줄을 바꾸고, 지금까지 굉장히 중요하다고 생각했던 활동을 중지하고 새로운 일을 맞아들입니다. 그런데도 시간이 없다고 단언할 수 있겠습니까.

시간이 없다는 핑계를 대는 심리적 저변에는 아마 근본적으로 실패를 두려워하거나 아니면 지쳐 있는 상태가 깔려 있을 것입니다. 그러므로 부정적 감정 표현인 의기 소침함이 나도 모르는 사이에 "나는 할 수 없다, 너무 바쁘다."라고 말하게 되는 것입니다.

내가 '네' 하고 대답하고 노력해 보지 않는 한 계속 피곤하다고 느낄 것이며, 아무 일에도 흥미를 느끼지 못하는 한, 계속해서 지쳐 있을 것이라는 점을 명심해야 합니다.

일단 어느 일에 흥미를 느낀다는 사실은 이미 그 일에 개입되어 있다는 말과도 같습니다. 그러므로 너무 바쁜가, 아니면 너무 지쳐 있는 것인가 둘 중 어느 쪽인가를 파악해 볼 필요가 있습니다.

시간 관리 요령⑧ 생각을 크게 가지면 시간도 확대된다

시간 문제는 단순히 위축된 사고력의 결과로 빚어지는 경우가 가끔 있습니다. 우리는 모든 일을 다 우리의 손으로 해야 한다고만 생각하

기 때문에 자신에게 맡겨진 일을 남에게 맡기는 것을 싫어합니다.

우리는 일을 분담해서 잘 처리해 줄 사람을 찾기가 쉽지 않기 때문에, 그 결과 우리는 문제를 지혜롭게 해결하고, 기회를 결단성 있게 붙잡고 인생을 성공적으로 살아 나가기 위해 사색해야 할 시간이 부족할 정도로 너무 바빠지고 맙니다.

행운은 결코 뒤쳐져서는 잡을 수 없는 것이니, 시간이 없다고 좋은 기회를 놓쳐 버려서는 안 됩니다.

13

성공의 문을 여는 열쇠

자투리 시간을 아낄 줄 알아야 합니다

나는 하루 24시간을 100% 활용하고 있는가.

나는 날마다의 생활이 제대로 이루어지지 않는다는 불안감을 가지고 있지는 않은가.

나는 사소한 일에 얽매여 가장 중요한 일을 놓치고 있지는 않은가.

나는 의미 있고 보람 있게 시간을 쓰고 있는가.

나는 시간 관리에 문제점은 없는지 검토하고 있는가.

미국의 한 일간지에 어느 부인이 1년에 850달러로 멋지게 살 수 있었다는 기사가 실린 적이 있었습니다. 돈을 최대한 절약하고 사는 법을 기사화한 것입니다. 그러나 어떤 신문이나 잡지에도 '시간을 최대한 절약하고 사는 법'을 기사화한 적은 없습니다.

몇 년 전에는 우리 나라에서 '시(時)테크'라는 말이 유행한 적이 있기는 합니다.

'시간은 돈이다'라는 속담이 있습니다. 이 속담은 본뜻을 과소 평가하고 있습니다. 사실 시간은 돈보다 훨씬 더 가치 있는 것입니다.

내가 아무리 돈이 많은 재벌이라고 하더라도 다른 사람들이 가진 것보다 더 많은 시간을 살 수는 없습니다. 단 1분도 돈으로 살 수는 없습니다. 시간은 아랫목에 엎드려 졸고 있는 강아지도 똑같이 가지고 있습니다.

시간이 존재하므로 모든 것이 존재합니다. 따라서 시간이 없다면 모든 것은 존재할 수가 없습니다. 나에게 주어진 시간은 기적이며 놀라운 축복입니다.

아침에 눈을 뜨면 우리에겐 24시간이라는 시간이 모두에게 평등하게 주어집니다. 그 시간은 바로 나의 것입니다. 그것은 아주 귀한 나의 상품입니다.

아무도 내게서 그 시간을 빼앗아 갈 수는 없습니다. 어떤 사람도 신으로부터 나보다 시간을 더 많이 받거나 적게 받지 않았습니다.

시간에 대해서만은 독재자도 있을 수 없습니다. 부자건, 거지건, 지식인이건, 무식한 사람이건, 시간의 분배에는 예외가 없습니다.

나는 나의 마음대로 그 귀중한 시간을 쓸 수 있는 특권을 가지고 있

> 소년은 곧 늙고 학문은 이뤄지기 어렵다.
> 한 치의 시간도 가볍게 여기지 말라.
> √주자

습니다. 그 시간은 내가 살아 있는 한 결코 없어지지 않습니다.

시간은 요일에 영향을 받지 않습니다. 써 버린 시간을 되물릴 수 없고 미래를 미리 가불할 수도 없습니다. 다만 현재의 시간만을 쓸 수 있습니다. 내일을 미리 가불할 수 없고, 바로 한 시간 뒤의 시간도 당겨서 쓸 수가 없습니다.

우리가 매일 24시간을 활용하며 산다는 사실은 아무리 생각해도 기적과 같은 축복입니다. 우리는 그 24시간에서 행복과 재물과 성공의 변화를 찾아야 합니다. 따라서 그 시간을 올바로, 그리고 효과적으로 사용하는 것은 매우 중요한 문제이며 스릴 있는 일이기도 합니다.

오늘날 미디어들이 저마다 소득을 올리는 재테크 방법에 대해 많은 지면을 할애하고 있지만, 시간을 값지게 사용하는 방법에 대해서는 비중 있게 다루지 않습니다. 시간보다 훨씬 흔한 돈, 생각해 보면 돈은 우리 주위에 있는 가장 흔한 것 가운데 하나일 뿐입니다.

만약 어떤 사람이 일정한 소득으로 살 수 없다면, 그는 돈을 더 벌거나 다른 방법을 강구할 것입니다.

우리는 하루 24시간을 활용하면서 모든 지출 항목을 사전에 계획할 수 있어야 합니다. 그렇지 않으면 생활은 낭비로 뒤범벅이 될 것입니다. 시간은 누구에게나 똑같이 주어지고 똑같이 제한을 받습니다.

나에게는 지금보다 더 많은 시간이 주어지지 않습니다. 대부분의 성공은 여분의 시간을 활용해서 얻은 것입니다. 하찮은 여분의 시간은

'자투리'에 비유될 수도 있습니다. 자투리는 주요 제품을 만들고 남은 찌꺼기입니다. 그렇지만 나름대로의 가치를 지니고 있습니다. 예를 들면 석유 제조 과정에서 콜탈이라는 부산물이 나옵니다. 이런 부산물은 나름대로의 가치를 지니고 있습니다.

어떤 생산 공장에서나 부산물이 나옵니다.

독일에 소시지를 만드는 큰 식품 회사가 있습니다. 이 식품 회사에서는 소시지를 만드는 데 쓰는 돼지를 도살할 때 버리는 돼지털을 이용해 로프를 만들어 내고 있습니다. 만약 부산물을 이용해 로프를 만들지 않는다면 이 식품 회사의 연간 매출액은 많이 줄어들고 말 것입니다.

내가 소유하고 있는 그 시간을 어떻게 활용하며, 그 시간의 부산물 즉 여분의 시간을 어떻게 활용하느냐에 따라 성공이 좌우됩니다.

토마스 에디슨은 적은 월급을 받고 전기 기사로 일을 했습니다. 그러나 그는 여분의 시간을 알뜰히 썼습니다. 에디슨은 근무가 끝난 시간을 최대한으로 활용하여 많은 연구를 했고 그 성과로 많은 발명을 했습니다. 그는 세상 사람들에게 돈으로 계산할 수 없는 엄청난 가치를 남긴 것입니다.

벤자민 프랭클린도 여유 시간을 철저히 활용한 사람으로 유명합니다. 그는 계획을 세워서 이용했으며, 여러 가지 방법으로 여분의 시간을 생산적으로 활용했습니다.

시간이란 없는 것이다. 다만 있는 것은 이 순간 뿐이다.
그 이 순간에 우리의 전 생활이 달려 있다.
그러므로 이 순간에 우리의 모든 힘을 발휘하지 않으면 안 된다.
√톨스토이

여분의 시간을 활용하면 그에 따른 유익함도 얻을 수 있지만 정신적인 활동을 더욱 활발하게 하는 데에서도 의미를 찾을 수 있습니다. 정신은 어떤 변화를 갈망하며, 흔히 일상적인 생활에서 벗어나 남다른 일을 하고 싶어합니다.

"제발, 나 좀 가만히 내버려 두라."는 말은 발전을 원하는 사람에게는 어리석은 말일 뿐입니다.

스페인의 속담에 '어리석은 자가 많은 것을 찾고 있는 동안에 당신은 당신에게 있는 작은 것을 활용하라' 는 말이 있습니다. 주어진 시간을 최대한 활용하라는 뜻입니다.

그 작은 시간을 유용하게 사용함으로써 우리의 인생은 더 발전적이 될 수 있는 것입니다. 소홀히 여긴 여분의 시간, 그 소중한 부산물은 결코 돌아오지 않습니다.

아침 식사 후의 30분을 어떻게 보내고 있습니까. 우선 책을 읽을 수도 있고 커피를 마실 수도 있습니다. 그 여분의 시간을 최대한 활용해 봅시다. 그 짧은 시간이 틀림없이 성공의 촉진제가 될 것입니다.

우리는 흔히 그냥 시간을 죽이기 위해 무엇을 한다는 말을 자주 합니다. 그것이 바로 실패자의 변명입니다.

주희의 권학문에는 '세월은 나를 연장해 주지 않는다.' 고 했습니다.

제 4 장
최선을 다하면 성공이 따라온다

● ● ●

내가 무엇보다도 해야 할 일은
나 자신에게 진실해야 한다는 것이다.
어찌 자신은 진실하지 못하면서
남이 나에게만 진실하기를 바라는가.
만약 그대가 스스로에게 진실하다면 밤이 낮을 따르듯
어떤 사람도 그대에게 거짓말을 하지 않게 될 것이다.

셰익스피어

14

성공의 문을 여는 열쇠

일을 사랑하십시오

한 가난한 농부가 있었습니다. 평생 동안 열심히 일하여 큰 밭을 샀습니다. 그는 그 밭에 포도나무를 심었습니다. 농부는 열심히 포도나무를 가꾸어 탐스러운 포도를 수확했습니다.

여러 해가 지나 농부는 늙어서 더 이상 일을 할 수가 없게 되었습니다. 그러나 그의 세 아들들은 게을러서 포도밭을 돌보지 않아 포도는 열리지 않았습니다.

농부가 죽음에 이르러 아들들을 모아 놓고 유언을 했습니다.

"내가 지금까지 고생해서 모은 재산을 보물로 바꾸어 포도밭 어딘가에 묻어 두었다. 내가 죽거든 그 보물을 찾아서 나누어 가져라."

아버지는 유언을 남기고 숨을 거두었습니다.

> 굳은 인내와 노력을 하지 않은 천재는
> 이 세상에서 있었던 적이 없다.
> √뉴턴

세 아들은 당장 포도밭으로 달려갔습니다. 보물을 찾기 위해 포도밭을 파헤치고 또 파헤쳤습니다. 그러나 어디에서도 보물을 찾을 수가 없었습니다. 세 아들은 실망하여 곡괭이를 내던졌습니다.

그렇게 갈아엎은 포도밭에서 다시금 싱싱한 포도송이가 열리기 시작했습니다. 포도알은 탐스러웠고 매우 달았습니다.

그제서야 아들들은 아버지가 포도밭에 감추어 두었다는 보물이 무엇인지를 깨달았습니다.

그 보물을 해마다 얻기 위해 세 아들은 열심히 포도밭을 가꾸었고, 높은 소득을 얻어 많은 재산을 불리며 잘 살았습니다.

성공한 사람들의 특징은 열심히 일하고 성실하다는 점입니다. 그들은 일하는 것을 낙으로 삼았으며 '성실'을 인생의 좌우명으로 삼았습니다.

일과 성실로써 하루하루를 살고 있는 사람은 어떤 고난 어떤 고민도 다 해결해 냅니다.

앞서가는 사람들은 뒤에 오는 사람들에게 열심히 일하라고 권고합니다. 그리고 일하는 사람만이 성공할 수 있고 인생에서 승리할 수 있다고 역설합니다. 그러나 많은 사람들은 그 말에 귀를 기울이지 않습니다. 한 귀로 듣고 한 귀로 흘려 버리는 사람들이 대부분입니다.

세상에서 아무리 훌륭한, 아무리 효과적인, 아무리 아름답고 실용적인 말씀이라 하더라도 수용하는 사람이 받아들이지 않으면 아무 소용이 없습니다. 아무리 지식이 풍부한 사람이라 하더라도 지식을 이용하지 않으면 아무 소용이 없습니다.

사업을 하는 사장들에게 당신 회사의 사원들 중에 정말로 회사를 위해서 열심히 일하는 사람이 얼마쯤 되느냐고 물으면 그들은 씁쓰레한 표정을 지으며 "전체 사원 중에 20%쯤 될까요." 하고 대답하는 사람이 많다고 합니다.

사원들 가운데 더러는 일을 축복의 대상이 아니라 저주의 대상으로 생각하고 마치 소가 도살장에 끌려 가는 기분으로 출근하는 사람들까지 있을 지경입니다.

경제적으로 여유가 있든 없든 인간은 마땅히 일을 하면서 살도록 창조된 피조물임을 명심하지 않으면 안 됩니다.

＊ 일은 풍부한 삶의 근원이며 모든 발명의 뿌리입니다.

＊ 일을 통해서 사람은 발전하고 부자가 됩니다.

＊ 일은 돈을 저축할 수 있게 하고 그것이 행복을 불러 오는 기초가 됩니다.

＊ 일은 인생을 즐겁고 행복하게 만들어 주는 요소이므로 우리는 일을 즐기며 사랑해야 합니다.

＊ 일의 축복과 결과를 기대한다면 더욱 일하기를 좋아해야 합니다.

고난 속에 인생의 기쁨이 있다.
풍파 없는 항해란 얼마나 단조로운 것인가?
역경에 부딪칠수록 내 가슴은 뛴다.
√니체

＊일을 사랑하면 일은 인생을 즐겁게, 가치 있게, 그리고 풍요롭게
만들어 줍니다.

옛날에 한 왕이 신하들을 모아 놓고 "후세에 전해 줄 수 있는 지혜
를 모두 정리하여 책을 만들라."고 지시했습니다.

신하들은 왕의 명령에 따라 오랜 세월에 걸쳐 후세에 전해 줄 진리
와 지혜를 모으고 연구하여 12권의 책에 담아서 왕에게 바쳤습니다.
왕은 이렇게 많은 책을 후세에 물려 주기에는 너무 방대하므로 간략
하게 줄이라고 다시 지시했습니다.

신하들은 다시 연구하여 12권의 책을 1권으로 줄였습니다. 그러나
왕은 그것도 너무 많다고 하면서 더 줄이라고 했습니다. 신하들은 1
권의 책을 1페이지로 줄였습니다. 왕은 그것도 너무 길다고 하면서 더
줄이라고 했습니다. 신하들은 1페이지 분량을 한 문장으로 줄여서 왕
에게 바쳤습니다. 그제서야 왕은 매우 기뻐하며 "세상의 모든 사람들
이 이 지혜를 터득하면, 그들의 삶 앞에 던져진 어떤 문제도 해결하고
행복하게 살 수 있을 것이다."라고 말했습니다.

신하들이 그토록 오랜 세월을 바쳐, 그토록 고생하며 압축한 한 문
장의 지혜는 무엇이었을까요. 그것은 바로 '세상에 공짜는 없다' 라는
말이었습니다.

그렇습니다. 세상에 공짜는 없습니다. 무엇이든 대가를 요구하고 무

엇을 얻든 대가를 지불해야 합니다.

일의 대가는 곧 행복이며 일의 부산물은 돈이며 성공입니다. 그러므로 내가 남보다 배로 일을 하면 남보다 배나 큰 성공을 얻을 수 있습니다. 그 성공은 바로 행복이라는 추상명사입니다.

미국의 그렌버그라는 학자가 18만 명의 근로자를 상대로 방대한 설문 조사를 실시해 본 결과 80%가 일에 취미를 붙이지 못한다고 응답했습니다. 참으로 비극적인 결과입니다. 이런 결과물은 저조한 생산 실적으로 나타나고 불량품으로 나타나고, 이러한 엉터리 상품을 소비자는 사서 써야 하는 악순환으로 나타납니다.

미국의 고무 제품 생산 회사 사장인 윌 로저스라는 사람은 이렇게 말했습니다.

"당신이 성공하려면 지금 무슨 일을 하고 있는지 알아야 하며, 지금 하고 있는 일을 좋아해야 하며, 지금 하고 있는 일의 가치를 믿어야 합니다."

위에 든 미국 근로자들의 설문 조사 결과가 아니더라도 우리는 많은 사람들이 자기가 하는 일에 재미를 붙이지 못하고 마지못해 소극적으로 적당히 출근하고 있는 사람을 쉽게 볼 수 있습니다. 그들은 퇴근 시간이 어서 오기만을 기다리며 근무 시간을 때우고 있습니다. 시간이 어떻게 가는 줄 모르게 열심히 일하는 사람도 많지만 그런 사람은 어디까지나 소수에 불과한 실정입니다.

그대의 길을 가라.
남들이 뭐라 하든 그대로 내버려 두어라.
✓단테

만일 내가 지금 근무하고 있는 직장에서 유능한 사원으로 인정받고 직장에서 성공하기를 바란다면, 더 많은 노력, 회사에 대한 더 많은 충성, 일에 대한 더 많은 열정, 더 많은 시간, 더 많은 책임감을 바치겠다는 각오와 실천을 해야 합니다.

사장은 자선 사업가가 아니라 기업을 운영하는 사람입니다. 직장 없는 사람에게 직장을 나눠 주는 자선 사업가가 아닙니다. 기업 운영에 필요한 사람을 찾아 쓰고, 그가 하는 일에 합당한 임금을 지불하는 것입니다. 그런 사장에게서 봉급을 받으려면 사장의 입장에서 생각하고 사장의 입장에서 회사를 사랑하는 마음을 가져야만 합니다.

다른 동료보다 배로 일하는 직원을 사랑하지 않을 사장은 없습니다. 사장의 사랑을 받은 직원은 더 빠른 승진, 더 많은 연봉을 얻을 수 있고, 그렇게 되면 직장과 일이 더 행복한 안식처가 될 것입니다.

현대 사회는 치열한 경쟁 사회입니다. 남에게 이익을 주지 않으면 그에게서 이익을 돌려받을 수가 없습니다. 이것은 철칙입니다. 그럼에도 불구하고 많은 사람들은 남에게는 이익을 주지 않으면서 나에게만 이익을 돌려주기를 바랍니다. 일은 적게 하고 월급은 많이 받기를 바랍니다. 일은 적당히 하고 승진은 빨리 시켜 주기를 바랍니다.

인생이 보람 있는 삶이 되기 위해서는 반드시 일을 해야 합니다. 일하지 않는 사람은 보람도 업적도 남길 수가 없습니다.

직장에 다니는 사람들이 바라는 공통적인 꿈은 '보장' 입니다. 안정적인 생활을 할 수 있는 보장을 원합니다. 일과 보장은 서로 밀접한 관계를 가지고 있습니다. 남이 보증해 주는 보장이 아니라 자신이 만들어 낸 보장이야말로 가장 확실한 보장이 아닐 수 없습니다.

안정된 생활은 일하는 사람에게만 주어지는 것입니다. 그것은 자신이 창조하는 것입니다. 꾸준히 일하고 꾸준히 노력하는 사람만이 안정된 생활을 보장받을 수 있는 것입니다.

안정된 생활을 보장받지 못한 사람들이 증가하면 사회가 병들어 안정된 환경이 깨지고 맙니다. 욕구 불만, 신경 쇠약, 알콜 중독, 이혼으로 인한 가정 파괴, 이런 병리 현상은 사람들이 올바른 생각을 가지고 열심히 일하지 않았기 때문에 발생한 경우가 많습니다. 일에 대한 긍지를 가지고 열심히 재미있게 일하는 사람들에게는 신경 쇠약, 욕구 불만, 알콜 중독 같은 질병이 침범할 수가 없습니다. 안정을 보장받은 가정에서는 이혼이란 말이 나올 수가 없습니다.

자기가 하는 일에 긍지와 자부심을 가지고 열심히 일하는 데서 인생의 보람을 찾아야 합니다.

처음 직장을 구하는 사람들은 대부분 처음부터 완벽한 직장을 원합니다. 대우가 좋고, 장래가 보장되고, 남보기에도 번듯한 이름을 가진 그런 직장을 원합니다. 그런 직장을 가질 수만 있다면 더 말할 수 없

> 사람에게 가장 중요한 일은
> 실패했다고 해서 낙심하지 않는 일이며
> 성공했다고 하여 기뻐 날뛰지 않는 일이다.
> √도스토예프스키

이 좋겠지요. 그러나 세상에는 입에 맞는 떡만 있는 것이 아닙니다. 입에 딱 맞는 완전무결한 그런 직장만을 구하다가는 영원히 직장을 구하지 못하고 백수로 늙어 죽을지도 모릅니다.

한두 가지 결점이 있는 직장이라도 나를 원한다면 일단 들어가서 일을 시작하는 것이 좋습니다. 그래야 더 좋은 직장으로 옮겨 갈 기회가 생깁니다. 오랫동안 실직자 노릇을 하며 빈둥거리는 사람보다는 작은 회사에서라도 열심히 일해 인정을 받고 있는 사람이 스카웃 대상이 됩니다.

평범한 일반인에게는 취직은 곧 성공에 이르는 첫 번째 관문입니다. 일단 취직이 되면 점진적인 승진을 기대할 수 있고 더 나은 직장으로 옮겨 갈 기회도 생깁니다.

일도 마찬가지입니다. 일도 일단 손에 잡고 시작해 보면 재미가 붙습니다. 아직 놀고 있는 사람이 있다면 지금 당장 어떤 일이라도 좋으니 손에 붙잡고 시작해 보기를 권합니다. 그것이 아무리 사소한 일이라 해도 올바른 것이라면 지금 당장 시작해 봅시다. 그러다 보면 더 좋은 일을 구할 수 있는 기회가 반드시 올 것입니다.

많은 사람들은 생활이 보장되고, 휴가를 많이 주고, 보너스가 많고, 퇴직금을 확실히 많이 주는 직장을 구합니다. 그러나 앞날에 대한 희망을 가진 젊은이라면 그토록 완벽한 직장이 아니더라도 일단 취직을 해야 합니다.

변화의 필요성을 알기 때문에 들어간 직장에서 일에 적응해 나가며 일의 신성한 가치를 존중하는 사람은 성공할 가능성이 많은 사람이고, 완전무결한 직장이 나올 때까지 기다리는 사람은 실패할 가능성이 많은 사람입니다.

일은 일단 시작하고 봐야만 끝을 낼 수 있습니다. 첫째 문을 통과해야만 둘째 문, 셋째 문을 통과할 수 있는 것입니다. 천리 길도 한 걸음부터라는 속담이 있지 않습니까. 일단 시작하십시오. 시작하면 전진하기는 어렵지 않은 법입니다.

15

준비하는 사람만이 성공할 수 있습니다

월남 민화에 이런 이야기가 있습니다.

옛날에 매우 친한 즈응레와 르우빈이라는 두 친구가 살았습니다.

즈응레는 집안이 가난해서 반드시 과거에 급제해야만 집안을 일으킬 수 있었습니다. 즈응레는 열심히 공부하여 과거에 급제를 했고 관리가 되었습니다.

르우빈은 집안이 부유했습니다. 그는 공부를 열심히 하지 않아도 먹고 사는 데 지장이 없었습니다. 르우빈은 과거에 몇 번 응시했지만 실패하고 말았습니다.

그 때 나라에 난리가 나서 르우빈 집안은 폭삭 망하고 말았습니다. 르우빈은 먹고 사는 데 어려움을 겪어야 했습니다.

르우빈은 친구의 도움을 받을 생각으로 즈응레를 찾아갔습니다. 즈응레는 르우빈의 청을 거절할 뿐만 아니라 밥 한 끼 제대로 대접하지 않았습니다. 르우빈은 친구의 박대에 화가 났습니다. 그는 마음 속으로 단단히 결심을 했습니다. 뒷날 반드시 출세하여 오늘 받은 수모를 갚고야 말겠다고 말입니다.

이런저런 생각에 빠져 고향으로 돌아가는 길에 쩌우롱이라는 아름다운 아가씨를 만났습니다.

쩌우롱은 르우빈의 이야기를 듣고는 "당신이 공부하는 동안 내가 생활을 책임질 것이니 오늘부터 열심히 공부에만 전념하세요."라고 말하며 르우빈의 뒷바라지를 자청했습니다. 두 사람은 르우빈이 과거에 급제하면 그 때 부부가 될 것을 약속했습니다.

그로부터 칸막이를 하여 둘로 나눈 좁은 방에서 르우빈은 책을 읽고 쩌우롱은 길쌈을 하며 밤이 깊도록 열심히 노력을 했습니다. 3년이 지난 후 마침내 르우빈은 과거에 급제를 하고 그 기쁜 소식을 쩌우롱에게 알리기 위해 집으로 뛰어왔습니다.

집에 돌아와 보니 쩌우롱은 어디론가 떠나가 버리고 없었습니다. 르우빈은 낙담하여 고향으로 돌아가는 길에 옛날 친구인 즈응레를 찾아갔습니다. 그런데 이게 웬일입니까. 바람처럼 사라져 버렸던 그 쩌우롱 아가씨가 그를 반갑게 맞아 주는 것이 아니겠습니까.

즈응레가 이야기해 주는 자초지종을 듣고서야 르우빈은 모든 것을

> 용기 ! 그것은 미덕의 빛깔이다.
> √디오게네스

알게 되었습니다.

처음 르우빈이 찾아왔을 때 푸대접하여 보낸 것은 르우빈에게 열심히 공부해야겠다는 동기를 부여하기 위해서였습니다. 그리고는 처제를 보내 르우빈이 과거에 급제할 때까지 뒷바라지하게 한 것입니다.

르우빈은 진정한 우정이 무엇인가를 알게 되었고 쩌우롱과 결혼하여 행복하게 잘 살았습니다.

이 이야기의 주제는 우정에 관한 것입니다. 그러나 우정도 우정이지만 준비한 사람이 성공하고 준비하지 않은 사람은 성공할 수 없다는 교훈도 담고 있습니다. 르우빈은 처음에는 준비하지 않고 과거에 도전했다가 실패합니다. 그러나 나중에는 죽어라고 공부해서 과거를 준비합니다. 그렇게 해서 결국 성공한다는 줄거리를 가지고 있는 이야기입니다.

세상에 공짜는 없습니다. 노력하지 않고 일확천금을 얻을 수 있다고 믿는 사람은 실패할 수밖에 없습니다. 세상에 위대한 업적을 남긴 사람들은 모두 피나는 노력을 기울였던 사람들입니다.

준비된 사람만이 일을 시작하면 끝낼 수 있습니다. 그 말은 곧 일에 대한 올바른 자세를 가져야 한다는 말과도 같습니다.

일에 대한 자세의 중요성에 대해서는 발명왕 에디슨의 이야기에 잘 나타나 있습니다.

에디슨이 무슨 연구엔가 몰두하고 있을 때 한 연구원이 에디슨에게 물었습니다.

"선생님, 이번 발명을 위해서 아마 1만 번쯤 실패를 경험한 것 같지 않습니까?"

에디슨은 진지한 표정으로 연구원을 바라보며 이렇게 말했습니다.

"만 번의 실패라고 생각하지 말고, 효과가 없는 만 가지 방법을 알아 냈다고 생각합시다."

에디슨은 전등을 발명하기 위해서 1만 4천 번의 실험을 하였다고 합니다. 백열등의 필라멘트를 발명하기 위해 수많은 재료를 실험했는데 실패하여 버린 쓰레기 더미가 2층집 높이 만큼 쌓였다고 합니다. 연구를 시작한 지 13개월째 드디어 전류에 견딜 수 있는 필라멘트를 만드는 데 성공했습니다.

탄소를 입힌 면섬유로 실험을 했는데 그것이 될 듯 될 듯 하면서도 잘 되지를 않아 마지막 이틀간은 잠 한숨 자지 않고 노력한 끝에 마침내 한 가닥의 탄소실을 진공 상태의 전구 속에 밀어넣는 데 성공했습니다. 오늘날 전 인류가 엄청난 혜택을 입고 있는 전구가 만들어진 것입니다.

에디슨이 죽었을 때 전 미국 국민들은 그가 발명한 전등불을 1분 동안 점멸함으로써 그의 위대한 생애에 애도를 표했다고 합니다.

성실보다 나은 지혜는 없다.
√디즈레일리

전등을 비롯해서 축음기, 영사기 등 1천여 개의 발명 특허권을 가졌던 에디슨의 업적은 머리의 산물이 아니라 노력과 인내의 산물이었습니다. 그는 이런 말을 남겼습니다.

"성공은 99%의 노력과 1%의 영감으로 이루어진다."

"성공이란 결과로 측정할 것이 아니라 그것에 기울인 노력으로 측정해야 한다."

에디슨은 효과 있는 한 가지 방법을 찾기 위해 효과 없는 1만 가지 방법을 발견했던 것입니다. 그것은 곧 1만 번의 실패에서 1개의 성공을 거두었다는 말과도 같습니다. 다시 말하면 실패에 굴복하지 않고 실패를 딛고 다시 도전하는 끈기, 성공에 대한 확신으로써 최후의 성공을 획득했다는 말입니다.

그러나 실패한 사람들은 일을 하다가 난관에 봉착하면 중단하고 맙니다. 어떤 일을 할 때 중단하지 않는 한, 일시적인 실패는 있을지 모르지만 마침내는 성공하고 말 것입니다.

그리스의 유명한 웅변가 데모스테네스는 웅변가가 되기 전에는 말주변이 없는 사람이었습니다. 그는 아버지에게서 많은 유산을 받았기 때문에 부자로 살 수 있었습니다. 그러나 그리스의 법에는 재산에 대한 권리를 대중 앞에서 상세히 설명할 수 있는 사람만이 자기의 재산을 가질 수 있었습니다.

데모스테네스는 말주변이 없었기 때문에 상속받은 재산을 모두 잃게 될 처지가 되었습니다. 그래서 그는 웅변가가 되기로 결심하고 열심히 노력하고 연습한 끝에 그리스 최고의 웅변가가 된 것입니다.

한 번 실패했다고 해서 그를 실패한 사람으로 보는 것은 잘못입니다. 그러나 실패한 상태에 머물러 있으면 그는 실패한 사람일 뿐입니다. 에디슨이나 데모스테네스의 경우처럼 실패를 극복해 가는 과정은 곧 성공을 위한 준비 과정인 것입니다.

이 세상에서 실패를 경험해 보지 않은 사람은 단 한 사람도 없을 것입니다. 최선을 다 했는데도 실패했다면 결코 포기해서는 안 됩니다. 계획을 다시 세워서 재도전을 해야 합니다.

김대중 대통령은 세 번의 도전에 실패하고 네 번째의 도전에서 기어코 대통령에 당선되었습니다. 그가 네 번째 도전한 대통령 선거에서 내세운 구호는 '준비된 대통령' 이었습니다.

미국 16대 대통령 링컨의 일생도 실패로 점철된 것이었지만 그는 단 한 번도 좌절하거나 포기한 적이 없었습니다.

1831년 사업에 실패, 1832년 주의원 선거에 낙선, 1834년 다시 사업 실패, 1841년 신경 쇠약증으로 병원에 입원, 1843년 국회 의원 선거에 당의 공천을 받는 데 실패, 1855년 상원 의원 선거에 낙선, 1858년 상원 의원 선거에 재도전했으나 낙선, 그러다가 1860년 대통령 선거에서 마침내 당선했습니다.

링컨의 인생 내력을 보면 성공보다는 실패의 연속이었습니다. 그러

근면은 사업의 정수(精髓)이며 번영의 열쇠이다.
√디킨스

나 이 세상의 그 누구도 링컨을 실패한 사람으로 보지는 않습니다. 오히려 가장 위대한, 가장 훌륭한 대통령으로 기억하고 그를 기립니다.

링컨이 타계한 후 어느 탄신 기념일에 한 만화가가 링컨을 추모하는 그림 한 장을 그렸습니다. 산이 있고 산 밑에 작은 오두막이 있고, 오두막 위에 사다리가 있고, 사다리 끝에 백악관이 그려진 그림이었습니다. 가난과 고난을 딛고 대통령까지 된 링컨의 생애를 상징적으로 묘사한 그림이었습니다. 그 그림 밑에는 이런 글귀가 씌어 있었습니다.

"이 사다리는 아직도 이 자리에 놓여 있습니다."

미국의 트루만 대통령도 석유 사업에 손댔다가 실패한 후 자기 주식을 친구에게 팔고 피복업에 손댔다가 참담한 실패를 맛보았습니다. 그러나 그는 좌절하지 않고 정치에 투신하여 미국의 대통령이 되었습니다. 트루만은 실패했을 때 "이것은 단지 하나의 계획이 실패한 것이지 내가 실패한 것은 아니다."라고 생각했습니다.

끈기를 가진 사람은 일시적인 실패에도 불구하고 계속 발전할 수 있습니다. 계속 일하고 노력하는 사람을 가로막을 사람은 아무도 없습니다.

준비한 사람만이 성공의 기회를 발견할 수 있는 것입니다. 준비한 사람은 어떤 난관에 봉착해도 끈기로 밀고 나가는 사람을 말합니다.

이 세상에 끈기보다 강한 것은 없습니다. 재능도 끈기를 이기지 못하고 천재도 끈기를 이길 수 없습니다. 아무리 높은 교육을 받은 사람일지라도 끈기 있는 무학자를 이기지 못합니다. 이 세상에는 높은 교육을 받고도 출세하지 못한 사람이 얼마나 많습니까. 김대중 대통령은 고졸 출신이지만 그의 해박한 지식과 문제에 대한 깊은 통찰력과 세상을 보는 넓은 안목에 감탄하지 않은 사람이 없을 정도입니다. 세계의 석학들과 당당히 토론하고 자신의 주장에 동의하게 만듭니다.

성공과 실패를 좌우하는 것은 끈기와 결단, 그리고 남보다 더 많이 열심히 일하는 것이라고 캘빈 클리저는 말했습니다.

세계적으로 유명한 어느 첼로 연주자는 하루에 16시간씩 연습을 한다고 합니다. 사람들이 그에게 당신은 왜 그렇게 열심히 연습을 하느냐고 묻자 그는 이렇게 대답했다고 합니다.

"꾸준히 노력해야만 발전할 수 있으니까요."

쇠는 뜨거울 때 두드리라는 말이 있습니다. 그러나 두드릴 수 있도록 쇠를 뜨겁게 만드는 사람이 성공하는 사람입니다. 노력하지 않고, 준비하지 않고 기회만 엿보는 사람은 결코 성공할 수 없습니다.

'무한한 성공'이라는 잡지사를 경영하고 있는 오그 만디노라는 사람은 이런 경험담을 이야기했습니다.

"몇 해 전 나는 두 친구와 함께 차를 타고 남부 알라바마의 산중턱을 올라가고 있었습니다. 8월 한낮의 땡볕 속을 달리다 보니 목이 무척 말랐습니다. 우리는 폐허가 된 어느 농가 근처에 차를 세우고 펌프

자신에 대한 신뢰가 타인을 신뢰하는
중요한 요소가 된다.
√라 로시푸코

가 있는 곳으로 달려갔습니다. 펌프질을 했습니다. 아무리 펌프질을 해도 물이 나오지 않는 것이었습니다. 그 때 한 친구가 냇물을 길어다 펌프에 붓고 펌프질을 했습니다. 그렇게 하였더니 맑은 물이 콸콸 쏟아지는 것이었습니다. 인생도 마찬가지입니다. 다른 사람에게서 무엇을 얻으려 하면 먼저 주어야 합니다. 나는 이 평범한 진리를 펌프에서 배웠습니다."

그렇습니다. 우리는 일을 해야 돈을 벌 수 있습니다. 앞에 예를 든 월남 이야기처럼 공부하는 노력을 먼저 제공해야 과거 급제라는 성공을 얻을 수 있습니다. 그러나 많은 사람들은 그런 노력과 대가를 지불하지 않으려고 합니다. 그냥 공짜를 바라는 사람들이 더 많습니다. 어떻게 하면 손쉽게 얻을 수 있는 방법이 없을까 하고 궁리합니다. 남이 먼저 나를 알아 주거나 월급을 올려 주거나 승진을 시켜 주어야 그만한 노력을 하겠다고 생각합니다.

농부는 봄에 밭에 씨를 뿌려야 가을에 거둘 수 있습니다. 그리고 여름 내내 땡볕 아래서 일을 해야 많은 수확을 거둘 수 있습니다. 학생도 마찬가지입니다. 졸업장을 얻기 전에 많은 시간을 공부에 바쳐야 합니다. 직장에서 승진하여 관리자가 되려는 사람은 사원 시절에 많은 잡다한 일을 처리해야 합니다. 보상의 법칙에 의해 우리는 각자의 인생 속에 많은 무엇인가를 집어넣어야만 그 속에서 무엇인가를 캐낼 수 있다는 사실을 명심해야 합니다.

펌프로 물을 퍼올리려면 펌프에 물을 붓고 한참 동안 펌프질을 해야 합니다. 그 일이 힘들어 펌프질을 중단하면 올라오던 물이 다시 내려가고 맙니다. 일단 펌프질을 시작하면 물이 쏟아져 나올 때까지 멈추지 말고 펌프질을 해야 합니다. 인생 역시 중단하면 실패합니다. 중단하는 사람은 결코 성공할 수가 없습니다.

사람은 누구나 중도에 포기하고 싶을 때가 있습니다. 왜냐 하면 우물에 물이 없는 것처럼 보이기 때문입니다. 이럴 때일수록 더 힘차게 펌프질을 해야만 물을 끌어 올릴 수 있는 것입니다. 일단 물이 나오기 시작하면 천천히 펌프질을 해도 그 때부터는 계속해서 물이 나옵니다. 어떤 일에서나 일단 성공의 물줄기가 나타나기 시작하면 성과는 계속해서 불어나고 적은 노력으로도 큰 성과를 얻을 수 있게 됩니다.

밖에서 보아서는 펌프질을 얼마나 더 해야 물이 나올 수 있을지 알 수가 없습니다. 인생도 내일 이 일이 실패로 끝날지 성공으로 끝날지 알 수가 없습니다. 그러나 열심히 끈질기게 노력하면 그 대가는 반드시 얻을 수 있을 것입니다.

16

성공의 문을 여는 열쇠

포기하지 않으면 반드시 성공할 수 있습니다

세계적인 바이올리니스트 파가니니가 매우 수준 높은 청중 앞에서 연주를 한 적이 있었습니다. 한참 연주에 몰두하고 있는데 줄 하나가 끊어지고 말았습니다. 순간 청중은 놀라서 웅성거렸습니다. 그러나 정작 놀라야 할 파가니니는 조금도 당황하지 않고 침착한 태도로 남아 있는 세 개의 현을 이용하여 연주를 계속했습니다.

그런데 갑자기 또 하나의 줄이 끊어졌습니다. 그래도 파가니니는 냉정을 잃지 않고 연주를 계속했습니다. 한참 후에 세 번째 줄이 날카로운 음향을 내며 끊어졌습니다. 그러자 잠시 동안 멈추어 선 파가니니는 바이올린을 한 손에 높이 쳐들고는 "줄 한 개와 파가니니!" 하고 외쳤습니다.

그 순간 청중들은 아낌없는 찬사의 박수갈채를 보냈습니다.

우리 인생에서도 이와 같이 줄이 계속해서 끊어질 때가 있습니다. 하나의 줄이 끊어질 때 당황해서 연주를 중단하는 사람은 실패하는 사람입니다.

한국 사람이라면 누구나 권투 선수 홍수환 신화를 알고 있을 것입니다. 세계 챔피언에 도전했을 때 홍수환은 1라운드에서 벌써 4번의 다운을 당하고 맙니다. 사람들은 도전자인 홍수환이 챔피언의 적수가 되지 못한다고 믿었습니다. 그런데 2라운드가 시작되자마자 홍수환의 소나기 주먹이 챔피언을 무너뜨리고 맙니다. 4전5기, 그 때 유행한 말입니다. 유행한 말이 또 있습니다. "엄마, 나 챔피언 먹었어." 홍수환이 국제 전화로 어머니에게 한 말입니다.

인생은 어떤 의미에서는 투쟁의 연속입니다. 우리는 운동 경기를 관람할 때 무의식적으로 약자에게서 자신의 모습을 생각하고 강자와 싸우는 약자에게 성원을 보냅니다. 성공적인 삶을 살아가려면 아무리 어렵고 힘든 일이 있더라도 결코 중간에 포기해서는 안 됩니다. 파가니니와 같은 배짱과 홍수환과 같은 근성을 가져야 합니다.

인생이라는 길고 긴 승부에서는 재능보다는 승부 근성이 있느냐 없느냐 하는 것이 더 중요합니다. 아무리 재능이 있다고 하더라도 역경에 처하거나 한두 번의 실패에 좌절한다면 재능을 꽃피울 수 없는 것

두 의자 사이에 앉으려 하다가는
땅바닥에 떨어진다.
√나폴레

입니다. 최악의 사태에 처하더라도 끈질긴 근성으로 극복해 낼 수 있어야 합니다. 물론 몇 번씩 실패할는지도 모릅니다. 그러나 불굴의 투지와 끈질긴 근성만 가지고 있다면 실패를 도약의 발판으로 삼아 성공으로 가는 좋은 방법을 찾아 낼 수 있을 것입니다.

과거의 실패를 한탄하는 사람들은 이렇게 말합니다. 조금만 더 참고 견디었더라면 잘 되었을지도 모른다, 자금이 뒷받침되지 않아서 어쩔 수 없었다, 일이 너무 힘들고 내 적성에 맞지 않았다 등등. 그런데 잘 생각해 보면 그런 태도는 인내력이 부족하거나 끈기가 부족했던 것을 감추려는 변명에 지나지 않습니다.

불 같은 의욕을 가지고 일을 시작하고, 계획이 예상대로 잘 진행된 사람은 도중에 방심하기 쉽고 정열 또한 식어서 노력도 하지 않게 되며, 타성에 빠지기 쉽습니다.

인생이란 마라톤 경주와 같아서 도중에 조금이라도 긴장이 풀려서는 안 됩니다. 특히 처음부터 잘 풀리는 일일수록 조심하지 않으면 안 됩니다. 어떤 일이든지 노력하지 않고는 이룰 수 없습니다.

영화 배우 바바라 스탕위크는 "일류 배우가 되기 위한 경쟁도 치열하지만 계속 일류로 대접받으려면 훨씬 더 치열한 경쟁에서 이기지 않으면 안 된다."고 말했습니다.

어떤 상황에서도 마음가짐 하나로 상황을 역전시킬 수 있습니다. 곤경에 빠졌다고 해서 희망이 없다고 해서 단념해 버린다면 실패만 남습니다. 최후까지 단념하지 않고, 끝까지 해내겠다는 굳센 의지를 가지고 성공하겠다는 생각에만 몰두하면, 우리의 창조 능력은 좋은 방향으로 활동해서 어떤 어려운 상황이라도 호전시킬 것입니다.

세계 정상을 다투는 운동 선수들의 노력은 정말 초인적인 것이라 아니 할 수 없습니다. 덴마크의 승마 선수 리즈 허텔도 그런 사람입니다. 그녀는 소아마비에 걸려 걸음도 제대로 걸을 수 없는 소녀였습니다. 뿐만 아니라 다리 수술을 두 번이나 받았고 몇 주일 동안을 마룻바닥을 기어다녀야 했습니다. 리즈는 다리 힘을 기르기 위해 손수레에 모래 주머니를 달고 끄는 훈련을 했습니다.

그녀의 꿈은 훌륭한 승마 선수가 되어 올림픽 경기에서 금메달을 따는 것이었습니다.

리즈는 말 안장에 몸을 붙들어 매고 말 타는 연습을 했습니다. 어떤 일이 있어도 나는 말을 타야만 한다는 의지가 없었다면 도저히 해낼 수 없는 훈련을 소화해 냈습니다.

리즈는 장애물 경기에서는 말과 기수의 감정이 하나가 되는 것이 가장 중요함을 깨닫고, 기수가 불안감을 가지면 말에게도 나쁜 영향을 미치기 때문에 자신의 감정을 올바로 조종하는 훈련까지 해야 했습니다.

인내는 모든 문을 연다.
√라 퐁텐

리즈는 지팡이 없이도 걸을 수 있게 되었을 때 올림픽 출전권을 땄고 올림픽 경기에 출전하여 당당히 은메달을 목에 걸었습니다.

인간의 능력은 어려운 상황에 처했을 때, 또는 불가항력적인 것처럼 보이는 상황에 처했을 때 확실히 드러납니다.

어려운 상황을 어떻게 해서든지 극복하려는 노력은 대단히 중요한 것이지만 모든 사람이 똑같은 능력을 가지고 있는 것은 아닙니다.

그 사람이 지금까지 살아온 인생에서 얻은 용기와 신념 또는 결단력이 어느 시점에서 조절될지를 결정합니다. 어떤 사람이 포기한 시점이 다른 사람에게는 시작하려는 시점이 될 수도 있습니다.

경쟁이 치열한 사회에서 정지는 곧 후퇴를 뜻합니다. 내가 지금 확보하고 있는 현재의 위치를 계속해서 유지하려면 최선의 노력을 하지 않으면 안 됩니다. 스포츠계의 챔피언이 한 것과 같은 인내력과 투지로써 노력한다면 반드시 성공할 수 있을 것입니다.

윌킨스와 윌슨은 경비행기를 타고 가다가 북극에서 조난을 당했습니다. 시속 130킬로미터로 불어 대는 북극의 폭풍과 눈보라, 영하 40도의 혹한을 만난 두 사람은 그만 절망에 빠지고 말았습니다. 인간으로서는 도저히 견디기 힘든 극한 상황에 빠진 것입니다.

그들은 살기 위해서는 칼날처럼 날카로운 빙판 조각 사이를 폭풍설과 싸우며 앞으로 나아가지 않으면 안 되었습니다. 무모한 일이긴 했지만 살기 위해 해 볼 수 있는 유일한 방법이었습니다.

얼마쯤 걸어갔을까, 앞서 가던 윌킨스가 얇은 얼음을 밟아 그만 물구덩이에 빠지고 맙니다. 다행히 물구덩이는 깊지 않아서 죽음을 면했지만 옷이 물에 젖어서 얼어들고 있었습니다.

윌킨스는 옷을 벗지 않으면 옷을 입은 채 얼어 죽고 만다는 것을 알고 있었습니다. 그는 옷을 벗어서 모닥불을 피워 말렸습니다.

물에 빠져 가까스로 죽음을 면했지만 큰 충격을 받은 상황에서 옷을 벗어야 살 수 있다고 판단한 것은 참으로 놀라운 일입니다. 더구나 그런 혹한에서 옷을 벗는다는 발상은 대단한 의지와 결단력을 필요로 하는 것입니다.

윌킨스는 어떤 상황에서도 이성으로 자신을 통제하고 조정하는 훈련을 평소에 해 왔던 사람입니다.

그들이 조난을 당한 지 3일 만에 인가가 있는 곳에 도착했습니다. 인내력과 의지력의 결과였습니다. 그들은 구출되어 마침내 미국으로 돌아갈 수 있었습니다.

우리는 각자에게 주어진 상황과 환경이 얼마나 어려운 지경인지를 모릅니다. 그러나 어떤 어려움이 닥쳐오더라도 피하지 말고 정면 대결할 마음의 준비를 하고 있어야 합니다.

생활을 위해 투쟁한다는 것은 정확하게 말해서
성공을 위한 투쟁에 불과하다.
√러셀

"한 가지 목표만 생각하는 사람은 이를 위해 전부를 버릴 수 있다."

—브라우닝

"정치, 전쟁, 무역 등 모든 인간사에서 성공의 비결은 집중력이다."

—에머슨

"죽는 그 날까지 하나의 일에 깊이 파고들면 행복해질 수 있다."

—모리악

"많은 일을 하기는 쉽지만 한 가지 일을 계속하기는 어렵다."

—벤 존슨

"집념 하나면 이 세상에 못 할 것이 없다."

—스마일즈

17

성공의 문을 여는 열쇠

한 가지 일에 전념하면 이룰 수 있습니다

1955년에 문을 연 디즈니랜드는 우리 나라에서도 모르는 사람이 없을 정도로 유명하고 디즈니랜드의 미키마우스는 세계 어린이들이 좋아하는 유명한 친구입니다.

이 디즈니랜드와 미키마우스를 만든 월트 디즈니는 가난한 무명 화가였습니다. 그는 삽화를 팔기 위해 여러 신문사를 찾아다녔지만 번번이 거절당했습니다.

교회 간행물의 그림을 맡아 그리는 일을 얻은 그는 스케치 작업을 하기 위해 작은 창고 하나를 빌려서 썼습니다. 그 창고는 낡고 지저분해서 쥐들이 우글거렸습니다.

그는 창고에 우글거리는 쥐를 모델로 해서 만화 주인공 미키마우스 사람이 땀흘리며 일할 때가 가장 사람답다.
노동처럼 거룩한 것은 없다.
√러스킨

를 만들어 냅니다. 이 만화의 주인공은 선풍적인 인기를 얻었고 엄청나게 많은 돈을 가난뱅이 화가 디즈니에게 안겨 줍니다. 그는 어린이들에게 꿈과 이상을 심어 주기 위해 메인 스트리트, 미래의 나라, 동화의 나라, 모험의 나라, 개척의 나라, 그랜드케넌 등으로 꾸며진 디즈니랜드를 만들어 엄청난 성공을 거둡니다.

옛날에 어떤 사람이 어느 여름날 직장을 얻으려고 이곳 저곳을 다니다가 소방서 망대 앞에 서서 이렇게 생각했습니다.

"아아, 저 자리야말로 내게 안성맞춤인 자리다. 저기에서 근무하는 사람은 시원해서 얼마나 좋을까."

그는 소방서장을 찾아가 소방수가 되겠다고 지원해서 마침내 소방수가 되었습니다.

그런데 겨울이 되어 추위가 닥쳐오자 그는 따뜻한 세탁소를 부러워하여 세탁소에 일자리를 구했습니다. 하지만 여름이 되자 그는 이렇게 말했습니다.

"이 곳은 너무 더워서 내게 맞지 않는 것 같다. 아, 옛날 그 소방수 직업이 좋았는데."

그는 이곳 저곳을 기웃거리며 세월을 소비하고는 평생 고생하며 살았습니다.

영국 속담에 '넝쿨을 꽉 잡아라' 하는 말이 있습니다. 딸기넝쿨을 하나 잡았으면 그것을 끝까지 잡고 딸기를 따라는 뜻입니다. 이 넝쿨 저 넝쿨 기웃거리다가는 딸기를 많이 딸 수 없다는 말입니다.

우리는 자신에게 솔직한 마음으로 물어 봅시다. 나는 내 인생의 목표가 있는가. 그 목표를 향해 최선을 다해 혼신의 노력을 기울이고 있는가. 중간에 포기하고 이일 저일에 기웃거리지는 않았는가. 목표를 완수하기 위해 쏟은 시간과 정열에 대해 불만은 없는가.

만약 이 물음에 대해 '네' 하고 대답할 수 있다면 벌써 성공은 예약해 놓은 것과 다를 바 없다고 말할 수 있겠습니다.

내가 만약 어떤 일에 실패해서 좌절하여 재도전 의지를 잃고 있다면 나 자신을 한번 점검해 보는 시간을 가져 보기 바랍니다. 먼저 실패의 원인은 무엇이었나를 점검해 봅시다.

실패를 불러 오는 9가지 원인

① 인생에 뚜렷한 목표가 없는 사람은 실패하기 쉽습니다.

실패한 사람들 중 99%가 그러한 목표가 없었다고 단언할 수 있습니다. 실패 원인 중 가장 중요한 원인이 바로 이것입니다.

② 더 나은 사람이 되려는 야심이 결여된 사람은 실패하기 쉽습니다.

장해나 고뇌는 나를 굴복시킬 수 없다.
이 모든 것은 분투와 노력에 의해 타파된다.
√레오나르도 다 빈치

더 나은 생활, 더 높은 지위, 더 많은 재산을 원하지 않는 사람은 성공할 가능성이 거의 없습니다.

③ 자기 수양이 부족한 사람은 성공하기 어렵습니다.

수양이란 자제력으로 이루어집니다. 내가 처해 있는 악조건의 환경을 개선하기 위해서는 먼저 나 자신을 조절해야 합니다. 내가 나를 컨트롤하는 능력, 즉 내가 나를 정복하지 못한다면 항상 안일을 꿈꾸고 움직이려는 나의 본능에게 지고 말 것이고, 그렇게 해서 자제력을 상실하면 성공은 도망가고 실패는 슬그머니 찾아와 나를 비통 속으로 끌고 갈 것입니다.

④ 건강이 좋지 못하면 성공할 수 없습니다.

건강하지 않으면서도 성공한 사람은 찾아보기 어렵습니다. 건강을 해치는 원인은 아주 사소한 데 있는 경우가 많습니다. 건강은 누가 갖다 주는 것이 아닙니다. 스스로 평소에 갈고 다듬고 꾸준히 관리하는 방법이 최선의 길입니다. 건강을 잃으면 의욕도 함께 잃게 됩니다.

⑤ 일 처리를 뒤로 미루는 버릇은 실패의 보편적인 원인입니다.

어떤 일을 하기에 적당한 때를 기다리다가 아까운 시간을 다 보내는 사람이 많습니다. 기다리지 말고 지금 당장 움직여야 합니다. 내가 지금 서 있는 거기에서 출발해야 합니다. 그리고 어떤 방법으로든 일을 시작해야 합니다. 일을 하는 가운데서 더 좋은 방법이 발견되고 일을 하는 가운데서 나도 모르는 전진이 진행되는 것입니다. 돈이 부족해서, 도와 주는 사람이 나타날 때까지, 더 나은 조건이 이루어질 때까지…. 그러면서 마냥 기다리는 사이에 성공의 기회는 기다리다 지쳐서 떠나가고 말지도 모릅니다.

⑥ 끈기가 부족하면 성공할 수 없습니다.

대부분의 사람들은 처음에는 열심히 하다가도 시간이 지나면서 점점 정열이 식어지고 조그마한 난관들을 극복해 가는 과정에서 지치게 됩니다. 그러다가 결국에는 포기하고 마는 경우가 많습니다. 포기하는 순간 실패하는 것입니다. 실패와 맞서 싸우지 않으면 안 됩니다. 실패를 이겨 내야 더 큰 성공을 거둘 수 있습니다. 실패는 인내와 끈기에게 결코 이길 수 없습니다. 인내와 끈기는 실패에게는 독약이며 천적입니다.

⑦ 소극적인 성격은 성공을 밀어 내고 실패를 불러 옵니다.

성공은 능력의 발휘로 이루어지고 능력은 적극적인 도전과 남들의 협조로 얻어지는 것입니다. 내가 만약 소극적인 성격을 가졌다면 결코 남의 협조를 얻어 낼 수 없습니다.

⑧ 결단력이 없으면 성공의 기회를 잡을 수 없습니다.

일단 결심하면 주저함이 없이 결단을 내려 실행에 옮기고 변화를 꾀하는 사람들이 성공하는 예가 많습니다. 결정을 미루는 것은 성공의 기회를 흘려 보내는 것과 같습니다. 주저하는 버릇, 일을 자처음 웃음보다 마지막 미소가 더 좋다.
√레이

꾸 미루는 버릇은 당장 버려야 할 나쁜 성격입니다.

⑨ 성실하지 않으면 성공할 수 없습니다.

성실함과 바꿀 수 있는 것은 아무것도 없습니다. 사람들은 환경에 따라서 잠시 불성실해질 때가 있습니다. 그러나 의도적인 게으름과 거짓은 아무런 도움이 될 수 없습니다. 불성실은 내게서 사람들을 떠나게 하고, 나쁜 소문이나 이미지를 만들고, 그런 것들이 쌓여서 실패를 부르게 됩니다.

나를 분석하는 체크 리스트 사용법

사람도 최소한 1년에 한 번 정도는 자기 결산을 해야 합니다. 특히 내가 어떤 일에 실패했을 때는 자기 분석이 더더욱 필요합니다. 그 분석에 따라서 나의 결점을 찾아 바로잡고 장점을 더욱 키워 나가도록 해야 합니다.

나의 분석과 자기 점검에 의해 내가 얼마나 전진했는지, 얼마나 향상되었는지 알 수 있고, 얼마나 후퇴했는지도 판단할 수 있습니다. 비록 전진이나 향상이 미미하더라도 정체되거나 후퇴한 것보다는 낫고, 일보일보의 전진은 어쨌든 목표에 다가가고 있는 과정이므로 매우 중요하다고 하겠습니다.

자기 점검이나 분석은 연말에 하는 것이 좋겠습니다. 그리고 신년의 계획 속에 분석의 결과를 반영하면 좋을 것입니다.

이 연말 자기 분석에는 다음과 같은 체크 리스트를 사용해 보기 바랍니다. 다음 체크 리스트는 특히 실패를 경험한 사람들에게 더 필요한 것들입니다.

① 올해의 목표를 왜 달성하지 못했는가.

② 내가 할 수 있는 최대한의 성과를 거두었는가. 아니면 불가능한 목표를 세워 놓고 시작한 것은 아닌가.

③ 모든 일을 회의적으로 생각하고 망설이느라 아까운 시간을 다 보낸 것은 아닌가.

④ 어떤 나쁜 습관 때문에 실패한 것인가.

⑤ 계획을 완수하기 위해 얼마나 끈질긴 노력을 기울였는가.

⑥ 모든 상황에 신속하고 명확한 판단을 내릴 수 있었는가.

⑦ 성(性)의 유혹에 빠져 능률을 올리지 못한 경우는 없었는가.

⑧ 필요 이상으로 신중하였거나 결단을 내리지 못하고 머뭇거리지는 않았는가.

⑨ 노력을 집중하지 않고 자신의 정력을 낭비하지는 않았는가.

⑩ 대인 관계에 넓은 마음으로 관용을 가지고 대처하였는가.

⑪ 나에게 무절제한 버릇은 없는가.

⑫ 시간을 유효 적절하게 잘 활용하였는가. 쓸모없는 일에 시간을 낭비하지는 않았는가.

크게 성공한 사람은 그 성공에 비례할 만큼의 큰 노력이 숨어 있다.
결국 사람은 자기가 노력한 만큼, 자기가 근면한 만큼의
결실을 거두어 들인다는 공식이 나온다.
√ 토마스 로렌스

⑬ 능률을 향상시키기 위해 시간의 사용 계획과 나 자신의 버릇을
어떻게 바꾸었는가.

⑭ 남을 불편하게 하거나 괴롭힌 일은 없었는가.

⑮ 올해 벌인 일이 나의 적성에 맞는 일이었는가. 혹시 적성에 맞
지 않는 일이었다면 그 원인이 어디에 있는 것인가.

⑯ 돈에 대해 예산을 세우고 쓰는 습관을 가지고 있는가.

⑰ 성공의 기본 원칙에 비추어 나의 현재 상태는 어떻게 평가할 수
있는가.

이와 같은 체크 리스트로 자신을 재점검하고 새로운 목표를 세우는
데 반영하여 자신을 다시 추스른다면 새 목표를 달성하는 데 많은 장
애를 처음부터 제거할 수 있을 것입니다.

일의 노예가 되어야 할 이유

내가 만약 올바른 목표를 가지고 있음에도 불구하고 밤 늦도록 일
하기를 싫어한다면, 나는 성공의 사다리의 꼭대기에 오르기를 원하지
않는 것인지도 모릅니다. 성공한 사람들은 오로지 목표를 달성하는 일
에 최선을 다합니다. 이 때 그들의 목표는 완전한 전념, 완전한 몰두
의 대상이 됩니다. 어떤 사람들은 '나는 일의 노예' 라고 자랑삼아 말

합니다.

대그룹 경영진을 상대로 조사한 어느 보고서에 따르면 그들은 자신의 능력을 최고로 발휘하려는 욕구가 보통 사람들보다 훨씬 강했으며 일에 전념하는 특징이 어느 누구보다도 뛰어났다는 점을 알 수 있습니다.

그들은 자신이 하고 있는 일이 성공할 것을 확신하고 있기 때문에 더욱더 일에 몰두할 수 있었다고 합니다.

일에 완전히 몰두하는 것은 성공한 사람들이 가지고 있는 공통분모입니다. 몰두하고 전념한다는 것의 중요성은 아무리 강조해도 모자라지 않을 것입니다.

성공한 사람들은 또 왕성한 의욕, 강인한 정신력, 탁월한 건강의 소유자들입니다. 정상에 오르려면 힘이 필요합니다. 그것은 에베레스트의 정상이든 기업에서의 정상이든 상관이 없습니다. 열심히 오르다 보면 빨리 피곤해지고 쉽게 에너지가 소모됩니다. 이러한 사람들은 목표를 재검토할 필요가 있습니다.

선천적으로 체질이 약한 사람은 자기 체질로도 능히 해낼 수 있는 일을 찾아야 합니다. 그런 사람의 목표는 작고 아담할 수도 있습니다. 그렇다고 해서 성취의 만족감이 큰 목표보다 못하다는 것은 아닙니다. 작은 목표에서 만족감을 느끼는 사람들은 평범한 행복의 참맛을 느끼며 사는 사람들일 수도 있습니다.

산다는 것은 다만 숨을 쉬는 것이 아니라
무슨 일인가 뜻있는 일을 하는 것이다.
√루소

그러나 건장한 체력을 갖고 있고 야심이 큰 사람은 작은 것에 만족하지 않으며, 목표를 향해 돌진하는 것을 희생으로 생각하지 않습니다. 오히려 어렵고 큰 목표를 달성했다는 데에 긍지와 행복감을 느낍니다.

보통 사람들이 보기에 그렇게 일에 미쳐 있는 사람은 정신병자로 보일지도 모릅니다. "저 사람은 일과 결혼한 사람이야. 일의 노예라니까." 하고 이해 못 할 수도 있습니다. 그러나 일에 미친 사람들은 성공하려고 노력하는 사람들입니다. 그들은 항상 다른 사람들보다 더 높이 오르려고 하고, 그들이 설정한 목표는 그것이 더 높은 지위이든 더 많은 돈이든 그들에게는 '넘치는 기쁨' 이 됩니다.

'넘치는 기쁨' 이란 무엇을 의미하는 것일까요. 그것은 '일에 완전히 몰두할 때 나타나는 무아의 경지' 라고 할 수 있습니다.

내가 일에서 기쁨을 느낄 때는 누구의 지시가 없어도 자발적으로 일을 계속하며, 조급하게 서두르거나 주위에 신경을 쓰지도 않게 됩니다.

순간순간이 물 흐르듯이 흘러가며, 미래에 대한 불안이나 현실의 근심 걱정도 다 사라지고 맙니다. 그야말로 나와 일이 하나가 됩니다.

이러한 상태가 되면 더욱 정력적이 되고 새로운 의욕을 느끼게 되고 집중력은 배가됩니다. 내가 일을 지배하고 있는 경지에서 나는 행복을 느끼게 되는 것입니다.

　내가 이렇게 집중할 수 있는 일은 도전할 만한 가치가 있는 것이어야 합니다. 그리고 그 일은 내가 충분히 해낼 수 있는 것이어야 합니다. 그래야만 어제 했던 일보다 오늘 하는 일에서 더 높은 성취를 이룰 수 있게 됩니다.

　일에 대한 집중력은 단시간에 이루어지는 것이 아닙니다. 주위에 있는 여러 가지 다른 일에 관심을 기울이거나 사로잡히게 되면 집중력을 발휘할 수가 없습니다. 그러므로 그런 일에 시선을 빼앗기지 않을 만큼 자기 자신을 통제하고 다스릴 수 있어야 합니다.

　내가 과거에 어떤 일에 몰두했던 일이 있었는지 기억해 봅시다. 그때 왜 그 일에 몰두했었는지 원인을 알아 낸다면 지금 하는 일에 적용해서 집중력을 다시 한 번 모아 볼 수 있을 것입니다.

　어떤 사람도 항상 늘 집중력을 기울이거나 일에 몰두만 할 수는 없습니다. 그렇더라도 일에 몰두했을 때 얻어지는 쾌감이나 황홀감, 도취감은 무엇과도 바꿀 수 없는 행복일 것입니다.

　성공한 사람들은 일에서 받는 스트레스까지도 즐기거나 사랑합니다. 어떤 장애가 나타나더라도 그 장애를 해결하는 데서 성취감을 맛보며 오히려 그러한 작은 장애들에서 매력을 느끼기도 합니다. 그래서 성공한 사람들은 자잘한 장애가 많은 일을 즐겨 찾고 그것을 해결하는 데서 성취감과 행복감을 얻습니다.

　에너지가 넘쳐나고 적극적인 성격을 가진 사람은 항상 활동적으로 인내는 만족의 열쇠이다.
√마호메트

보이고 쾌활해 보입니다. 생기가 넘쳐나는 사람은 수동적이거나 소극적인 사람보다 머리 회전이 빠르고 민첩합니다.

전 생애를 통해서 한 가지 일에만 몰두한 사람들도 있습니다. 그런 사람일수록 크게 성공한 사람이 많습니다. 내가 진정으로 무엇을 원하고 있는가를 알고 거기에 전 생애를 바쳐 온전히 몰두하게 된다면 성공의 기회는 반드시 찾아올 것입니다.

세상에는 게으름뱅이도 많고, 생각이 많고 발상은 참신한데 그것을 행동에 옮기기를 주저하는 사람도 많습니다. 게으름은 쫓아 버리고 실천력은 빨리 불러 옵시다. 즉각 실천에 옮겨 온전히 몰두하는 사람에게 성공은 반드시 찾아올 것입니다

그리스 신화를 주제로 쓴 호머의 저 유명한 장편 서사시 '일리아드' '오딧세이'에 나오는 '트로이의 목마'를 아십니까. 그 신화와 전설로 남아 있던 트로이의 유적을 발견해서 발굴한 사람이 하인리히 슐리만이라는 사람입니다.

하인리히 슐리만은 가난한 집에서 태어났습니다. 어린 시절 크리스마스 선물로 아버지에게서 받은 한 권의 책이 그의 인생을 바꿔 놓았습니다. 그 책은 호머의 '일리아드'를 삽화를 그려 넣어 쉽게 읽을 수 있도록 편집한 것으로, 그리스 군의 침략을 받아 불타고 있는 트로이 시가 묘사되어 있었습니다.

어릴 때 이 책을 읽고 감동을 받은 하인리히 슐리만은 어른이 되면 불타 없어진 트로이 시의 유적을 반드시 찾겠다고 결심합니다. 당시만 하더라도 '일리아드'의 내용은 모두 전설이거나 신화라고 믿었으며 역사적 사실이라고는 믿지 않았습니다. 만약 트로이의 유적을 찾아 낸다면 전설과 신화가 실체적 역사로 우리 앞에 살아나는 것이었습니다. 하인리히 슐리만은 전설을 사실로, 신화를 역사로 바꾸어 놓겠다는 꿈 같은 꿈을 버리지 않았습니다.

그는 잡화상 점원 노릇을 하는 등, 오로지 꿈을 실현하고자 47세가 되도록 유적 발굴 작업에 필요한 돈을 모으는 데만 전념합니다. 주위 사람들에게서 미친 사람, 정신병자 취급을 당하고 조롱을 받았지만 그는 어린 시절부터 가져왔던 꿈을 결코 포기하지 않았습니다.

그는 온갖 고난과 역경을 무릅쓰고 50평생 모은 돈을 다 털어 넣으며 전설 속의 도시 트로이 시를 발굴하는 일에 몰두합니다. 그리고 그는 마침내 땅 속에 묻혀 있던 전설로만 남아 있던 도시 트로이의 유적을 찾아 냅니다. 히사트리크 언덕에 일곱 개의 트로이 시 유적이 기적인 듯 옛 모습 그대로 남아 있었습니다.

18

성공의 문을 여는 열쇠

기회를 잘 잡아야 성공합니다

비가 억수로 쏟아지는 날이었습니다. 가구점 아저씨가 자기 가게 밖에서 비를 맞고 있는 할머니를 보고 얼른 나가서 할머니를 가게 안으로 모셔 와 비를 피하게 해 주었습니다.

며칠 후 그에게 한 통의 편지가 왔습니다.

'며칠 전에 비가 많이 오는 날, 제 어머니께 베풀어 주신 친절에 감사를 드립니다. 귀하의 친절로 미루어 볼 때 모든 상품들이 신뢰할 만하다고 생각되어 지금 짓고 있는 우리 집과 플랜트 회사에서 쓸 가구를 귀하에게서 구입하고 싶습니다. 앞으로의 가구도 모두 귀하의 가게에서 구입할 예정입니다.'

그 편지는 강철왕으로 세계에서 제일 가는 부자라고 소문난 카네기에게서 온 친필 편지였습니다.

시카고에 한 부자가 살았습니다. 그런데 아들이 소아마비에 걸려 치료를 위해 백방으로 노력하고 있었습니다. 소아마비 치료에 세계적으로 권위를 인정받은 오스트리아의 전문의 로렌스 박사를 초빙했습니다. 로렌스 박사가 정성을 다해 치료해서 아들의 병이 나았습니다. 이 소식이 신문에 보도되었습니다.

같은 마을에는 소아마비를 앓는 소년이 또 한 명 있었습니다. 그런데 그 집은 로렌스 박사를 초빙해 아들을 치료할 만한 돈이 없었습니다.

어느 날 산책을 나온 로렌스 박사가 갑자기 비를 만나 이 소년의 집 문을 두드리면서 잠시 비를 피해 가기를 청했습니다. 소년의 어머니는 낯모르는 남자를 집 안에 들일 수 없다며 거절했습니다.

그 소년은 소아마비를 고칠 수 있는 기회를 영영 놓쳐 버리고 말았습니다.

이 두 이야기는 친절을 주제로 한 일화입니다. 그러나 우연처럼 찾아온 기회를 잘 잡은 사람과 놓쳐 버린 사람의 운명이 어떻게 바뀌는지를 보여 주는 일화이기도 합니다.

기회란 무엇일까요. 기회는 바로 나 자신일 수도 있습니다. 나 자신

> 신뢰받는 것이 사랑받는 것보다 더 큰 찬사이다.
> √맥도널드

이 어떠한 자세로 인생을 살고 있는가에 따라서 기회는 만들어지는 것이고, 그 기회가 내 손에 들어오기도 하고 날아가 버리기도 합니다. 즉 나 스스로 운명의 문을 두드려야 합니다. 이것이 기회라고 깨달을 수 있는 능력을 가지고 기회를 붙잡을 수 있는 준비를 하고 있어야 하는 것입니다.

기회가 주어지는 영역은 광범위합니다. 우리는 기회를, 돈을 많이 벌 수 있는 것이나 직장에서 능력을 인정받아 승진할 수 있는 어떤 조건으로 한정해서 생각하는 경향이 있는데, 기회는 어떤 조건이나 어떤 환경이나 어떤 시간이나를 가리지 않고 주어질 수 있는 것입니다.

기회가 가장 싫어하는 것은 부정적인 생각과 게으름입니다. 게을러서 아무 일도 하지 않고 가만히 앉아 있는 사람에게는 기회가 오지 않습니다. 부지런히 일을 찾아서 뛰어다니는 사람에게는 수시로 기회가 나타나고 수시로 지나갑니다.

기회는 권위 의식을 싫어하고 편협된 생각도 싫어합니다. 기회는 긴장이나 갈등 속에서 문제를 풀어 가려 애쓰는 사람에게 자주 나타납니다.

기회는 내가 만들어야 합니다. 기회를 향해 자신감을 가지고 나아갈 수 있는 능력을 개발해야 합니다. 나 스스로 컴퓨터를 배우고 외국어를 자신있게 구사할 수 있는 능력을 갖춘 사람과 그렇지 않은 사람에게 기회는 똑같이 오는 것이 아닙니다. 준비한 사람에게만 더 많은 기회와 더 나은 기회가 찾아옵니다.

위기를 기회로, 패배를 성공으로, 좌절을 성취로 바꾸겠다는 각오로 똘똘 뭉쳐져 있는 사람에게는 수시로 기회가 찾아옵니다. 오로지 나만이 나의 운명을 좌우한다는 사실을 잊어서는 안 됩니다.

우리는 우리에게 찾아오는 기회를 최대한 활용할 권리가 있습니다. 그 권리를 100% 활용하기 위해서는 많은 노력을 해야 합니다. 자신을 과소 평가하지 말고 스스로의 능력을 믿고 자신감을 가질 때 기회는 나에게 악수를 청해 옵니다. 혹시 이 일을 감당하지 못하고 실패하는 것은 아닐까 회의하고 주저하고 소극적으로 대처하는 사람에게는 기회는 오다가도 도망가 버리고 맙니다. 오직 창조적이고 창의적인 힘을 개발하는 데 몰두하면 기회는 소리소문 없이 찾아와 내 주위를 맴돌게 됩니다.

불행했던 과거를 회상하며 번민하고 의기소침하기보다는 지금 내게 주어진 기회를 어떻게 잘 활용하여 성공시킬 것인가를 생각해야 합니다. 사람은 누구에게나 약점이 있고 서로 다른 한계가 있습니다. 그런 것 때문에 때로는 좌절감을 느낄는지도 모릅니다. 그러나 사람에게는 누구나 다 똑같은 기회가 주어지는 것입니다. 다만 회의를 긍정으로, 좌절을 재기로 바꾼 사람에게만 기회는 자신의 실체를 보여주고 협조의 악수를 해 오는 것입니다.

많은 사람들이 이 기회에 대해서 고민합니다.

우연은 준비없는 사람을 돕지 않는다.
／파스퇴르

"다른 친구는 기회를 잡았는데 나에게는 왜 기회가 오지 않는 것일까."

"나에게는 이러이러한 약점이 있어서 어떤 일을 해도 실패할 수밖에 없다."

이런 생각들은 바로 패배 의식이고 변명일 뿐입니다. 성공하려는 사람은 무엇보다도 우선해서 이런 부정적이고 패배적인 의식을 극복해야 합니다. 그렇지 않으면 스스로 기회의 문을 닫고 마는 것입니다. 기회는 다른 사람을 위해서 있는 것이 아닙니다. 바로 나 자신을 위해서 있는 것입니다. 내가 그 기회를 받아들이고 환영할 때 그 기회는 내게로 와서 머무르는 것입니다.

집 안에서 기르는 화초도 물을 주지 않거나 햇볕을 쬐어 주지 않으면 시들어 버리고 맙니다. 기회도 마찬가지입니다. 언제 어느 때 기회가 찾아오더라도 그것을 맞이하여 받아들일 준비를 항상 하고 있지 않으면 안 되는 것입니다.

앞에 든 일화에서 가구점 주인은 친절이라는 자기 준비를 항상 하고 있었던 사람이고, 소아마비 소년의 어머니는 친절이라는 준비를 하고 있지 않았던 사람입니다. 두 사람에게 기회는 다 찾아왔지만 친절로 자기를 준비하고 있던 가구점 주인은 그 기회를 잡을 수 있었지만 소아마비 소년의 어머니는 그 기회를 놓치고 말았습니다.

주어진 기회를 부정적인 사고나 자기 준비 부족으로 놓쳐 버리지 않도록 합시다.

대부분의 사람들은 긍정적 사고를 갖기보다는 불평불만으로 부정적 사고를 갖고 삽니다. 그러나 여러분이 잘 아는 헬렌 켈러 같은 사람은 자기에게 주어진 수없이 많은 불운과 악조건에 대해 불평불만만을 하지 않고 그것들을 극복함으로써 자신에게 찾아온 기회를 붙잡을 수 있었습니다. 보편적으로 기회를 붙잡아서 그것을 잘 활용하여 성공한 사람들의 거의가 좋은 환경에서 성공한 것은 아니었습니다. 성공한 사람들의 4분의 3이 어려운 환경을 극복하고 이겨 낸 사람이라는 조사 보고서도 있습니다. 젊은 시절, 비극과 좌절에 빠진 일이 있었지만 그 어려움을 극복하고 이겨 낸 사람들이 많다고 합니다.

어떤 젊은 의사가 성형외과로 전업을 하기 위해서 유명한 성형외과 전문의를 찾아갔습니다.

"제가 박사님께서 수술하는 것을 직접 보고 배우고 싶습니다. 허락해 주시겠습니까."

"내일 아침 8시에 수술이 있습니다. 그 때 와서 보시지요."

그는 이튿날 8시에 와서 성형 수술을 보고 매력 있는 일이라고 생각하고 그 일을 배우기로 했습니다. 성형외과 전문의도 그를 지도해 주기로 했습니다.

그런데 그 젊은 의사는 이튿날 아침에 성형외과에 가지 않았습니다.

> 우리 인생은 우리들이 노력한 만큼 가치가 있다.
> √모리아크

며칠이 지난 후에야 그는 성형외과를 찾아갔습니다.

"그 동안 어디에 있었습니까."

"저는 늦잠 자는 버릇이 있어서 늦잠을 자느라고 오지 못했습니다."

"그런 자세로는 일을 배울 수 없지요."

성형외과 전문의는 단호하게 말하고 그에게 성형외과 수술법을 가르쳐 주기를 거절하고 말았습니다.

젊은 의사는 성형외과에 매력을 느꼈지만 성실로써 자신을 준비하지 않았던 관계로 하고 싶은 일을 배울 기회를 놓쳐 버리고 말았습니다. 우리도 어떤 일에서 주어진 기회를 나의 준비 부족으로 놓쳐 버리고 있지는 않은지 다시 한 번 점검해 봅시다.

기회를 붙잡는 4가지 방법

우리는 기회로 가득 찬 세상에서 살고 있습니다. 새로운 기회는 수시로 우리의 눈앞에 와서 얼쩡거리며 붙잡아 주기를 바랍니다.

새로운 기회를 붙잡을 수 있는 방법 몇 가지를 알아봅시다.

① 현재를 보자.

과거는 지나갔고 미래는 불확실합니다. 그러나 현재는 나의 것입니다. 나의 기회는 바로 현재에 있습니다. 이 기회를 놓쳐서는 안 됩니다. 기회는 항상 현재형으로 다가옵니다. 과거의 일에 사로

잡혀 과거의 실수나 실패의 악몽에서 벗어나지 못하면 기회는 영원히 내것이 될 수 없습니다. 과거의 불행은 얼른 잊어버리고 현재의 기회를 다시 붙잡아야 합니다. 기회란 다음 주나 다음 달에 오는 것이 아니라 바로 오늘 이 순간을 의미합니다.

또 성가신 일이나 해결하기 어려운 일을 내일로 미루려고 할 때 그 내일은 나의 편이 아니라 항상 기피해야 할 내일이 되고 맙니다. 내일에 대한 동경도 부정적으로 작용합니다. 내일 누가 나를 도와 주겠지 하는 막연한 기대를 가질 때 내일은 걸림돌이 되고 맙니다. 성공할 수 있다는 자신감과 막연히 잘 되겠지 하고 기다리는 마음과는 전혀 다른 것입니다.

② 나를 과소 평가하지 말자.

지금 나는 백만장자도 아니고 저명 인사도 아니고 우주 비행사도 아닙니다. 그러나 나는 내일 그들보다 더 나은 사람이 될 수도 있는 가능성을 가지고 있는 사람입니다. 나 자신을 별볼일 없는 사람으로 비하하고 사는 사람에게는 기회가 찾아와 주지 않습니다. 기회를 향해 적극적으로 움직이지 않으면서, 나는 기회를 붙잡을 능력이 없다고 실망하고 있는 사람에게는 기회는 다가가지 않습니다.

③ 건설적인 목표를 세우자.

오늘날의 사회는 많은 부정과 폭력과 냉소주의가 범람하고 있습

인생의 어려움은 선택에 있다.
√무어

니다. 사회가 그러하더라도 우리는 건설적인 목표를 세워야 합니다. 부모 잃은 아이를 양자로 받아들여 친자식처럼 키우는 사람, 연구실에 틀어박혀 첨단 과학 연구에 몰두하는 과학자들, 도서관에서 새벽부터 밤중까지 공부에 파묻혀 사는 젊은 학생들, 내일을 위해 묵묵히 자기 일에 몰두하고 있는 직장인들, 이 모두가 사회의 희망이고 그들은 모두 건설적인 목표를 가지고 현실에서 열심히 살아가고 있습니다. 기회는 이러한 사람들에게 다가갑니다.

④ 위기에 굴복하지 말자.

위기에는 침착하게 대처하고, 잘 다독거리고 구슬리면서 그것을 극복하는 가운데 기회는 창조적으로 전환되어 찾아옵니다.

위기에 굴복하는 사람에게는 기회는 오지 않습니다. 어떤 위기도 극복할 수 있다는 자신감과 자신에 대한 믿음으로 침착하게 용기 있게 다시 일어나는 사람에게 기회는 다가갑니다.

포기하지 말고, 넘어지지 말고, 실망하지 않으면 기회는 성공의 그 날까지 나를 부축하여 데려다 줄 것입니다.

기회는 지금 이 순간 우리에게 무한히 열려 있는 성공의 문을 향해 널려 있습니다. 나에게 주어진 여러 가지 기회는 스스로에 대하여 신뢰하며 존경심을 가질 때 주어집니다.

확실하게 기회를 포착하고 그것을 최대한으로 이용하기 위해서는 먼저 나 자신을 존중해야 합니다.

우리 인간은 복잡한 세상을 살아가면서 여러 가지 문제와 질병, 뜻하지 않은 사고 등으로 좌절하기도 하고 때로는 타협하며, 또 자신을 포기하기도 합니다. 그러나 어떤 일이 있어도 포기해서는 안 됩니다. 포기는 바로 실패이기 때문입니다. 자신을 미워하지 말고 자신을 한없이 사랑해야 합니다. 겁쟁이가 되지 말고 용기 있는 사람이 되어야 합니다. 나의 무능력을 한탄하지 말고 내가 가지고 있는 무한한 자산을 생각해야 합니다.

마음의 문을 활짝 열고 모든 것을 긍정적으로 바라보면서 오늘이라는 기회를 놓치지 않도록 최선을 다 해야 합니다.

19

성공의 문을 여는 열쇠

오늘 일을 내일로 미루지 마십시오

민스터 사원에는 여러 개의 탑이 있습니다. 그 중 한 탑의 외벽에 이런 문자판이 걸려 있습니다.

'지금 아니면 언제?'

이 알듯 모를 듯한 의문문은 하루 24시간 내내 이 곳을 방문하는 세계 각국의 백색 황색 흑색 모든 인종과 민족에게 질문을 계속해서 하고 있습니다.

어느 시계점의 주인이 아들의 생일 선물로 시계 하나를 주었습니다. 그 시계의 시침은 동, 분침은 은, 초침은 금으로 만들어져 있었습니다.

시간보다 분이 중요하고 분보다 순간순간의 초가 더 중요하다는 점을 깨우쳐 주기 위해서였습니다.

실패했다고 생각하는 사람들의 8가지 유형

미국의 한 연구 결과에 따르면, 크게 성공했다고 생각하는 사람은 전체 미국인의 3%에 불과하며, 어느 정도 성공했다고 생각하는 사람은 29%, 나머지 68%는 아무것도 성취하지 못하고 완전한 실패를 경험했다고 생각하는 사람들이라고 합니다.

그 68%에 속하는 실패했다고 생각하는 사람들의 전형적인 유형을 8가지로 분석해 놓았습니다.

유형① : 정처 없이 떠돌아다니는 사람

일 피하기를 마치 독약 피하듯 하며 어떠한 단기적인 또는 중장기적 목표도 세우지 않는 사람입니다.

유형② : 늑장을 부리는 사람

'월 스트리트 저널'에서 세금이 많아서 사업을 할 수 없다고 불평하는 사람들을 상대로 한 여론 조사에 따르면, 지난 10년 동안 무일푼에서 백만장자로 부상한 사람들의 공통점 가운데 가장 많은 것이 결단력이었고, 실패했다고 생각한 사람들의 공통점 가운데 가장 많은 것은 '늑장을 부린다'는 것이었습니다.

가장 좋기로는 실패가 없는 것이지만,
그 다음은 실패하되 그로써 이루는 게 있는 것이다.
√묵자

실패했다고 생각하는 사람들은 예외 없이 지금 당장 처리해야 할
일이 있는데도 내일로 미룰 구실만 찾습니다.

유형③ : 부정적인 생각을 갖고 있는 사람

성공을 위해서는 성공만을 생각하라는 말이 있습니다. 그런데 실
패한 사람들은 실패만을 생각하고 있습니다.

유형④ : 대화를 하지 않는 사람

실패한 사람들은 대화하기를 좋아하지 않고 그저 듣기만 합니다.
입을 다물고 있으면 중간은 간다는 생각에 그들은 어떤 일에 의
문이 생겨도 질문하기를 억제하고 듣고만 있습니다.

유형⑤ : 자신의 능력을 과소 평가하는 사람

실패한 사람들은 계속해서 자신의 약점이나 부족한 점, 과거의 실
패 경험에서 벗어나지 못합니다. 그리고 그것을 남에게 이야기하
기를 좋아합니다.

유형⑥ : 동기를 유발시키지 않고 동기의 불을 끄는 사람

유형⑦ : 걱정만 하고 있는 사람

실패한 사람들은 지금 진행되고 있는 일에 대해서만 걱정하는 것
이 아니라 아직 일어나지 않은 일까지 걱정하고 있습니다.

유형⑧ : 노력하지 않는 사람

실패를 통해서 교훈을 찾을 생각을 하지 않고 원인 분석도 하지
않고, 재기하려는 생각도 하지 않습니다. 그래서 그들은 영원히

　실패자로 남을 수밖에 없습니다.

　위에 열거한 8가지 유형에 나는 어느 한 가지에라도 속하고 있지 않은지 생각해 보기 바랍니다.

　일을 자꾸 뒤로 미루는 사람들이 흔히 하는 말이 있습니다.

　"나는 일이 잘 되기를 바란다."

　"형편이 더 나아지기를 바란다."

　"아마 지금보다 더 좋아질 것이다."

　그들이 '바란다, 희망한다' 고 말을 하고 있는 동안에는 지금 코앞에 닥친 일을 결코 처리하지 않을 것입니다. 그저 막연히 바란다거나 희망한다거나 하는 일은 기적이 지배하는 나라에서나 있을 수 있는 일입니다. 그러므로 일 속으로 뛰어들어 소매를 걷어붙이고 일을 처리하기 전에는, 바라고 희망하는 것만으로는 아무것도 이룰 수 없습니다. 지금 처리해야 할 일이 얼마나 중요한가를 알기 때문에 일이 잘 처리되기를 바라고 희망하면서 실제로는 일을 처리하지 못하고 더 나은 환경이 조성되기만을 기다리는 것입니다.

　일을 내일로 미룸으로써 일과의 싸움에서 도피하고자 하는 일종의 패배 의식이 지배하고 있기 때문에 성공은 쟁취할 수 없는 곳에 머물러 있기만 합니다.

　"나는 기다리고 있다."는 말도 나는 지금 무기력하다는 변명에 지

가장 잘 견디는 사람은 가장 잘 성취할 수 있다.
/밀턴

나지 않습니다. 기다림을 생활 신조로 삼고 있는 사람은 어떤 문제도 해결의 실마리를 붙잡을 수 없습니다.

30여 년 간의 결혼 생활에 실패한 사람이 있었습니다. 그 사람은 "우리의 결혼 생활은 시작부터 좋지 않았습니다. 세월이 지나가면 좋아지겠지 하고 기다려 왔습니다." 하고 말했습니다. 그러나 지난 30년 동안 좋아지리라는 희망은 이루어지지 않았고 부부 관계는 점점 더 차가워져 갔습니다.

문제를 적극적으로 해결하려 하지 않았기 때문에 그들의 결혼 생활은 실패의 연속일 수밖에 없었습니다. 부부가 문제를 털어놓고 해결하려는 노력을 기울이지 않은 결과였습니다.

어떤 문제도 저절로 해결되는 것은 없습니다. 미루는 습관이나 성격을 바꾸어 문제가 발생하는 즉시 처리하고 해결하려는 노력을 기울이는 방법밖에는 다른 대책이 없습니다.

'미루는 버릇'은 어제에 집착하는 것이며 오늘을 회피하는 데서 오는 것입니다. 우리는 지금 해야 할 일이 어떤 것인지를 다 알고 있습니다. 그런데 누가 시켜서 일 처리를 내일로 미루는 것은 아닙니다. '지금 해야지' 생각은 그렇게 하면서도 행동력이 따라 주지 않아서 실천하지 못합니다.

지금 할 수 있는 일을 내일로 미루는 것은 자신을 기만하는 행위입니다. 자신이 해야 할 일을 하지 않음으로써 생길 좋지 않은 결과에 대해서는 합리화할 구실만 찾습니다.

나는 이 일을 지금 해야 한다는 것을 알고는 있다, 그러나 그 일이 잘 처리되지 않을까 걱정이 된다, 그래서 나는 다음에 하지 뭐 하는 결정을 하고 만다, 지금 그 일을 하다가 실패하느니 차라리 미루는 편이 낫다고 생각한다. 이렇게 자기를 합리화하는 사람들은 다 실패한 삶을 사는 사람들입니다.

일을 하지 않는 사람들은 대부분 입만 살아서 "무슨 일을 그 따위로 처리하느냐."고 비판하기를 좋아합니다. 일을 하다가 실패한 사람에게 "그러니까 그렇게 해서는 안 되는 거지."라고 비난합니다.

그러면서 자기는 일에 손을 대려고 하지 않습니다. 왜냐 하면 그 일을 잘 해낼 자신이 없고, 만에 하나 실패하면 어쩌나 하는 소극적 성격 때문입니다.

그들은 열심히 일하는 사람들의 뒤에 앉아서, 왜 일을 그 모양으로 하느냐고 꼬투리만 잡기 일쑤입니다. 비평하거나 비난하기는 쉽습니다. 그러나 일을 하는 사람에게는 더 많은 노력과 위험과 변화가 요구됨을 잊지 말아야 합니다.

우리 주변을 둘러보면 이렇게 비평만 하고 있는 사람이 의외로 많습니다. 왜냐 하면 실제로 행동하기보다는 말로써 하는 편이 훨씬 편하고 아무 책임감도 없기 때문입니다.

실제로 일을 하는 사람들은 누군가를 비평할 틈이 없습니다. 그들

개개인의 성실이 공공 안녕이다.
√바톨

은 정신 없이 일을 해야 하고, 일에 서투른 사람을 도와 줄망정 비난
이나 비평의 대상으로 삼지 않기 때문입니다.

　일을 뒤로 미루기만 하는 사람들의 또 하나의 특징은 자기가 지금
하고 있는 일에 재미를 붙이지 못한 경우가 많습니다. 그래서 일이 싫
고, 하고 있는 일에 곧 싫증을 내고 맙니다. 싫증이란 말에는 문제를
성공적으로 해결할 수 있는 방법을 찾지 못하는 무능력과 함께 시간
을 잘 다스리는 데 무능력하다는 뜻이 포함되어 있습니다.
　싫증은 선택입니다. 그것은 나 스스로가 만든 함정입니다. 내 생활
속에서 능히 없앨 수 있는 자기 패배적 요소입니다. 일이 싫다고 해서
자꾸만 뒤로 미룬다면 현재의 시간을 무익하게 보내는 꼴이 되고 맙
니다.
　사람들은 싫증을 흔히 남의 탓이나 환경 탓으로 돌리는 경우가 많
습니다. 자신을 싫증 속에 방치해 둔 사람은 비열한 사람보다 더 비난
받아 마땅합니다. 싫증은 자신이 극복해야 할 과제이기 때문입니다.

뒤로 미룰 핑계거리만 찾는 사람들

　일을 뒤로 미루는 것이 일을 하기보다 더 좋은 경우가 있습니다. 이
런 경우는 일을 뒤로 미루는 사람들이 자기를 합리화하는 이유로 사

용합니다.

＊지금 이 상태로라면 나의 미래는 제자리걸음밖에 할 수 없다고 생각하면서도 계속해서 그 상태에 머물러 있는 경우.

＊일은 이미 꼬여 있거나 악화돼 있는데도, 어떻게 잘 되겠지 하고 바라고만 있는 경우.

＊술, 담배 등에 대해 "나도 마음만 먹으면 끊을 수 있다."고 큰소리치면서도 정말 내가 그것을 끊을 수 있을지 자신이 없어서 금주, 금연을 실천하지 못하고 미루기만 하는 경우.

＊마찰이 생긴 친구, 애인, 동료 등과 대면하기를 꺼리는 경우. 실제로 맞부딪쳐 따질 것은 따지고 오해가 있으면 푸는 것이 관계를 개선하는 데 좋다는 사실을 알면서도 만나기를 피하는 경우.

＊가족과 함께 보내거나 아이들과 함께 놀아 주는 일을 뒤로 미루는 경우. 대부분 회사 일이 바쁘다는 핑계를 댄다. 그리고 이렇게 변명한다. "나는 바쁘다."

＊의사가 식이요법을 해야 한다고 권하는 경우, 또는 내일부터라도 당장 운동을 하라고 권하는 경우, 다음 주부터 시작하지 하고 뒤로 미루고 다음 주가 되면 또 다음 주부터 하지 하고 미룬다.

＊귀찮거나 어려운 일에 부딪치면 피곤하다거나 어째 몸이 찌뿌드드하고 컨디션이 좋지 않다고 핑계를 대고 뒤로 미루는 경우.

＊지금은 그 일을 할 시간이 없다고 바쁘다는 핑계로 그 일을 하지

성공의 비결은 처절하지 않고 극복하는 데 있다.
√발자크

않으려고 하는 경우.

* 비평하기를 좋아하고, 다른 사람이 하는 일을 비평함으로써 자신의 무책임을 회피하는 경우.

* 건강 진단을 받아야 할 경우, 진단받기를 미룸으로써 내 몸에 병이 있을지도 모르는 사실에 대한 확인을 거부한다.

* 계획에 의해 정한 목표를 행동으로 옮겨야 할 경우 "다음 주에 시작하지 뭐." 하고 말한다.

* 나의 행복은 결국 자녀의 행복이다. 아이들에게 문제가 생겼을 때 문제 해결을 위해 나서야 하는데 그것을 늘 미루는 경우.

뒤로 미루는 버릇을 고치는 10가지 방법

일을 뒤로 미루는 버릇이 있는 사람들은 다음과 같은 노력으로 이 좋지 않은 버릇을 고칠 수 있습니다.

방법① 생각할 수 있는 5분간의 여유를 가진다. 미래에 대해 지나친 기대를 갖지 말고 현재 내가 원하는 일에 대해서 5분간만 생각한 다음 미루고 싶은 유혹을 거부한다.

방법② 지금까지 미루어 왔던 일을 지금 당장 실천에 옮겨 본다. 그러면 미루기만 한 것이 결코 좋은 일이 아니었다는 것을 깨닫게 된다.

방법③ 현재에 안일하게 머무르는 나쁜 버릇을 고침으로써 내가 하는 일에서 즐거움을 찾는다. 지금 당장 일을 시작하면 일을 시작하기 전에 그 일에 대해 가졌던 걱정을 없앨 수 있다.

방법④ 나 자신에게 이렇게 반문해 본다. '내가 그 일을 미루다가 나에게 손해가 온다면 그 손해는 무엇일까?'

방법⑤ 과거부터 지금까지 미루기만 해 왔던 일에 전적으로 매달릴 수 있는 시간을 구체적으로 정한다.

방법⑥ 내가 해야 할 일에 대해 지레 겁을 내서 걱정하고 살 만큼 우리는 한가한 사람들이 아니다.

방법⑦ 현재 내가 처해 있는 상황을 정확하게 짚어 본다. 그리고 현재 내가 하고 있는 일이 어떤 것인가를 생각하고, 그 일을 처리하지 않으면 안 되는 상황을 파악한다.

방법⑧ 지금 해야 할 일을 내일로 미루는 것은 현재의 일을 미래의 염려로 만들 뿐이다. 지금 해야 할 일은 지금 당장 시작한다.

방법⑨ 나의 삶을 냉정하게 판단한다. 만약 내 수명이 6개월밖에 남지 않았다면 지금 해야 할 일을 뒤로 미루겠는가? 나의 수명이 30년 남았다 해도 마찬가지이다.

방법⑩ 잘 해야겠다는 생각을 버리고 우선 그 일을 시작하는 것이 더 중요하다고 생각한다.

'로마에 가면 로마 사람들이 하는 대로 하라'는 것이
성공의 가장 확실한 길이다.
√버나드 쇼

만약 내가 세상을 바꾸어 보기를 원할지라도, 세상이 바뀌어지지 않는 것을 불평하지 말고 세상 바꾸는 일을 먼저 시작합시다.

세상이 바뀌어지지 않는다고 염려하는 데 시간을 허비하지 말고 바로 지금의 시간을 최대한 활용합시다.

일이 저절로 잘 되기를 바라지 말고, 남이 하는 일에 이러쿵저러쿵 비판하는 데 시간을 허비하지 말고, 내게 주어진 일을 해결하는 데 지금 당장 착수하는 사람이 됩시다.

제 5 장
좋은 인간 관계가 성공을 약속한다

● ● ●

성공이라는 것은 바람에 흔들리는
이삭의 물결과 같이
그것에 대해서 사람이 몸을 굽혔다가,
그뒤에 다시 몸을 일으키는
그러한 성공이 있을 뿐이다.

릴케

20

성공의 문을 여는 열쇠

먼저 주면 반드시 되돌아옵니다

한평생 착한 일이라고는 단 한 가지도 하지 않고 오로지 자기 욕심만 생각하며 살다가 죽은 농사꾼이 있었습니다.

그의 영혼은 지옥의 불구덩이에 던져졌습니다. 그 때 한 천사가 혹시 그 사람이 생전에 단 한 가지라도 좋은 일을 한 적이 있는지 살펴보았습니다. 언젠가 밭에서 파 한 줄기를 뽑아 거지에게 준 일을 발견하고는 하느님에게 이를 보고했습니다.

하느님께서 "파 한 줄기를 지옥에 던져 그 사람이 붙잡으면 끌어당겨라. 불구덩이에서 올라오면 그를 천국으로 보내고, 실패하면 지옥에서 지내도록 하라." 하고 명령했습니다.

천사는 파 한 줄기를 지옥에 던져 주면서 말했습니다.

간교(奸巧)로써 남을 이기지 말고
권모로써 남을 이기지 말며
싸움으로써 남을 이기지 말라.
√장자

"여보시오. 이 파줄기를 꼭 붙들고 올라오시오."

천사가 아주 조심하면서 천천히 파줄기를 끌어당겼습니다.

지옥의 불 속에서 고통당하던 다른 사람들도 온 힘을 다해 그 농사꾼의 바짓가랑이를 붙들었습니다. 그러자 가느다란 파줄기가 끊어질 듯 위태로웠습니다.

그는 사람들을 힘껏 차 버리고는 고함을 쳤습니다.

"이 파줄기는 나를 구해 주려고 내린 거야. 너희를 구하려고 내린 게 아니란 말이야. 이건 내거야."

그 순간 파줄기는 끊어지고 그는 다시 지옥의 불구덩이 속으로 떨어지고 말았습니다.

만약 그가 그들과 함께 살려고 했더라면 파줄기는 끊어지지 않고 그들 모두가 구출받을 수 있었을 것입니다.

어떤 어린 소년이 화가 나서 친구에게 "나는 네가 미워." 하고 소리치고는 산으로 도망을 갔습니다.

그 소년은 산봉우리로 올라가 "나는 네가 미워." 하고 소리를 쳤습니다.

그러자 "나는 네가 미워." 하는 메아리가 들려 왔습니다.

소년은 그 메아리 소리에 놀라서 집으로 달려갔습니다.

어머니에게 산에는 자기를 밉다고 소리치는 나쁜 소년이 살고 있다고 말했습니다.

어머니는 소년을 데리고 산 위로 올라갔습니다. 그리고 이렇게 소리쳐 보라고 말했습니다.

"나는 너를 좋아한다. 나는 너를 사랑한다."

그러자 "나는 너를 좋아한다. 나는 너를 사랑한다." 하는 메아리가 들려 왔습니다.

대인 관계는 메아리와 같습니다. 내가 남을 좋게 보고 좋게 생각하면 그도 나를 좋아합니다. 내가 남에게서 찾아 내는 장점과 단점이 나 자신에게도 있다는 사실을 잊어서는 안 됩니다.

대인 관계에는 만고불변의 진리가 있습니다. 성서에 나오는 "무엇이든지 남에게 대접을 받고자 하는 대로 너희도 남을 대접하라. 이것이 율법이요, 선지자의 정신이니라." 하는 말씀이 바로 그것입니다.

사람을 만날 때마다 그의 장점과 능력을 인정하면 나는 더욱더 장점이 많고 능력 있는 사람이 될 것입니다.

어느 은행장의 이야기를 하나 소개하겠습니다.

그가 다니던 은행의 옆길에는 날이면 날마다 앉아 있는 앉은뱅이가 있었습니다. 지나가던 사람들이 그를 불쌍하게 생각하여 동전을 던져

> 사람은 어떻게 죽느냐가 문제가 아니라
> 어떻게 사느냐가 문제이다.
> √사무엘 존슨

주었습니다. 이 은행장도 동전을 주었습니다.

그러나 은행장과 다른 사람과의 차이점은, 은행장은 동전을 주고는 그 옆에 놓여 있는 볼펜을 집어 갔다는 것이었습니다. 볼펜을 집어 가면서 이렇게 말을 해 주었습니다.

"당신은 장사꾼이오. 나는 당신에게서 이 볼펜을 사 가는 것이오."

어느 날 그 앉은뱅이의 모습이 보이지 않았습니다. 세월이 얼마쯤 지난 후, 그 은행장이 거지의 모습을 잊어버렸을 때쯤, 그 앉은뱅이 거지가 다시 나타났습니다. 그는 거지로 나타난 것이 아니라 그 은행 부근에 있는 공공 건물의 매점 주인이 되어서 나타난 것이었습니다. 앉은뱅이는 은행장을 보고 반가워하면서 이렇게 말했습니다.

"어느 날엔가 은행장님께서 이 곳에 오실 줄 알았습니다. 제가 여기에 앉게 된 것은 은행장님의 덕분이지요. 은행장님께서는 제게 '장사꾼'이라고 말씀해 주셨습니다. 그 순간 저는 정말로 거지가 아니라 장사꾼이 되어야겠다는 생각을 했습니다. 그래서 그 때부터 볼펜, 연필, 공책 등을 가지고 다니면서 팔았습니다. 은행장님께서 저에게 자존심이 무엇인가를 가르쳐 주셨습니다."

나는 남에게 어떤 생각을 가지고 있는지 나 자신을 되돌아봅시다. 결점이나 실패한 점을 바라보고 그를 멸시하지는 않는지, 아니면 남의 좋은 점, 남의 훌륭한 점을 발견하고 인정했는지.

우리 주위의 사람들이 날마다 쓰고 있는 가면 속에는 이러한 에피소드 속의 앉은뱅이 모습이 담겨 있습니다.

남의 눈에는 아무리 부자인 것처럼 보여도, 또 아무리 유명한 사람인 것처럼 보여도, 그 마음 속에는 채워지기를 바라는 빈 부분이 있는 것입니다.

그 빈 부분에 나를 약간만 부어 넣으면 지금까지 나를 스쳐 지나가 버리던 그들의 시선이 내게 머물게 될 것입니다. 나와는 무관하다고 생각했던 사람들이 갑자기 친근한 사람들이 될 것입니다.

내가 필요로 했던 것, 내가 원했던 것을 요구하지 않았는데도 온 세상이 그런 모든 것을 베풀어 주는 따뜻한 장소로 돌변합니다. 사람들은 나를 우호적인 이웃으로 받아들이고, 나를 위해 무엇을 해 줄까 노력하고 무엇인가를 해 주려고 할 것입니다.

남과의 교제에서 성공을 거두는 첫걸음은 내가 남을 어떻게 보는가에 달려 있습니다. 남을 멸시하면 나도 남에게 멸시를 당합니다.

교회에서 실시한 음악회에 출전한 소녀가 있었습니다. 그 소녀의 나이는 5살이었습니다. 그 어린 소녀의 목소리는 아름다워 성악가로 자랄 가능성이 보였습니다.

그 소녀는 음악회에서 입상한 이후부터 교회, 학교, 사회 단체 등에서 노래를 불렀습니다.

> 세상에서 성공을 거두기 위해서는 타인들에게서
> 사랑받는 덕(德)과 타인들이 두려워할 만한
> 뚜렷한 소신이 필요하다.
> √주베르

소녀는 많은 사람에게서 칭찬을 받았습니다.

부모는 딸을 성악가로 키우기 위해 어느 유명한 음악가에게 보냈습니다. 그 음악가도 소녀의 가능성을 인정했습니다.

소녀는 열심히 배웠습니다. 그런데 음악가는 소녀가 조금만 실수를 해도 야단을 치고 비판을 했습니다.

10여 년이 지난 후 그녀는 선생과 결혼하고 성악가로 데뷔도 했으나 제 재능을 제대로 발휘하지는 못했습니다.

그러던 어느 날, 그녀의 선생이자 남편이 죽었습니다. 그녀는 얼마 후 세일즈맨을 만나 재혼했습니다. 새 남편은 누구에게나 칭찬을 아끼지 않는 사람이었습니다.

아내가 노래를 부를 때마다 "당신은 이 세상에서 가장 아름다운 목소리를 가지고 있다."고 입에 침이 마르도록 칭찬을 하는 것이었습니다. 그 때부터 그녀는 재능을 발휘하여 유명한 성악가가 되었습니다.

그녀는 남편 덕에 재능을 발휘하게 되었다고 남편을 칭찬했습니다.

"작은 일이라도 잘한 점에 대해 잘했다고 칭찬해 주는 한 마디가 그 일을 위해 노력하려는 힘에 작용하고, 그 힘을 강화시키는 역할은 우리들의 상상을 초월한다."고 필립 부룩스는 말했습니다.

로마 시대의 정치가이며 철학자인 키케로는 "우리는 누구나 칭찬이라는 사랑스러운 말에 의해 의욕이 북돋아진다."고 말했습니다.

칭찬은 사람이 어떤 일을 하려는 데에 자극제가 되고 자신감을 키워 주며 성장을 보장해 줍니다.

인간은 일생 동안 처벌을 피하고 상을 받기 위해 살아간다고 합니다. 칭찬이야말로 인간이 찾고자 하는 것이며 그것을 얻기 위해서 일하는 것입니다.

칭찬은 인간의 행동 양식을 만들어 주고 더 잘하도록 자극이 되어 줍니다. 그러므로 칭찬을 아껴서는 안 됩니다.

칭찬을 할 때 유의할 점이 있습니다. 칭찬을 할 때는 성실하게 진심 어린 마음으로 해야 합니다. 건성으로 하거나 거짓으로 하는 칭찬은 아첨일 뿐, 오히려 역효과를 냅니다.

성실하다는 말은 속에 감춰진 장점을 발견하는 것을 뜻합니다. 진실로 그렇게 하려고 마음먹으면 반드시 장점은 발견되는 법입니다.

그 다음에는 구체적으로 지적해야 합니다. ‘그저 좋은 사람이다’ 라든지, ‘훌륭하다’ 는 말로는 부족합니다. 구체적인 사실을 들어서 칭찬해야 합니다.

그리고 사람을 칭찬할 것이 아니라 그 사람이 한 일을 칭찬해야 합니다. 그 편이 상대방도 더 기쁜 법입니다. 또 그렇게 하면 상대방이 당혹해하지도 않을 것입니다.

어떤 사람이 천국과 지옥을 다 구경할 기회가 있었습니다. 마귀가

> 운명은 우리 행위의 절반을 지배하고
> 나머지 절반을 우리 자신에게 맡긴다.
> √마키아벨리

먼저 지옥 구경을 시켜 주었습니다. 지옥에 있는 사람들이 그 때 마침 식사를 하기 위해 식탁 앞에 둘러앉아 있었습니다. 식탁에는 맛있는 음식이 수북히 쌓여 있었습니다.

그런데 그들의 얼굴에는 웃음이 없었고, 핏기도 없어 보이고, 몸은 삐쩍 말라 있었습니다. 그들의 손에는 포크와 나이프가 쥐어져 있었는데 길이가 120센티나 되는 긴 것이었습니다. 그래서 그들은 음식을 먹을 수가 없었습니다. 그들은 남에게 음식을 먹여 줄 줄은 모르고 자기 입에만 넣으려고 하다가 헛수고만 되풀이하고 있었습니다. 그들은 맛있는 음식을 앞에 두고 기아에 허덕이고 있었습니다.

그 다음에는 천국에 갔는데, 천국에도 지옥에서 본 것처럼 똑같은 음식, 똑같은 나이프와 포크가 있어 천국의 나이프와 포크도 길이가 120센티나 되는 것이었습니다. 그런데 천국의 사람들은 즐겁게 살고 있었습니다. 그들은 서로 음식을 먹여 주고, 남을 도와줌으로써 자기가 원하는 도움을 받고 있었습니다.

여행자는 천국과 지옥의 차이를 분명히 알 수 있었습니다. 지옥의 사람들은 자신의 배만 채우려 했고, 천국의 사람들은 남의 배를 채워 줌으로써 자기의 배를 채우려는 사람들이었습니다.

우리는 이 이야기에서 대인 관계의 진리를 깨달을 수 있습니다. 내가 먼저 상대방이 필요로 하는 것을 채워 주면 상대방도 내가 필요로 하는 것을 채워 주지 않을 수 없습니다. 이것은 개인과 개인의 관계에만 해당되는 것이 아니라 기업에서도 통하는 법칙입니다.

김씨는 중풍에 걸리기 전까지는 돈을 잘 벌던 미장이였습니다. 그는 세 명의 자녀를 두었습니다. 김씨는 지난 4년 동안 병을 고치기 위해 몸부림을 쳤습니다.

병을 치료하느라 그 동안 저축했던 돈은 다 없어지고, 아내는 일자리를 구하러 이곳 저곳을 돌아다니다 음식점 주방일을 얻어 하루 10시간씩 일을 하여 번 돈으로 남편과 아이들을 돌보았습니다. 아내의 지극한 정성으로 김씨의 병도 나아 건강을 되찾았습니다.

이 부부는 힘을 합쳐 노력한 결과 지금은 종업원이 30명이나 되는 커다란 음식점을 경영하고 있습니다.

이 부부는 종업원들이 무엇을 필요로 하는지 파악해서 가능하면 그것을 채워 주려고 힘썼습니다. 종업원들은 모두 자기 일인 것처럼 맡은 일을 열심히 했습니다.

그러니 장사는 점점 잘 될 수밖에 없었습니다. '먼저 주자' 이것이 김씨 부부의 생활 철학이고 이 음식점의 사훈입니다.

대부분의 사업주는 사원들이 회사를 위해서 헌신하고 봉사하기를 바랍니다. 그리고 사원들은 회사가 자기들을 위해서 보너스를 많이 주고 임금을 왕창 올려 주기를 바랍니다.

바로 여기에 노사 관계의 문제점이 있습니다. 문제는 먼저 내가 풀

옥(玉)은 갈지 않으면 그릇을 만들 수 없고,
사람은 배우지 않으면 도(道)를 알 수 없다.
✓이이

어야 합니다. 내 쪽이 먼저 주면 내가 바라는 것을 얻을 수 있게 되는 것입니다.

우리는 자신을 숨기려고 합니다. 나의 불안정, 의혹, 약점, 그리고 필요로 하는 것을 가능하면 드러내려 하지 않습니다. 그리고 이렇게 말하기를 좋아합니다.

"내가 비록 그것을 부탁하기는 했지만, 당신이 그 부탁을 들어 주리라고는 생각하지 않습니다. 나는 당신의 동정을 받고 싶지 않습니다."

우리는 자신이 바라는 것을 손에 넣기 위해 온 힘을 다해 노력하면서도, 마음 속에 쌓여 있는 소망들이 다른 사람의 눈에 띄지 않도록 그저 숨기려고 합니다.

그렇다면 왜 나는 그러한 방법에서 일부러 벗어나 스스로 고통의 길을 택한 것일까요.

그것은 다른 사람도 나와 동떨어진 사고 방식을 가진 사람은 아니라고 생각하기 때문입니다. 표면적으로는 어찌 되었건 그 밑에 흐르는 것은 아마도 비슷할 것입니다.

사람은 누구나 다른 사람에게 필요한 존재가 되기를 원하고, 다른 사람이 나를 필요로 하기를 바라며, 다른 사람의 사랑을 받고 싶어합니다. 누구에게나 중요한 존재가 되기를 바랍니다.

우리는 누구나 다른 사람으로부터 좋은 평가를 받을 필요를 느끼고,

교제의 필요를 느끼고, 무언가를 해낼 필요를 느낍니다. 그 밖에 내면
으로부터의 욕구를 채워 줄 필요를 느끼고 있습니다.

나와 마찬가지로 사람들도 대부분 별로 크게 다르지 않다는 사실을
알아야 합니다. 사람들이 필요로 하는 것을 먼저 주면 그들은 나에게
내가 필요로 하는 것을 줄 것입니다.

그러면 사람들은 무엇을 필요로 하는 것일까요.

나 자신을 잘 살펴보면 그 해답을 얻을 수 있습니다. 내가 필요로 하
는 것, 그것이 바로 다른 사람들도 필요로 하는 것이기 때문입니다. 나
의 마음이 가 있는 곳, 그 곳이 바로 그들의 마음이 가 있는 곳이기 때
문입니다.

나 자신은 인생에서 필요로 하는 것을 얻기 위해 남에게 주어야 할
것이 무엇인가를 생각하는 바로미터이기도 합니다.

나는 사람들이 나에게 협력하게 할 열쇠를 가지고 있습니다.

그것은 인생의 매우 자연스러운 존재 방식과도 같습니다. 나는 인
생이라는 큰 바다에서 태어났으며, 다른 모든 것과 조화를 유지하는
가운데 살아갑니다. 다른 사람들과 함께 협조하며 서로 신뢰하고 기
쁨과 만족을 나누어 가질 때 비로소 무슨 일이든지 최고의 수준으로
해 나갈 수 있습니다.

그 원칙은 아주 간단합니다. 나의 개성이 어떻든 나는 얼마든지 그
들과 원만하게 관계를 유지할 수 있습니다. 다만 내가 나 자신을 남에

너 자신을 누구에겐가 필요한 존재로 만들어라.
√에머슨

게 주고 남들과 함께 나누기를 원한다면 얼마든지 가능합니다.

어느 목사 한 분이 있었습니다. 그는 산골 마을의 조그마한 교회 담임 목사였습니다. 시골 교회이므로 교인의 수도 얼마 되지 않았습니다. 따라서 헌금도 많지 않았습니다.

어느 일요일이었습니다. 목사는 6살난 딸과 함께 예배에 참석하기 위해 교회에 갔습니다. 교회로 들어가기 전 문 앞에 놓인 테이블 위에 헌금 바구니가 놓여 있었습니다. 그 앞을 지나가다가 아버지가 헌금 바구니에 500원짜리 동전 하나를 넣는 것을 딸이 보았습니다.

예배가 끝난 후 헌금 바구니를 들여다보았습니다. 그 바구니에는 목사가 넣은 500원짜리 동전 하나만 덩그렇게 놓여 있었습니다.

잠시 침묵이 흘렀습니다. 얼마 후 딸이 입을 열어 침묵을 깼습니다.

"아빠, 아빠가 돈을 많이 넣었더라면 더 많은 돈이 들어 있었을 텐데."

21

성공의 문을 여는 열쇠

다른 사람의 도움을 받으려면

옛날에 어떤 사람이 말과 나귀를 기르고 있었습니다.

어느 날 말과 나귀가 함께 주인의 짐을 실어 나르다가 나귀가 말에게 말했습니다.

"내 등에 있는 짐을 조금만 가져가 주지 않겠니? 이대로 가다가는 죽을지도 모르겠어."

나귀는 몸이 매우 아팠기 때문에 부탁을 했습니다. 하지만 말은 들은 체 만 체했고, 나귀는 너무 지친 나머지 죽고 말았습니다. 그러자 주인은 짐을 모두 말에게 지우고 죽은 나귀까지 말 등에 실었습니다.

말은 끙끙대며 중얼거렸습니다.

"어휴, 잘못 생각했구나. 차라리 나귀가 부탁을 했을 때 내가 짐을

보다 많이 구하면 많이 얻을 것이며,
보다 많이 노력하면 많은 결과를 얻을 것이다.
√카네기

덜어 주는 거였는데."

　우리에게는 많은 기회가 오고 지나갑니다. 그런데 우리는 어째서 우리가 바라는 데로 일이 이루어지지 않고 우리가 바라는 것을 갖지 못하는 것일까요. 아마도 우리의 삶의 길에 어떤 방해물이나 장애가 있기 때문일 것입니다.

　사람들은 두 길 중에서 한 길을 선택합니다. 자신들이 바라는 쪽을 선택하느냐, 아니면 다른 사람들이 원하는 쪽을 선택하느냐, 이 두 가지 가운데 한 길입니다.

　이것은 매우 중요한 문제입니다. 많은 사람들은 자신의 개인적인 욕구에 눈이 어두워서 다른 사람의 욕구에는 관심을 두지 않습니다. 그리하여 고용주는 사원들이 더욱더 열심히 일해 주기만을 바랍니다. 그러나 사원들이 무엇을 바라고 있는지는 잘 알지 못합니다.

　세일즈맨은 상품을 팔려고 하는 욕구만 있을 뿐, 고객들이 정말 원하는 것이 무엇인지를 거의 물어 보지 않습니다. 고객이 '그 제품이 적합하지 않다' 라고 말할까 봐 걱정이 되기 때문입니다.

　교사는 우둔하고 답답한 아이가 더욱 활발해지기를 원하면서도 그 아이가 무엇을 마음 속으로 원하고 있는지 알려고 하지 않습니다.

　우리는 대부분 다른 사람에게 내가 원하는 것을 바랄 뿐입니다. 그리고 그것이 채워지지 않으면 좌절에 빠집니다.

사람들은 내가 원하지 않는 일을 나에게 강요합니다. 그것은 자신들이 원하는 것만 얻으려 하기 때문입니다. 사람들은 기대했던 사람에게서 기대한 것을 얻지 못할 때 그 사람이 미워진다고 말합니다.

부모들은 자녀에 대한 기대가 어긋날 때 꾸짖으며 더러는 때리기까지 합니다.

사장은 자기가 원하는 만큼 사원들이 일해 주기를 바라고, 기대에 어긋나면 쫓아 낼 생각부터 합니다. 세일즈맨은 고객의 반응이 시원찮을 때 절망적인 상태에서 계속 매달리게 됩니다. 교사는 학생들의 공부에 대한 의욕을 높이고자 겁도 주고 때로는 면박도 줍니다. 그러나 효과가 없음을 알게 됩니다.

흔히 이혼, 가정 파탄, 잦은 직장 이동, 고독 등은 다른 사람과 원만한 관계를 유지하려는 노력에 큰 장애 요소로 작용합니다.

내가 무엇을 '원한다'는 것과 '필요하다'는 것에는 차이가 있습니다. '원한다'는 것은 결코 만족될 수 없는 탐욕적이고 강요적인 성격을 띠고 있습니다. 한 가지가 충족되면 다른 두 가지의 소원이 생기는 것이 인간의 속성입니다.

그러나 '필요하다'는 것은 보다 현실적입니다. 그 말의 뜻은 매우 강하고, 가치 있으며, 원한다는 말처럼 변덕스럽지도 않습니다.

＊사람들은 도움받기를 원한다 : 그들은 도움을 필요로 한다.

> 우리는 일을 하기 위해서 태어났다.
> 자기의 일을 발견하고
> 그 길로 나아가는 사람은 행복하다.
> √워너메이커

＊사람들은 부를 원한다 : 그들은 부를 필요로 한다.

＊사람들은 좋은 집을 원한다 : 그들은 안식처를 필요로 한다.

＊사람들은 명성을 원한다 : 그들은 인정받는 것을 필요로 한다.

＊사람들은 권력을 원한다 : 그들은 지지를 필요로 한다.

"다른 사람이 필요로 하는 것을 주는 것만큼 그들도 내가 필요로 하는 것을 줄 것이다."라고 바꾸어 말하면 실제로 그렇게 됩니다.

사람들은 실제로 무엇을 필요로 하는가? 우리가 필요로 하는 것은 무엇인가? 그것을 알기 위해서는 그것에 대해 더욱 많은 관심을 가져야 합니다. 그러면 그들이 필요로 하는 것을 찾을 수 있습니다.

다른 사람의 도움을 받을 때 유의할 4가지 사항

① 구체적이고 단순 명확하게 부탁한다.

남에게 무엇인가를 부탁할 때는 되도록 구체적이고 단순해야 합니다.

잡동사니 물건을 파는 학생이 이렇게 말하면 선뜻 물건을 사 주지 않을 것입니다.

"학비에 쓰려고 하는데요, 하나만 팔아 주세요."

믿을 수 없다는 생각이 들어서 쉽게 사 주지 않을 것입니다. 그러나 이렇게 말하면 거절하지 못할 것입니다.

"우리 반 영철이가 심장병 수술을 받는데요, 수술비를 마련하려고 하는데 하나 사 주세요."

학생의 부탁 방법이 구체적이기 때문입니다.

② 긍정적이고 예의바르게 행동한다.

다른 사람의 도움을 얻기 위해서는 우선 나 자신이 긍정적이어야 합니다. 그리고 예의바르게 행동해야 합니다. 인내도 물론 요구됩니다.

첫째로, 긍정적이어야 한다는 것은, 만일 내가 상대방에 대해 적의나 비판 또는 무관심의 마음가짐을 가지고 대한다면 내가 무엇을 부탁해도 차가운 대답밖에는 돌아오지 않을 것입니다. 반대로 상대방을 인정하고, 성실, 우정으로 대할 때 따뜻한 관계가 성립될 것입니다.

둘째로, 예의바르게 행동해야 합니다. 예를 들어서 내가 물건을 사고 계산대로 가서 돈을 냈을 때 담당 직원이 '감사합니다' 라는 말을 하지 않으면 기분이 좋지 않을 것입니다. '감사합니다' 하는 말은 마치 탄산 음료의 병마개와 같은 역할을 합니다. 그 마개가 열리는 순간 탄산 음료는 거품을 내며 밖으로 쏟아져 나옵니다. 이 마법의 말을 많이 사용해야 합니다. 그런 말은 많은 사람들을 상쾌하게 해 주기 때문입니다.

반대로 무조건 명령하거나 복종을 강요해서는 안 됩니다. 그렇게 하는 것은 마치 칠판을 손톱으로 긁어 괴상한 소리를 내는 것과 같습니다. 소름이 끼치는 소리와 같은 고약한 생각이 상대방 마음에 생길 것

그대의 활동, 오직 그대의 활동만이
그대의 가치를 결정한다.
√피히테

은 뻔합니다. 항상 진심에서 우러나오는 말로 부탁해야 합니다.

미국의 백화점왕으로 일컬어지는 워너메이커가 어느 날 물건을 샀는데 집에 가서 보니 상품에 하자가 있었습니다. 그는 상점으로 물건을 바꾸러 갔습니다.

상점 주인은 불친절하게 대하면서 한번 사 간 물건은 바꿔 줄 수 없다고 했습니다.

이 때 워너는 자신이 상점을 경영한다면 반드시 기쁜 마음으로 물건을 바꿔 주는 친절한 장사를 하겠다고 결심을 했습니다.

그는 이 결심을 실천으로 옮겼으며 그가 설립한 백화점은 사원들의 친절함에 감동한 수많은 고객들로 붐볐습니다.

③ 우선 작은 일부터 마음을 연다.

사람들은 한 번 '예스' 라고 대답하면 계속 '예스' 라고 대답합니다. 이는 큰 결단보다 작은 결단이 훨씬 쉽기 때문입니다.

사람들은 자신의 어떤 행동을 바꾸는 데 느닷없이 극적인 변화를 주기보다는 사소한 변화가 몇 가지 겹치는 쪽을 더 잘 받아들입니다. 예를 들어서 나는 오래 된 낡은 집을 바꾸고 싶은데 아내는 그렇지 않을 때 이런 방법을 쓰면 됩니다.

이번 일요일에는 우리 집에 수리할 곳이 있는지 살펴보자고 제안합니다. 고칠 곳이 많으면 견적을 내 보고, 이렇게 많은 돈을 들여서 고

쳐 사느니 차라리 새 집으로 이사를 가자고 제안합니다.

직장에서 아침 커피 타임에 동료 직원이 내게 커피를 권했을 때, 집에서 마시고 나와서 거절했다고 가정해 봅시다. 그리고 점심 시간에 함께 점심 먹으러 가자는 말에, 이미 점심 약속이 정해져 있었기 때문에 거절했다고 가정해 봅시다. 그런데 퇴근 무렵, 공교롭게도 내가 총무로 있는 동창 모임과 동료 직원의 집들이 초대가 겹쳐서, 집들이 초대를 거절할 수밖에 없었다고 가정해 봅시다.

오늘 하룻동안에 나는 동료 직원의 3가지 제의를 모두 거절한 셈이 되었고, 그 결과 동료 직원과 서먹서먹한 관계가 되고 맙니다.

'10리는 쉽고 100리는 어렵다' 는 말이 있습니다. 작은 일에 긍정적인 대답을 얻으면 큰 일에도 '예스' 라는 대답을 얻기 쉬운 법입니다.

④ 내가 먼저 남을 도와 준다.

미국의 위스콘신 대학 부설 경영 연구소의 빌 스틸웰은 "당신이 다른 사람이 원하는 것을 주는 만큼 다른 사람도 당신이 원하는 것을 준다."고 말했습니다.

남에게서 어떤 도움을 얻으려면 그에게 그만한 투자를 해야 한다는 말입니다. 믿을 수 없을 만큼 간단한 말입니다. 물론 거기에는 인내가 필요합니다.

이 말을 실천하기에 앞서 먼저 그 깊은 의미를 알아야 합니다. 그렇

얼굴을 태양 쪽으로 돌리고 있으면
그림자를 볼 수가 없다.
√헬렌 켈러

지 않으면 이 말은 정반대의 결과를 나타내게 될 것입니다. 대부분의 사람들은 이 말을 왜곡되게 사용하고 있습니다. 그래서 어떤 사업주는 종업원이 회사를 위해서 더 많은 노력을 한 뒤에 칭찬을 하거나 보상을 해야 한다고 생각합니다.

22

성공의 문을 여는 열쇠

남을 화나게 하면 도움을 받을 수 없습니다

미국의 독립 전쟁 때였습니다.

어느 하사가 부하들에게 무거운 지렛대를 들어 올리라고 독려하고 있었습니다.

한 신사가 그 옆을 지나가다가 하사에게 물었습니다.

"하사님은 왜 명령만 하고, 병사들을 도와 주지는 않습니까?"

"나는 지휘관이란 말이오."

신사는 코트를 벗어 놓고 병사들을 도와 일을 마치고는 하사에게 이렇게 말했습니다.

"하사님, 일할 사람이 부족하면 언제든지 나를 찾아오십시오. 그러면 기꺼이 도와 드리겠습니다."

> 같은 돌에 두 번 넘어지면 세상의 웃음거리가 된다.
> √키케로

그 신사는 이 부대의 사령관인 조지 워싱턴이었습니다.

우리가 세상을 살아가는 데는 인간 관계의 연속성을 무시할 수 없습니다. 그러므로 남에게 나의 영향력을 더 넓히기 위해서는 다음과 같은 몇 가지 방법을 마음가짐으로 새겨 두지 않으면 안 됩니다.

남의 말을 잘 들어 준다.
이해심을 나타낸다.
사람들에게 '나'를 필요한 사람으로 인식시킨다.
관용을 베푼다.
인내와 조화, 그리고 이성으로 대처한다.
다른 사람을 있는 그대로 받아들인다.
나 자신을 그들에게 모두 준다.

이와 같은 마음가짐은 나 자신에 대해, 다른 사람들에 대해, 나의 인생에 대해 긍정적인 생각을 가져야 가능한 것들입니다.

이를 드러내고 웃어 대며, 우리의 이기심을 향해 큰 소리로 떠들어 대며, 다른 사람들의 시선을 자기에게로 모으려고 하면서 날카로운 창 날을 세우고 있는, 남의 눈에 두드러지기를 좋아하는 존재가 우리의 내부에는 있습니다.

세상에는 항상 남의 위에 서고 싶어하며, 이기심만으로 가득 찬 사람들이 있습니다. 사람들은 그런 그들에게 분노하고 적대의 반응을 나타냅니다. 그러니 이기심으로 가득 찬 사람들이 바라는 것을 얻기란 쉬운 일이 아닙니다.

다른 사람에게 바람직한 인상을 심어 주는 가장 좋은 방법은 상대방에게 나의 깊은 인상을 남기도록 하는 것입니다. 이는 그들이 필요로 하는 것을 준다는 의미가 되기도 합니다.

내가 다른 사람에게 줄 수 있는 것, 그들이 필요로 하는 것은 내가 가지고 있는 것인데 특히 사랑이라든지 이해심 등 마음 속의 특질에 관한 것을 줄 때 상대방은 나를 좋게 기억합니다. 사랑과 이해는 내 마음 속에 있으며 나에 의해 길러지고 키워지는 사고 방식이며 감정입니다.

사고와 감정을 다른 사람에게 주는 것은 또한 나의 사고와 감정을 풍요롭게 키우는 방법이 되기도 합니다. 왜냐 하면 한번 준 사고와 감정은 뜻밖에도 크게 불어나서 나에게로 되돌아오기 때문입니다.

내가 다른 사람을 위해 하는 것은 결국 나 자신을 위해서 한 것이기 때문에, 이것이야말로 대국적인 의미에서 참다운 사랑입니다.

그런데 우리는 나의 생각, 나의 감정만 생각하고 행동하는 경우가 많습니다. 그럴 때의 나의 행동, 나의 감정은 주위 사람에게 영향을 미

> 신용을 잃은 자는 이 세상에서 죽은 것이다.
> √게오르규 허버트

치고 맙니다. 특히 내가 아무 생각 없이 하는 말이나 행동이 주위 사람을 화나게 하는 경우가 많다는 사실을 유의해야 합니다.

그러면 구체적으로 어떤 행동이나 말이 주위 사람을 화나게 하는 것일까요. 주위 사람을 화나게 하면서도 정작 원인 제공자인 나는 그것을 깨닫지 못하는 경우가 많습니다. 이런 패턴은 정말 조심해야 합니다.

주위 사람을 화나게 하는 원인 9가지

① 불평불만을 이야기할 때

회사에 출근해서 직장 동료에게 "부장이 나를 오해하고 있는 것 같애." 또는 "택시 기사가 공연히 나에게 욕을 하잖아." 하는 불평을 말하는 순간, 그 말을 듣는 사람은 화가 납니다.

② 나쁜 이야기를 전해 줄 때

직장 동료에게 "부장이 당신을 무능한 사람이라고 말하더라."고 나쁜 말을 전해 주면 그 말을 듣는 사람은 화가 납니다.

③ 결코 실현할 수 없는 일을 하라고 할 때

상사인 내가 부하 직원에게 도저히 해낼 수 없는 일을 시키면 그 부하 직원은 화가 납니다.

④ 억지 소리를 할 때

대화나 토론에서 억지를 쓰면 상대방은 화가 납니다.

⑤ 계속 질문을 받거나 잦은 부탁을 받을 때

상사인 내가 부하 직원에게 일의 내용에 대해 계속해서 따져 묻거나, 잦은 심부름이나 부탁을 하면 부하 직원은 화가 납니다.

⑥ 실수를 계속 물고 늘어질 때

부하 직원이나 동료의 잘못이나 실수를 계속 추궁할 때, 대화에서 말꼬리를 잡고 그것을 무기로 공격할 때 그 사람은 화가 납니다.

⑦ 베풀어 준 것을 잊지 말라고 강요할 때

⑧ 충고를 받고 반발할 때

잘못한 일에 대해 우정어린 충고를 해 주었는데 충고를 받은 사람이 받아들이지 않고 반발하면 충고해 준 사람은 화가 납니다.

⑨ 상대의 말을 귀담아들어 주지 않을 때

누군가가 나에게 진지하게 말을 할 때 주의를 기울여 들어 주지 않으면 말하는 사람은 화가 납니다.

나에게 비우호적인 사람에게 대처하는 방법

① 솔직하게 나의 의견을 말한다.

날마다의 생활 속에서 내 마음을 복잡하게 하거나 나를 난처하게 하는 사람에게는 먼저 나의 느낌에 충실하는 것이 최선의 방법입

늙어다 진보하지 않는 자는 반드시 늙어다 퇴보한다.
진보하지도 않고 퇴보하지도 않는 것이란 있을 수 없다.
√주자

니다. 예를 들어서 만약 그 사람이 나에게 거부감을 갖고 반항한다면 나도 그렇게 반응할 수 있음을 상기시켜 주어야 합니다.

상대방이 나에게 갖고 있는 감정이나 행동에 대해 그러지 말아 달라고 부탁을 할 때는 악의를 갖고 말하는 것이 아님을 이해시켜야 합니다. "당신의 행동이나 감정 때문에 나의 감정도 나빠지고 있다. 나는 다만 이런 나쁜 감정에서 빠져 나오고 싶을 뿐이다. 당신도 나의 이런 생각을 존중해 주기 바란다."라고 부탁하면 되는 것입니다.

② 남이 가지고 있는 부정적인 사고 방식과 타협하지 않는다.

다른 사람과 대화를 나눌 때, 나는 그 사람의 생각을 컨트롤하게 되고, 반대로 상대방은 나의 생각을 컨트롤하게 됩니다.

대부분의 사람들은 이웃이나 동료에 대해 올바른 생각을 갖고 있지 않습니다.

인간은 긍정적으로 보려고 하기보다는 부정적으로 보려는 속성을 갖고 있습니다. 직장 동료가 나에게 다른 동료의 흉을 보기도 하고, 이웃 사람이 다른 이웃 사람의 흉을 보기도 하는 일은 흔히 있는 일입니다.

생각은 같은 생각을 낳는 법입니다. 다른 사람에 대해 부정적인 이야기를 들으면, 나 역시 부정적으로 생각하게 되고 맙니다. 다른 사람이 나를 긍정적인 사고에서 부정적인 사고로 바꿔 놓는 것을 막는 방법이 2가지가 있습니다.

한 가지 방법은, "실례합니다. 그건 그렇다치고 잠깐 물어 볼 게 있습니다."와 같은 말로 화제를 바꾸는 것이고, 또 다른 한 가지 방법은 "아이구, 약속을 깜박 잊고 있었네. 실례지만 저는 이만 가 봐야겠습니다." 하고 자리를 뜨는 방법입니다.

나 자신에게 이렇게 다짐을 해 두어야 합니다. "사람들이 나의 생각에 편견을 품게 하는 말을 듣지 말고, 늘 긍정적인 생각을 갖도록 하자."

우리는 무의식중에 어떤 사람에 대한 평가나 자신의 생각을 남에게 전하고 있습니다. 말의 내용뿐만 아니라 억양, 표정 등도 나의 생각을 전합니다.

마음가짐은 말이나 태도에 의해서 표현됩니다. 그런데 그 사실을 미처 알아차리지 못하는 사람이 많습니다. 자기 마음 속에 있는 것은 결국 밖으로 나오게 마련입니다. 때문에 나의 생각이나 감정을 다른 사람이 알지 못하도록 숨기기란 무척 어려운 일입니다.

예를 들어 나의 동료가 나를 멸시하고 야유를 보낸다면, 그래서 자꾸 나의 신경을 건드린다면, 나는 화가 치밀어오를 것입니다. 그러나 나는 그 화를 참으려고 애를 씁니다. 하지만 동료는 내가 화를 내고

위대한 사업을 이루는 것은
힘이 아니라 끈기이다.
√벤 존슨

있다는 것을 알아차립니다.

내가 오늘 일을 처음 시작한 신입 영업 사원이라고 가정해 봅시다.

내 담당 구역을 돌다가 마침내 용기를 내서 어느 빌딩 관리인을 찾아가 영업을 하기로 마음을 먹었습니다. 빌딩 현관에 들어서니 안내 데스크에 예쁜 아가씨가 서 있습니다. 빌딩 관리인을 만나러 왔다고 말하자 정중히 사무실로 안내를 해 줍니다. 커다란 책상 앞에 앉아서 서류를 뒤적이고 있는 사람은 남자가 아니라 아름다운 중년 여성입니다.

나의 입에서 나오는 말은 뒤죽박죽입니다. 나는 기가 죽어서

"사실 저는 오늘 처음 영업에 나선 신입 사원입니다."

하고 고백합니다. 그런데 그녀는 "네 알고 있어요." 하는 것이 아닙니까.

그녀는 내가 사무실에 들어서는 순간 이미 저 사람은 신입 사원이구나 하고 파악하고 있었던 것입니다. 왜냐 하면 나의 바디랭귀지가 그렇게 말하고 있었기 때문입니다.

행동과학자들은 이와 같이 인간이 내면의 생각이나 감정을 미묘한 갖가지 방법으로 행동화한다는 사실을 밝히고자 연구해 왔습니다. 그 결과 밝혀진 것은 아주 상식적인 것이었습니다.

예를 들어 얼굴을 찡그리면 어떤 고민이 있는 경우이며, 팔짱을 끼고 다리를 꼬고 앉는 것은 자기 방어적인 자세이며 반항의 자세이고, 또 손가락으로 무엇인가를 치거나 다리를 흔드는 것은 마음이 초조하다는 증거라는 것입니다.

아무리 현대 과학이 발달하더라도 사람이 감정을 나타내는 모든 신비로운 방법을 해명할 수는 없습니다. 이제는 너무나도 많은 표현이 있고 너무나도 복잡해졌습니다.

내가 다른 사람에게 대해 배려하고 흥미를 나타내며 다른 사람들이 느끼고 있는 바에 대해 민감해지도록 노력하면 되는 것입니다. 사람들이 그들 스스로 전혀 교류하고 있지 않다고 생각할 때야말로 가장 많은 것을 나타내고 있다는 점을 알아야 합니다.

상대방은 나의 숨겨진 마음가짐에 따라 긍정적인, 또는 부정적이거나 무관심한 반응을 보입니다. 나의 인간 관계가 자신감에서 비롯되는 사고 방식에 의해 형성된다는 사실은 매우 놀라운 것이 아닐 수 없습니다. 이것은 매우 신비로운 현상이기도 합니다.

내 마음에 욕심과 증오에 가득 찬 썩은 냄새를 풍기는 것이 있다면 결국 나는 스스로 다른 모든 사람들을 내 곁에서 떠나 보내는 결과를 가져올 것입니다.

내가 남에게 존경과 배려와 따뜻한 마음을 품고 있다면 그것은 향기로운 꽃내음처럼 상대방에게 낱낱이 전해져서 나의 인간 관계는 긍정적인 것이 될 것입니다.

23

성공의 문을 여는 열쇠

아내에게 가장 많이 주어야 행복해집니다

대인 관계에서 가장 중요하고 큰 문제는 분명히 부부 관계입니다. 나에게서 가장 중요한 사람은 결혼 상대자입니다. 그럼에도 불구하고 대부분의 기혼자들은 아내나 남편을 예의바르게, 정중하게 대하지 않습니다.

부부가 서로 예를 지키지 않고 서로 존경하지 않는다면 그야말로 큰 문제가 아닐 수 없습니다. 모든 대인 관계 중에서 가장 중요한 문제가 부부 관계이며 모든 대인 관계의 중심이기 때문입니다.

사업하는 사람들은 사무실에서 사업상 많은 방문객과 대화를 나눕니다. 그러나 그의 아내가 사무실에 찾아오면 단 몇 분간의 대화도 나누기를 꺼립니다. 사업상 바쁘다는 이유에서입니다.

회사로 찾아오는 방문객 중에는 물론 사업상 중요한 사람도 있습니다. 그러나 사업가의 전반적인 행복과 성공에 전적으로 관계되는 일은 별로 없습니다.

아내는 남편의 행복에 중대한 영향을 미치는 사람입니다. 그럼에도 불구하고 남편은 자기 아내가 모든 것을 이해해 줄 것이라고 믿고 아내에게 예의를 지키지 않을 때가 많습니다.

이와 반대로 아내도 남편에게 예의를 지키지 않을 때가 많고, 아내의 도리를 소홀히 하는 경우도 많습니다. 그렇게 중요한 이야기가 아님에도 불구하고 이웃 사람과 수다를 떨거나 전화를 걸어 수다를 떠느라고 아침나절을 절반이나 보내면서, 세탁소에 맡긴 양복을 찾아오지 않거나, 남편 일에 무관심합니다.

사실 아내의 행복은 남편이, 남편의 행복은 아내가 좌지우지한다고 해도 과언이 아닐 것입니다. 따라서 아무리 친한 친구나 이웃 사람이라 할지라도 배우자 다음으로 중요한 사람이라는 것을 기억해야 합니다.

어쨌든 부부 관계는 다른 어떤 관계보다도 우선하며 매우 중요하다는 사실을 명심해야 합니다. 부부는 서로 상대방에게 예의를 지키고 존경심을 가지고 대해야만 성공적인 부부 생활을 기대할 수 있습니다.

우리는 누구나 행복한 결혼 생활의 기초는 사랑이라는 사실을 잘 알고 있습니다.

심리학자 조지 크레인은 "사랑한다면 사랑의 행동과 표현을 아끼

역경은 청년에게 있어서 빛나는 가치이다.
√에머슨

지 말라."고 했습니다. 그리고 또 "아버지가 자녀들에게 줄 수 있는 가장 큰 축복은 그들의 어머니를 사랑하는 것이고, 어머니가 자녀들에게 줄 수 있는 가장 큰 축복은 그들의 아버지를 사랑하는 것이다."라고 했습니다.

윌리엄 제임스는 "당신이 행복하기 때문에 노래를 부르게 되는 것이 아니다. 당신이 행복을 느끼는 것은 당신이 노래를 부르기 때문이다. 원리적으로 볼 때 진정한 사랑을 원한다면 진정한 사랑을 행동으로 표현해야 한다."고 말했습니다.

행복한 결혼 생활을 위한 9가지 충고

① 결혼 전에 한 일을 회상해 보라.

항상 잘 보이려고 했을 것이다. 항상 좋은 면만 보려고 했을 것이다. 항상 맛있는 음식을 사 주려고 했을 것이다. 예의바르고 정중하게, 그리고 명랑하고 정직하게 대하려 했을 것이다.

이런 것들이 결혼 생활을 안정시킨다는 사실을 잊지 말아야 한다. 만일 결혼 생활에 문제가 생긴다고 해도 이런 태도로 산다면 곧 안정을 되찾을 것이다.

② 메리 트라울리가 쓴 '메리와 함께라면' 이라는 책을 읽어 보라.

이 책 속에서 저자는 결혼이란 50대 50의 비율로 성립되는 것이 아니라 100%대 100%의 비율로 이루어진다고 말하고 있다.

남편이 성공적인 결혼 생활을 위해 100% 노력해야 하고, 아내도 그렇게 해야 된다는 말이다.

③ 서로가 서로에게 날마다 사랑을 맹세하라.

하루를 사랑의 맹세로 시작하고 하루를 사랑의 맹세로 마감하라. 가능하면 낮에 전화를 걸어 약 3분 정도씩 사랑을 고백하고, 종종 우편함에 러브레터를 써서 넣어 두자.

④ 예기치 않은 선물로 놀라게 해 주어라.

선물이란 꼭 값비싼 것이 아니라도 좋다. 선물이 중요한 것이 아니라 결혼 파트너에 대한 관심이 중요하다는 사실을 항상 잊어서는 안 된다. 한 시인은 이렇게 말했다. "반지와 보석은 선물이 아니라 선물에 대한 구실이다. 진정한 선물이란 주는 자의 정성이 함축된 것을 말한다."

⑤ 함께 자주 의미 있는 시간을 보내라.

연애 시절에는 서로가 만나고 싶어했었다는 사실을 기억하자. 지금부터라도 그 때처럼 정다운 시간을 가지도록 하자. 같이 길을 걸어도 좋고, 같이 영화를 보아도 좋고, 마치 자기가 세상에서 가장 중요한 사람인 것처럼 서로가 느끼도록 만들어야 한다.

⑥ 좋은 대화 상대가 되라.

상대방이 하는 말을 귀담아들어 주어야 한다. 부부는 상대방의 말

> 용기는 모든 것을 정복한다.
> 육체에 힘까지 주기도 한다.
> √오비디우스

을 들어 주어야 할 책임이 있다. 책임을 가진 부부는 서로 사랑이 강화된다는 것을 느끼게 될 것이다.

⑦ 의견 일치가 안 될 때도 있다는 사실을 알자.

부부간에도 생각이 서로 달라서 의견 충돌이 일어날 때가 있다. 그러나 잠자기 전에 서로 의견이 다른 점을 일치시키도록 노력하라. 만약 그렇지 않으면 단잠을 이루지 못할 것이다.

⑧ 양보할 줄 알아야 한다.

상대방을 즐겁게 해 주고 이해하기 위해서 양보해야 한다. 융통성을 발휘할 줄 아는 결혼 파트너가 되라. 그렇게 하려면 때로는 불편할 것이다. 그러나 결혼 생활 중에 융통성을 발휘하지 않으면 불화를 면치 못한다는 사실을 알아야 한다.

⑨ 행복한 결혼 조건 8가지를 외어 두자.

㉮사랑 ㉯충성 ㉰용서 ㉱우정 ㉲희망 ㉳관용 ㉴믿음 ㉵웃음

아내를 행복하게 해 주는 7가지 방법

① 여자란 원래 작은 예의도 끔찍하게 생각한다. 그러므로 아내에게 작은 예의를 자주 보여 주어야 한다. 예를 들어 자동차를 탈 때 아내가 차에 오를 수 있도록 문을 열어 준다든지, 위험한 길을 걸을 때 손을 잡아 준다든지 하는 작은 예의에 아내는 감격한다.

② 회사에서 일어난 좋은 뉴스를 아내에게 들려 준다.

③ 부부 동반 모임에 참석했을 때 항상 아내와 함께 있도록 한다. 결혼 전과 마찬가지로 아내는 남편과 함께 있기를 원한다.

④ 남에게 아내를 흉보거나 다른 사람 앞에서 아내에 대한 농담을 하면 아내는 상처를 받는다. 아내를 흉보지 말고 칭찬을 하라.

⑤ 여성은 안전을 좋아한다. 나에게 아내가 필요한 존재임을 말하라.

⑥ 집 안에서 아내의 할 일과 내가 할 일을 구분하라. 아내와 남편은 각각 다른 책임을 가져야 한다.

⑦ 가정에서 힘든 일은 남편이 하라. 가정은 부부의 성이고 왕국이다. 남편이 아내를 여왕으로 대하면 남편도 왕이 되는 것이다.

남편을 행복하게 해 주는 7가지 방법

① 남편에게 '당신을 사랑한다' 는 말로 하루를 시작하라.

② 남편이 가정의 경제를 책임지고 있다는 사실을 잊지 말고 그의 자존심을 살려 주고 칭찬을 해 주자.

③ 항상 깨끗한 몸으로, 정갈한 모습으로, 남편의 퇴근을 맞이하라.

④ 남편이 특별히 좋아하는 음식을 자주 해 줘라.

⑤ 화목을 도모하고, 그리고 밝은 태도, 긍정적인 사고 방식으로 남편을 대하라.

강을 거슬러 헤엄치는 자가 강물의 세기를 안다.
／J.W.웍슨

⑥ 여자답게 처신하고, 여자답게 옷을 입고, 여자답게 생각하고, 여자답게 행동하고, 여자답게 말하고, 그리고 여자의 일은 여자가 하라.

⑦ 남편을 왕처럼 대우하라. 그러면 아내는 여왕처럼 대접받을 것이다.

24

성공의 문을 여는 열쇠

내가 마음을 열면 성공이 그 문으로 들어옵니다

나의 인생을 성공적인 것으로 만드는 데 가장 중요한 핵심은 타인의 협조와 지지를 얼마나 많이 얼마나 뜨겁게 얻느냐 하는 데 있습니다. 성공이라는 미래의 이상과 계획이라는 현실의 출발 사이에 길을 만들어 주는 것은 타인의 협조와 지지뿐입니다.

회사에서 한 사업 파트의 팀장이 주어진 목표를 완성하는 데는 팀원들의 협조가 있어야 합니다. 만일 팀원들이 팀장의 지시대로 움직여 주지 않는다면 사장은 팀원들을 해고하는 것이 아니라 팀장을 교체할 것입니다.

자동차 세일즈맨이 차를 팔 수 있는 것은 차를 사 주는 고객이 있기 때문입니다. 사람들이 그에게서 차를 사 주지 않는다면 그 자동차 세

운명이 내일 무엇을 결정하게 될 것인가를 묻지 말라.
／뤼케르트

일즈맨은 직업을 바꿔야 할지도 모릅니다.

역사적으로 사람들이 힘에 의해 권력을 손에 넣고, 힘으로 그 권력을 유지하던 시대가 있었습니다. 이런 시대에 사람들은 권력자에게 협력하지 않으면 살아남을 수가 없었습니다. 그러나 오늘날과 같은 민주주의 시대에는 사람들이 누구를 지지하느냐, 지지하지 않느냐를 자유로이 선택할 수 있습니다.

내가 바라는 성공을 달성하기 위해서는 다른 사람의 지지를 얻어야 하는데, 다른 사람들이 나를 지지하고 나의 지도를 받아들이도록 하려면 어떻게 하는 것이 좋을까요.

여기에는 어떠한 비법이 있을 수 없습니다. 정답은 사람들을 바른 사고 방식으로 대하는 것입니다.

보편적인 상식으로 운영되는 조직이라면 어떤 사람을 요직에 기용하려는 경우 두 가지 요소가 검토됩니다.

첫째는 그 사람의 업무 수행 능력입니다. 과거에 그가 보여 준 성적과 업무 수행 능력을 참작할 것입니다.

둘째는 인품, 즉 사람들과 원만히 지내는 친화력을 참작합니다. 상사를 존경하고 잘 모시는가, 동료들에게서는 신뢰감을 얻고 있는가, 부하들을 사랑하고 잘 이끌어 가는가, 거래처 사람들과는 친밀하게 잘 지내는가 하는 점들이 평가의 대상이 됩니다.

이 두 가지 사항 중 두 번째 능력에 더 큰 비중이 주어집니다. 사람은 누구나 저절로 높은 지위에 올라갈 수 없습니다. 누군가가 떠받쳐 주지 않으면 올라갈 수가 없습니다. 이 바쁘고 이기적인 세상에서 누군가가 나의 손을 이끌어 한 계단 한 계단 끌어 올려 주어야만 하는데 그럴 만한 시간과 인내력을 가진 사람이 있을 리 없습니다.

물론 나의 업무 성적이 다른 사람보다 뛰어나야만 발탁될 수 있습니다. 그렇더라도 실제로 끌어 올려 주는 사람은 나에게 호감을 갖고 있는, 나를 훌륭한 인재라고 인정해 주는 사람입니다.

내가 사귀고 있는 한 사람 한 사람이 나를 한 계단 더 높은 곳으로 끌어 올려 줍니다. 그 때문에 나 자신 '사람들에게서 호감을 받는 인물'이 되어야만 합니다.

정상에 오른 사람들은 바른 사고 방식으로 대하는 테크닉에 대해서는 별로 말하지 않습니다. 그러나 참으로 위대한 인물은, 사람을 좋아하는 인간이 되기 위해 명확한, 때로는 문서로 만든 플랜을 가지고 있다는 사실을 안다면 아마 놀랄 것입니다.

미국의 유명한 자서전 작가 잭 앤더슨은 "존슨 대통령은 사람들에게 호감을 받기 위한 10가지 리스트를 책상 서랍 속에 넣어 두고. 그 종이 쪽지가 구겨져 닳았을 정도로 이용했다."고 말했습니다.

부지런하면 재물이 생기고, 아끼면 궁핍하지 않다.
√이익

대인 관계 10가지 원칙

① 사람의 이름을 기억할 것. 이름을 잘 기억하지 못한다는 것은 그 사람에게 관심이 없다는 것과 같다.

② 함께 있는 시간이 상대방에게 부담스럽지 않게 할 것. 낡은 신발이나 낡은 모자처럼 편안하고 원만한 사람이 되라.

③ 어떠한 일에도 마음이 흔들리지 않는 편안한 성격을 지니도록 노력할 것.

④ 자기 자랑을 하거나 뽐내는 인물이 되어서는 안 된다. 무엇이나 알고 있다는 태도는 피한다.

⑤ 사람들이 나와 사귀면 어떤 보람을 느낀다고 생각할 만큼 폭넓은 인물이 되도록 노력한다.

⑥ 나의 개성에서 '비상식적인 요소'를 제거하자.

⑦ 과거의 오해든, 지금의 오해든, 모든 오해를 없애도록 하자.

⑧ 참으로 좋아할 수 있게 될 때까지 사람들을 좋아하려고 노력하자.

⑨ 성공한 사람에게는 축하의 말을, 슬퍼하거나 실망하고 있는 사람에게는 위로의 말을 전할 기회를 놓치지 말자.

⑩ 사람들의 정신적인 힘이 되자. 그렇게 하면 그들은 마음으로부터 나를 좋아하게 될 것이다.

호감받는 인물이 되는 6가지 원칙

① 우정을 팔지 말라.

우정은 상품이 아닙니다. 예를 들어 내가 누군가에게 선물을 할 때, 그 선물 속에 진심이 들어 있으면 그것은 좋은 선물입니다. 그러나 진심이 들어 있지 않은 선물은 일종의 뇌물이 되고 맙니다. 우정은 결코 사고 팔 수 있는 것이 아닙니다. 굳이 그것을 사려고 한다면, 두 가지를 잃고 말 것입니다. 하나는 돈을 낭비해 잃는 것이고 다른 하나는 우정을 잃는 것입니다.

② 교제의 범위를 적극적으로 넓혀라.

사람들과의 교제를 자발적으로 하는 것이 성공하는 사람의 특성입니다. 사람들이 많이 모이는 자리에 참석할 기회가 있거든 자세히 살펴보십시오. 자기를 활발히 소개하는 사람은 그 곳에 모인 사람들 중에서도 지도자급입니다.

사업에 성공하여 많은 종업원을 데리고 있는 어떤 기업체의 사장은 이렇게 말했습니다.

"나는 다른 사람에게 중요한 사람이 아닐지도 모른다. 그러나 그는 나에게 아주 중요한 사람이다. 내가 그와 가까워지고 싶은 까닭은 거기에 있다."

> 많가지 이치, 하나의 근원은 단번에 깨우쳐지는 것이 아니니
> 참다운, 진실된 본체를 깨닫기 위해서는
> 애써 연구해야만 한다.
> √이황

내가 잘 알지 못하는 사람에게 말을 거는 행동은 경우에 따라서는 실례일지도 모릅니다. 그러나 내가 말을 걸었다고 해서 나에게 화를 낼 사람은 아무도 없습니다.

내가 알지 못하는 사람에게 기분 좋은 말을 건넨다면, 그 사람은 기분이 좋아질 것입니다. 내가 다른 사람에게 유쾌한 말을 할 때마다 나는 그것으로 보답을 받는 것이 됩니다. 그것은 추운 날 아침에 따뜻한 난로를 지피는 일과도 같습니다.

평범한 사람은 결코 자진해서 자기 소개를 하는 일은 없습니다. 평범한 사람은 상대방이 먼저 나에게 자기를 소개하기를 가다립니다.

③ 남의 결점에 대해 관대하라.

어떤 대기업체에서 열심히 일하는 중간 간부가 있었습니다. 그는 장래가 촉망되는 사람이었습니다. 그런 그에게 한 가지 문제점이 있어서 실제로 동기생보다 승진이 늦어졌습니다.

그의 결점은 다른 사람이 완벽하기를 바라는 것이었습니다. 그는 부하에게도 완벽하기를 요구했습니다. 심지어는 입고 있는 옷의 색깔이나 모양새가 좋지 않아도 꾸짖기 때문에 부하들은 그 사람 앞에서는 안절부절 못하는 것이었습니다.

그는 이러한 성격이 자기에게 결점이 된다는 사실을 알고, 그것

을 고치기 위해 인간 관계를 연구하는 선배를 찾아가 자문했습니다. 그 선배는 세 가지 처방을 해 주었습니다.

첫째, 완전한 사람은 없다는 사실을 알아라 : 다른 사람보다 결점이 덜 있는 사람은 있지만 절대적으로 완전무결한 사람은 없다.

둘째, 사람은 제각기 특성이 있다는 것을 알아라 : 사람들의 습관은 나의 습관과 다를 수 있다. 그들이 남다른 옷을 입는다거나 나와 다른 종교를 가지고 있다거나, 나와 다른 정당을 지지한다고 해서 그를 싫어해서는 안 된다.

셋째, 다른 사람에게서 장점을 찾아 배워라 : 어느 정도 하고 싶은 일을 하도록 내버려 두는 것이 좋다. 사람들은 '당신은 틀렸다' 는 말을 듣기 싫어한다. 사람은 누구나 자기의 의견을 가질 권리가 있다. 그러나 그 의견을 나만의 것으로 접어 두는 편이 좋을 때가 있다.

그는 선배의 이 세 가지 충고를 받아들여 성실히 지키려고 노력했습니다. 그는 1년 후 승진할 수 있었습니다.

④ 귀를 열고 귀를 기울여라.

회의에 참석해 보면, 의견을 많이 내고 이야기를 많이 하는 사람이 있는가 하면 듣기를 좋아하는 사람도 있습니다.

성공한 사람일수록 다른 사람에게 말할 기회를 많이 줍니다. 다

나태는 모든 불행의 근원이다.
√윌리엄 헤즐리트

른 사람이 자기 자신에 대하여, 자기 견해에 대하여, 자기 업적에 대하여 이야기하게 합니다. 화제의 주제를 다른 사람에게 넘겨 줌으로써 두 가지 이익을 얻게 됩니다. 첫째는 친구를 얻게 되고, 둘째은 상대방을 많이 아는 데 도움이 됩니다.

일반적으로 사람들은 자기 자신에 대해 이야기하고 싶어합니다. 상대방에게 이야기할 기회를 주면 그는 그 일로 인해서 나를 좋아하게 될 것입니다.

가급적 많은 사람에 대해서, 그들의 사고 방식에 대해서, 그들의 장점에 대해서, 그들의 행동 배경에 대해서 많은 정보를 알아야 합니다. 그럴수록 나는 내 생각대로 그들에게 영향을 주는 효과적인 방법을 익힐 수 있습니다.

어느 광고 회사에서는 카피라이터에게 해마다 1주일 동안 소매점의 카운터 뒤에 앉아 있게 합니다. 상품에 대해 소비자들이 어떻게 반응하는지를 살피는 것입니다. 카피라이터는 여기서 더 효과적인 광고 문안을 쓰는 실마리를 얻게 된다고 합니다.

⑤ 친절을 베풀어라.

잘 아는 사람이든 처음 보는 사람이든 친절을 베풀면 우선 기분이 좋아집니다. 좋은 기분은 내가 하는 모든 일에 영향을 미칩니다. 사람과의 관계에서 내가 베푸는 친절은 참으로 좋은 진정제와 같습니다. 그것은 약국에서 파는 어떤 진정제보다 낫습니다. 우리가 조직 사회에서 긴장하고 스트레스를 받는 것은 대부분 인간 관계가 원활하지 못한 데 그 원인이 있습니다.

내가 베푸는 조그만 친절은 긴장을 해소하고 인관 관계의 스트레스를 제거합니다. 그래서 모든 조직원의 관계에 안정감을 주고 통증을 없애 줍니다.

⑥ 내 탓이오 하고 생각하라.

유나이티드 스테이트 철강 회사의 회장인 벤자민 페얼리스는 이렇게 말했습니다.

"나는 이제까지 나의 상사였던 사람들은 다 좋아했다. 나는 그를 기쁘게 하고, 그가 기대한 이상의 일을 하려고 노력했다. 승진을 기대했는데, 나는 누락되고 다른 동료가 승진했을 때 나 역시 실망했다. 그러나 나는 그것을 상사의 편견이라든지, 판단 잘못이라는 생각 같은 것은 단 한 번도 한 적이 없다. 이 다음 기회에 내가 발탁되기 위해서는 내가 무엇을 어떻게 해야 하는지 생각했다. 나는 자책과 실망에 빠져 방황하는 시간 낭비는 절대로 하지 않았다."

제 6 장
결단력이 성공과 실패를 좌우한다

성공의 비결은
목적의 일정불변(一定不變)에 있다.
하나의 목표를 가지고 꾸준히 나아간다면 반드시 성공한다.
그러나 사람들이 성공하지 못하는 것은
처음부터 끝까지 한 길로 나아가지 않았기 때문이다.
최선을 다해서 나아간다면 쇠라도 뚫고 만물을 굴복시킬 수 있다.

디즈레일리

25

결단력은 성공의 첫째 조건입니다

로마 공화정 말기의 최고 정치가요, 군사 전략가였던 케사르.

그는 갈리아 전쟁을 승리로 이끈 뒤에 라인 강을 건너 게르만 족의 땅을 평정하고 영국 해협을 건너 두 차례나 브리튼 섬을 공격하였습니다.

원로원 보수파의 지지를 받은 폼페이우스와 관계가 악화되자, 마침내 그와 충돌하기에 이르릅니다.

군대를 해산하고 로마로 돌아오라는 원로원의 결의가 나오자 케사르는 저 유명한 "주사위는 던져졌다."는 말과 함께 갈리아와 이탈리아의 국경인 루비콘 강을 건너 로마를 향하여 진격을 개시합니다.

우선 폼페이우스의 거점인 스페인을 제압한 다음 동쪽으로 도망친

> 인내는 일을 해나가기 위한 하나의 자본이다.
> √발자크

폼페이우스를 추격하여 격파하고, 패주하는 폼페이우스를 쫓아 이집트로 향했으나, 케사르가 알렉산드리아에 상륙하기 전 폼페이우스는 암살을 당하고 맙니다.

이집트의 왕위 계승 싸움에서 클레오파트라를 도와 알렉산드리아 전쟁을 승리로 이끈 그는 클레오파트라와의 사이에 아들 케사리온을 낳습니다.

소아시아 젤라를 정복할 때 저 유명한 말 "왔노라, 보았노라, 이겼노라."라는 단 세 마디로 된 보고서를 원로원에 보냈습니다.

그 후 케사르는 원로원이 지배하는 정치 체제를 완전히 타도하고 1인 지배 체제를 구축합니다.

세계 역사상의 영웅 호걸의 인생이 대부분 그러하듯 케사르의 일생도 결단과 승리의 점철이었습니다.

그의 인생은 순간순간이 결단을 요구하는 상황이었고, 그 때마다 그는 주저함이 없는 결단을 신속하게 내리고 신속하게 행동에 옮김으로써 그 결단을 성공으로 이끌어 냈습니다.

그가 루비콘 강을 건널 때 남겼다는 "주사위는 던져졌다."라는 말이나, 젤라를 정복할 때 남겼다는 "왔노라, 보았노라, 이겼노라." 같은 말들은 지금도 결단의 순간에 내려야 할 결정과, 결정한 순간 즉각 행동으로 옮겨야 할 때 언급하는 말로 남아 있습니다.

그리고 '돌아올 수 없는 강'을 의미하는 루비콘 강은 일생 일대의 중대한 결단을 할 때 언급되곤 합니다.

윌슨 대통령 보좌관을 지냈고, 적극적인 생활 태도에 관한 프로그램을 개발하여 전 세계에 보급한 나폴레옹 힐이 조사 분석한 한 자료에 따르면, 실패를 경험한 2만 5천 명의 남녀가 꼽은 실패 원인 리스트 중 첫 번째는 '결단력의 부족'입니다. 이 자료에서 보듯이 결단력의 부족은 곧 우유부단한 성격을 말합니다.

돈을 많이 벌었다고 알려진 사람들이나, 세상에 위대한 업적을 남겼다고 알려진 사람들은 모두 결단력이 강한 사람들이었습니다.

자동차 왕으로 알려진 헨리 포드의 재능 가운데 특출한 것은 매우 빠르고 정확한 결단을 내리는 것이었습니다. 포드의 이런 재능은 매우 특별해서 타고난 자질이라는 평판을 들을 정도였다고 합니다.

결단의 가치는 사람들에게 보답할 수 있는 용기에 의존합니다. 위대한 결단은 때로는 죽음까지도 각오해야 하는 커다란 모험이기도 합니다.

노예 해방 선언을 추진한 링컨 대통령의 결단은 그에 반대하는 수많은 친구나 정치적 지지자들에게 등을 돌린 행동이었습니다. 링컨 대통령은 결국 암살당하고 말았습니다. 그러나 링컨이 암살당했다고 해

뜻이 있는 곳에 길이 있다.
√버나드 쇼

서 어느 누구도 그를 실패한 사람으로 보지 않습니다. 역사상 가장 성공한 대통령으로 꼽는 데 주저하는 사람은 아무도 없습니다.

인간적인 신념과 타협하기보다는 독약이 든 잔을 마셨던 소크라테스의 결단도 커다란 용기로써 목숨을 걸고 내린 결단이었습니다.

그 결단의 결과는 수천 년 역사의 흐름을 바꾸어 놓았고, 아직 태어나지도 않은 우리의 후손들에게 올바른 사상과 자유를 선물했습니다. 그들의 희생적 결단에 의해 인류는 더 나은 세상을 소유하게 된 것입니다.

미국의 남북 전쟁 때 북군에게 패배를 인정한 남군의 로버트 리 장군의 결단도 용기에 바탕을 둔 것이었습니다. 왜냐 하면 그의 결단은 자신의 인생에 대해 가치를 부여할 줄 알았고 다른 사람의 인생에 대해서도 확실히 인식하고 있었기 때문입니다. 그의 결단으로 인해 미국은 분단의 비극을 막을 수 있었고 수많은 젊은이를 전쟁의 희생으로부터 건져 낼 수 있었던 것입니다.

미국 역사상 가장 위대한 가장 큰 결단은 1776년 7월 4일 56명이 서명한 미합중국의 독립 선언문이었을 것입니다.

1776년 3월 5일, 보스턴.

영국 군인들이 거리를 순찰하고 있었습니다. 그들은 오만불손하였고 시민들을 함부로 다루었습니다. 시민들은 그 동안 쌓였던 감정이 드디어 폭발하기 시작했습니다. 주민들은 방자한 군인들에게 돌을 던지며 대항했습니다. 사상자가 많이 발생했습니다.

주의회 대의원 가운데 존 헨코드와 새뮤얼 애덤스 두 사람이 용기를 내어 영국군을 보스턴에서 추방해야 한다고 선언했습니다. 이 두 사람의 결단에 의해 오늘날 미국의 자유와 영광이 존재하게 되었던 것입니다. 그들의 결단은 죽음을 각오해야 할 만큼 위험한 것이었고 그만큼 용기를 필요로 하는 것이었습니다. 그들의 요청이 받아들여져 영국 군대는 보스턴에서 철수하고 사태는 수습되었습니다.

보스턴에서 시민과 영국 군대와의 충돌 사건이 있은 지 2년 뒤, 새뮤얼 애덤스는 미국의 각 주와 통신으로 연락하여 '통신 위원회'를 설립할 것을 제안합니다. 이것이 미국의 자유와 독립을 쟁취하는 거대한 힘의 원천이 되었습니다.

미국 각 주의 주민들은 보스턴 사건과 비슷한 사건을 겪으면서 영국 군대와 크고 작은 충돌을 통해 대항해 왔습니다. 그러나 각 주의 주민들은 비조직적이었고 단결되지 못했기 때문에 희생만 치를 뿐 얻은 것이라고는 없었습니다.

영국은 애덤스에게 사람을 보내 반대파의 입장을 버리고 영국에 협조하라고 요구하면서 명예와 권력을 택할 것인지 아니면 계속해서 위험을 무릅쓰고 영국에게 대항할 것인지 택일하라고 요구합니다. 애덤스는 여기서 일생 일대의 결단을 내리지 않으면 안 될 처지가 되었습니다. 애덤스는 영광과 권력과 행복을 버리고 미국의 독립을 위해 가

나태는 모든 일을 멍친다.
√러버트 버턴

시밭길을 선택하는 비장한 결단을 내립니다.

영국은 '우리는 영국의 권위와 왕의 이름으로 즉시 군대를 파견하여 새뮤얼 애덤스와 존 헨코드의 흉악 무도한 행위를 징벌하여 즉각 처형할 것이다' 는 성명을 발표합니다. 새뮤얼 애덤스와 존 헨코드는 즉시 의회를 소집하고, 회의장 문을 잠그고는 "우리가 현재의 사태를 어떻게 처리할 것인지 결정하기 전에는 아무도 이 회의장을 나갈 수 없다."고 선언합니다.

회의장에서는 영국에 반대하여 독립을 선언할 것인지, 영국의 지배에 협조할 것인지 격론이 벌어졌습니다. 새뮤얼 애덤스는 이 회의의 결론이 독립보다는 영국 지배의 인정 쪽으로 기울 가능성을 염려했습니다.

그러나 이 회의에 참석한 56명의 대표는 제퍼슨이 초안한 독립 선언서에 서명함으로써 미국 독립의 문을 연 것입니다. 이 선언서에 서명하는 것은 곧 죽음의 명부에 서명하는 것이나 다름이 없었을 것입니다. 그러나 그들은 자신의 생명을 버리고 미국의 자유를 쟁취하겠다는 결단을 내린 것입니다. 이 위대한 결단이 오늘날 미국의 영광과 자유와 번영을 오게 한 것입니다.

결단을 신속하고 정확하게 할 수 있는 사람은 자기가 바라는 것이 무엇인가를 분명히 알고 있습니다. 사람은 누구든 자기의 인생을 보람 있게 보내기 위해서는 신속하고도 확고한 결단을 내려야 합니다.

이 세상은 자기가 나갈 바를 알고 행동하는 사람에게 그 기회를 만들어 줍니다. 우유부단은 대개의 경우 시시한 일에서부터 일어납니다. 그래서 뚜렷한 목표가 없는 사람은 우유부단을 바로잡을 수가 없습니다. 내가 우유부단이라는 습관에 젖어 있으면 직장 선택도 주저하고 망설이게 되고, 결혼도 주저하고 망설이다가 혼기를 놓쳐 버리게 됩니다.

지금 샐러리맨으로 봉급 생활을 하고 있는 90% 이상의 사람들이 입사 무렵과 다름없는 보잘것없는 위치에 머물러 있는 것은 뚜렷한 목표를 가지고 명확한 계획을 세우지 않은 채 그렁저렁 직장 생활을 하고 있기 때문입니다.

26

성공의 문을 여는 열쇠

용기 없는 사람은 결단을 내릴 수 없습니다

옛날에 까마귀 형제가 한 둥지에서 살고 있었습니다.

어느 날 둥지에 구멍이 뚫리자 형 까마귀는 동생이 수리하겠지 생각하고, 동생 까마귀는 형이 수리하겠지 생각했습니다. 누구도 내가 수리해야지 하고 선뜻 나서는 결단을 내리지 않았습니다.

그러는 사이 구멍은 점점 커졌습니다. 어느덧 겨울이 와서 찬바람이 몰아쳤습니다. 까마귀 형제는 둥지 안에 웅크리고 앉아서 부들부들 떨며 '아이 추워, 아이 추워' 하는 소리만 내고 있었습니다.

그러면서 형 까마귀는 날씨가 이렇게 추우니 동생이 둥지를 수리하겠지 하고 미루고, 동생 까마귀는 형이 수리하겠지 하고 미루고만 있었습니다.

이윽고 바람이 세차게 불던 어느 날, 둥지가 날려서 땅바닥으로 굴러떨어지고 말았습니다. 그리고 까마귀 형제는 그만 얼어죽고 말았습니다.

까마귀 형제 중 누구도 먼저 내가 둥지를 수리하겠다고 결단을 내리지 않은 결과 둘 다 죽고 만 것입니다. 일을 미루지 않고 당장 처리하는 데에도 용기가 필요합니다.

'나는 결단력이 있는 사람'이라고 생각합니까? 나는 사회적 관습이나 주위의 시선에 아랑곳하지 않고 내가 하고 싶은 일을 내가 바라는 대로 결단을 내려 실천할 수 있습니까? 만일 마음을 정하지 못하고 있다면 아무리 나의 계획이 가치 있는 일이라 하더라도 이루어 낼수 없을 것입니다. 결단을 내리지 못하는 사람, 결단하지 못하는 사람은 결코 큰일을 할 수 없습니다.

내가 지금 걸어가고 있는 길이 어느 쪽으로 구부러지려고 하는지 생각해 본 일이 있습니까? 이 길로 계속 걸어갈 것인가, 아니면 다른 길로 가야 할 것인가, 지금이 바로 그것을 결정해야 할 때라면 어떻게 하겠습니까?

세상에는 일을 앞에 놓고 대하는 태도로 미루어 보건데 두 종류의 사람이 있습니다. "이 일을 결단코 해내고 말겠다."고 하는 사람과 "어

> 성공에 가장 곤란한 것은 당신이 성공을
> 계속 유지해야 한다는 것이다.
> √밸런

떻게 했으면 좋을지 잘 모르겠다."고 하는 사람이 있습니다. 그런데 많은 사람들이 후자에 속합니다.

가만히 생각해 봅시다. 일을 앞에 놓고 나는 '어떻게 하면 좋을까' 하고 자신을 향해 수없이 망설이지는 않았는지. 인생의 성패는 다른 어떤 원인에서보다 결단에 의해서 성패가 갈린 경우가 많습니다.

우리의 마음 속에는 무엇인가를 창조하는 능력이 있습니다. 그런데 그 능력은 나의 결단으로 불을 붙여 주지 않는 한, 환한 불꽃을 피우지도 못하고 활활 타오르지도 않습니다.

우리는 우리가 가지고 있는 창조적 능력에 불을 붙여 주어야 합니다. 그래야 내가 원하는 것을 손 안에 넣을 수 있습니다. 내가 정신적으로 감정적으로 조화를 이루지 못하고 있을 때는 창조적 능력이 눅눅한 습기에 젖어서 불꽃을 일으키기는커녕 자욱한 연기만 내뿜을 뿐입니다.

많은 사람들이 입버릇처럼 내뱉는 "나는 결정할 수가 없다."는 말은 인간의 마음에서 일어나는 가장 슬픈 패배의 만가입니다. 그것은 희망과 야심과 자신감을 장송하는 종소리와 같은 것입니다.

내가 마음을 결정하지 못하는 한 나는 누구에게도 도움을 받지 못할 것이고, 자신감을 가지고 어떤 방향으로든 움직여 간다는 것도 불가능할 것입니다.

나는 현재 있는 곳에 그대로 머물러 있어야만 하는가. 만약 그러기를 바란다면 아무 결정도 할 필요가 없습니다. 생각을 바꾸지 않는 한 현재의 위치와 삶의 모습이 어떠하든 이 곳에 그냥 그 모습 그대로 머물러 있을 수밖에 없습니다. 아니면 더 낮고 참담한 곳으로 침몰해 갈는지도 모릅니다. 전진하지 않으면 그것은 곧 후퇴를 말하는 것이며 발전하지 않으면 그것은 곧 패배를 말하는 것입니다.

사람의 사고나 생각은 경험을 쌓아 감에 따라 새로운 생각이나 아이디어가 떠오르는 것입니다. 생각하기를 게을리 하면 낡고 고루한 생각이 머리를 점령하고 떠나지 않아 새로운 발상의 싹을 트지 못하게 하고 머리를 녹슬게 하여 결국에는 세상에서 뒤떨어진 사람이 되고 맙니다.

만약 내가 결단 내리기를 주저하고 새로운 환경에 진입하기를 두려워한다면, 그것은 아마도 내가 가지고 있는 낡은 생각과 낡은 세계관이 내 머리와 마음을 점령하고 있어서, 새로운 환경으로 진입을 결정해야 한다는 시대적 요구를 무시하고 현재적인 환경에 안주하기를 바라기 때문일 것입니다.

지금 내가 처해 있는 상태가 이와 유사한 것이라면 이제 결단을 내리고 현재적 안일에서 급히 빠져 나오는 길밖에 다른 대안이라곤 없습니다. 그런 다음에 나 자신에게 새로운 대안을 제시하고, 흩어져 있는 마음을 새로 가다듬어서 뚜렷하게 마음을 결정하고 똑바로 나아가야 할 것입니다.

현재 시간을 잃어버리면 모든 시간을 잃는다.
√베넌

"좋아, 부딪쳐 보자." "반드시 해내고야 말겠다." 이렇게 마음 속으로 부르짖으며 적극적인 결단을 내린다면 나도 모르는 사이에 새로운 힘이 솟고 의욕이 샘솟을 것입니다.

어떤 경우에라도 "너무 늦은 것은 아닐까?" 하는 회의는 하지 마십시오. 내 안에 있는 이 창조적 능력이 올바른 생각과 올바른 결정에 의해서 불꽃을 일으킬 수만 있다면 어떤 난관도 타개할 수 있는 좋은 아이디어가 떠오를 것입니다.

많은 사람들은 어려운 일을 해내거나 위기를 극복하고 나서 "하늘이 나를 도왔다."고 말합니다. 이 말은 여러 가지 실패를 경험하다가 마지막으로 결단을 내려 어떤 일을 시도하여 성공한 다음에 기쁜 마음으로 하는 말일 것입니다. 그러나 하늘이 도와서 성공한 것은 아닙니다. 마지막 순간에 단호히 결단을 내리고 자신의 안에 숨어 있는 창조적 능력이 최대한의 불꽃을 피우며 타오를 수 있도록 최선을 다했기 때문에 최후의 성공을 쟁취할 수 있었던 것입니다.

우리는 우리가 살고 있는 인생의 순간순간마다 발전이냐 몰락이냐의 갈림길에서 어느 한 가지를 선택하는 결단을 내려야 합니다. 우리 인생은 어차피 무엇인가를 선택하지 않으면 안 될 운명이기 때문입니다.

나는 나 자신에 대해 세상의 누구보다도 잘 알고 있습니다. 그러나 우리는 나 자신에 대해 잘 알려고 하지를 않습니다. 지금부터는 무슨 일을 결정하기 전에 나 자신에 대해 철저히 분석하고 객관적 시선으로 나를 볼 수 있어야 합니다. 만약 내가 나 자신에 대해 잘 알고 있다면 어떤 일을 결정하는 데 성공의 가능성이 매우 높아진다고 보아도 좋겠습니다.

나를 축구 경기에 출전한 축구 선수라고 생각합시다. 나는 지금 패스해 온 공을 받았다고 생각합시다. 나는 이 공을 적에게 빼앗겨서는 안 되고, 질풍노도처럼 적진으로 공을 몰고 들어가서 슛을 날리거나 완벽한 어시스트를 해야 한다고 생각합시다. 공을 받은 나는 그 순간 나에게 가장 중요한 기회가 주어지는 것이며, 이 공을 어떻게 성공적으로 패스할 것인지, 아니면 직접 적진으로 몰고 갈 것인지를 결정해야 하는 결단의 순간에 직면하게 되는 것입니다.

'물러설 수 없다. 오직 나아갈 뿐이다.' 이런 마음가짐으로 공을 다루어야 합니다. 어떻게 할까, 패스할까? 어디로, 누구에게, 이렇게 망설이고 있는 동안 적들에게 에워싸여 공을 빼앗기고 말지도 모릅니다.

나의 신속하고 단호한 결단이 명령하는 대로 즉각 공을 다루어야 합니다.

그렇다, 아니 그러하지 않다, 그럴지도 모른다, 아니 그렇지 않을지도 모른다, 이런 말과는 영원히 헤어져야 합니다. 그런 생각을 하고 있는 한 아무 일도 할 수가 없습니다. 그렇습니다. 이것도 아니고 저것도 아닌 삶을 살다가는 영원히 실패자로 인생을 마치고 말 것입니다.

어떤 성공한 사업가는 이렇게 말했습니다.

모든 불운은 인내로써 정복된다.
√베르질리우스

　"나는 전혀 결단을 내리지 못하는 것보다는 설사 잘못된 결단이라
하더라도 결단을 내려서 그것을 실행하는 쪽을 택해 왔다."

　내가 결단을 내리지 못하고 우물쭈물하는 성격이라면 그러한 성격
은 하루빨리 버려야 합니다. 그렇지 않으면 내 인생은 비참해질 것이
고 내가 늦게 내린 결정은 이미 시기를 놓쳐서 쓸모없는 것이 되고 말
것이기 때문입니다.

27

성공의 문을 여는 열쇠

결단에도 시기가 중요합니다

나폴레옹은 결단력이 뛰어난 사람이었습니다. 나폴레옹은 "장군에게 가장 필요한 자질은 시간을 정확하게 재는 능력이다."라고 말했습니다.

오스트리아와 맞붙은 몬테페로 전투는 나폴레옹의 시간을 정확히 재는 능력 때문에 승리한 전투였습니다. 오스트리아의 기병대가 도착하기까지는 15분이 걸린다고 계산한 나폴레옹은 오스트리아의 기병대가 도착하기 전, 그러니까 15분 안에 적을 완전히 제압해야 한다고 생각했고 거기에 맞추어 작전을 세웠던 것입니다. 그 날 전투가 끝나고 나폴레옹은 오스트리아가 패배한 원인은 시간의 중요성을 깨닫지 못했던 탓이라고 지적했습니다.

　나폴레옹의 결단력은 거보리 전투에서도 위력을 발휘합니다. 이 전투가 천하 쟁패의 분수령이 될 것이라고 생각한 나폴레옹은 전투 중간에 일시적인 휴전을 제안합니다. 그리고 몇 분간의 일시적 휴전 시간을 이용해서 작전을 다시 세워던 것입니다. 나폴레옹이 이 전투에서 크게 승리한 것은 그 일시적 휴전 시간을 적절히 이용한 덕분이었습니다.

　괴테는 이렇게 말했습니다.

　"내가 존경하는 사람은 자신이 무엇을 하고 싶은가를 정확하게 알고 있는 사람이다. 이 세상의 불행한 사람들은 대부분 정말로 하고 싶은 일을 하지 못하기 때문에 불행하다. 그들은 탑을 쌓으려고 결심했는데도 오두막을 세울 정도의 기초 공사밖에 하고 있지 않다."

　인생을 우유부단하게 목적도 없이 살고 있는 사람들이 많습니다. 그런 사람들은 우선 자신이 무엇을 위해서 살고 있는가, 무엇을 하려고 어디로 향하고 있는가를 확실히 생각해야 합니다.

　자신이 정말로 하고 싶은 것을 알지 못하고, 우유부단하게 살고 있는 한 진정한 즐거움이나 기쁨은 얻지 못한다는 것을 알았다면 그 때야말로 진정 자신을 되돌이킬 결단을 내릴 수 있을 것입니다.

　콜럼버스는 심한 폭풍우와 선원들의 불평에 굴하지 않고 강한 결의를 가지고 미지의 항해를 계속했기 때문에 세기의 대발견을 할 수 있었던 것입니다.

영국의 역사학자 사뮤엘 존슨은 "결단력이 있는 곳에 성공이 있고, 성공이 있는 곳에 반드시 결단력이 있다."고 말했습니다.

지금까지 성공한 사람들은 모두 결단력이 뛰어난 사람들이었으며, 결단할 때를 알고, 일단 결심하면 다른 것에 마음을 빼앗기거나 진로를 바꾸거나 하지 않았다는 특징을 갖고 있습니다. 그들은 설령 재산을 다 잃거나 가진 것을 다 잃는 한이 있어도 오로지 결단으로 선택한 일을 완수하기 위해 전념했습니다.

자기가 잘못 했음을 알고 금방 수습하여 재기한 한 청년의 일화가 있습니다.

부모를 잘 만나 부모 덕에 돈을 잘 쓰며 놀기 좋아하는 한 청년에게 그를 따라다니며 함께 놀아 주는 친구들이 많이 있었습니다. 이렇게 많은 친구들을 데리고 다니며 돈을 물쓰듯 하고 다니다 부모에게서 물려받은 많은 유산을 3~4년 만에 거의 다 탕진하고 말았습니다.

돈이 떨어지자 따라다니던 친구들도 다 떠나가고 말아 그의 처지가 자못 쓸쓸해졌습니다.

그는 자살을 결심하고 산에 올라가 낭떠러지 앞에 섰습니다. 멀리 내려다보이는 들에는 얼마 전까지 자기 소유였던 논밭이 펼쳐져 있었

독서는 충실한 인간을 만들고,
담화(談話)는 재치있는 인간을 만들며,
펼기는 정확한 인간을 만든다.
√베이컨

습니다.

청년은 무릎을 꿇고 앉아 몇 시간 동안 가만히 생각하다가 이윽고 힘있게 일어섰습니다. 저 땅을 다시 찾자, 그는 그렇게 결심을 한 것입니다.

그는 비로소 자신이 무엇을 해야 하는가를 알게 되었던 것입니다. 그는 서둘러서 산을 내려왔습니다. 아무리 하찮은 일이라도 좋다, 설령 참새 눈물만큼의 돈밖에 안 된다 할지라도 좋으니 무슨 일이라도 하자, 그리고 손 안에 들어오는 돈은 한 푼이라도 쓰지 말고 저축을 하자. 청년은 그렇게 결심을 한 것입니다.

그의 눈에 띈 것은 어느 집 앞에 배달되어 쌓여 있는 구공탄이었습니다. 그는 집주인에게 구공탄을 부엌 창고에 날라다 쌓는 일을 얻어서 하고는 얼마간의 품삯을 받았습니다. 평생 처음 땀을 흘리고 번 돈이었습니다. 그 일을 하면서 청년은 돈을 벌기가 얼마나 힘든 것인가를 깨달았습니다.

"아아, 우리 부모님께서 이렇게 땀을 흘려 번 돈을 나는 아무런 고마움도 모른 채 나의 즐거움만을 위해 쓰고 말았구나."

청년은 비로소 부모의 고마움과 돈의 가치를 알게 된 것입니다.

그는 어떠한 일이라도 마다하지 않고 일거리를 찾아 돈을 버는 데 전념했습니다. 지금까지의 자신으로서는 도저히 생각할 수조차 없을 만큼 비참한 일이라도 기회가 주어지기만 하면 그는 놓치지 않고 일을 했습니다.

그리하여 상당한 시간이 지나고 얼마간의 돈이 모아지자 그는 소를 사서 되파는 소장수 일을 해서 꽤 많은 돈을 모았습니다.

그는 쌀장수를 시작해서 큰 돈을 모았고, 그가 낭비로 날렸던 부모의 유산을 거의 다 되찾을 수 있었습니다. 그는 일생 동안 절약을 생활의 신조로 삼았고, 근면을 삶의 지표로 삼았습니다. 그는 만년에는 그 고을에서 첫째 가는 부자가 되어 있었습니다.

이 일화는 결단력이 얼마만큼 커다란 힘을 가지고 있는가를 말해 줍니다. 위기의 순간에 결단을 내릴 줄 알았기에 이 청년은 자신의 인생을 성공적으로 이끌 수 있었습니다.

세상에는 자신뿐만 아니라 남을 위해서 위험이나 고생을 무릅쓰고 자기 몸을 던진 사람들도 많이 있습니다.

그 중에는 혼 하워드라는 사람도 있습니다. 그는 뭔가 사람들에게 도움이 되는 일을 하려고 결심하면 그 순간부터 행동에 옮겼습니다. 그리고 일을 진행하는 도중에는 어떠한 장애도 그를 중도 포기케 하거나 말릴 수가 없었습니다.

감옥에서 고생하는 죄수들을 위해 감옥의 환경 개선 문제를 제기한 그는 외국을 방문했을 때도 그 나라의 명승 고적지나 관광지 같은 곳에는 가지 않았습니다. 심지어 그는 로마에 갔을 때 바티칸 궁전조차 방문하지 않았다고 합니다. 왜냐 하면 그는 감옥 개선 작업에 필요한

나는 부자라는 말을 듣는 것보다는
사회에 이바지한 사람이란 말을 듣고 싶다.
√벤자민 프랭클린

그 나라의 정책과 제도를 둘러보고 배우는 일 외에는 시간을 낭비할 수 없다고 생각했기 때문이었습니다.

그는 목표로 하는 일에만 마음을 쏟고 정신을 집중해서 한발 한발 그 목표를 향해 나아가는 사람이었습니다. 하워드에게 최고의 기쁨은 자신이 바라고 목표로 하는 일이 하나하나 실현되는 것을 눈으로 보고 확인하는 것이었습니다.

"내가 목표로 하는 일을 향해서 나아가다 설령 그로 인해 목숨을 단축시키는 일이 일어난다 해도 신께서는 기뻐해 주시리라 믿는다. 이것만은 오해하지 말아 주기 바란다. 나는 자신이 하고 싶은 것 때문에 주위를 돌아보지 않거나 주위가 산만해져 있지도 않다. 나는 좁은 자기만의 세계에서 여생을 보낼 것이 아니라 좀더 많은 사람에게 도움이 되는 일을 하고 싶다. 그것이 나의 의무라고 생각한다. 그리고 내가 하고 있는 일이 바로 그러한 일이라고 생각한다."

하워드는 이렇게 말했습니다.

면죄부 발행의 부패적 폐해를 지적하며 종교 개혁 운동을 주창한 루터에게 신성 로마 제국 의회가 출두 명령을 내리자, 그의 친구 존 후스는 "의회에 출두하면 자네는 분명히 화형에 처해지고 말 것이니 출두하지 말게." 하고 충고했습니다. 그러나 루터는 친구에게 단호하게 말했습니다.

"신께서 나에게 가라고 말하고 있네. 집에 붙인 타일 수만큼이나 많은 악마가 나를 기다리고 있는 것을 나도 잘 알고 있다네. 그렇지만 나는 가야 한다네.”

루터에게 이 같은 결단력이 없었다면 그의 인생에게 가장 중요한 것을 놓쳐 버리고 말았을 것입니다. 루터는 의회에 불려 나가 종교 개혁의 주장을 철회하라고 강요당했으나 단호히 거부하고, 발트부르트 성에 숨어 지내면서 신약 성서의 독일어 번역을 완성했습니다.

이 성서로 해서 독일어의 통일이 이루어지게 되었습니다.

내일 해야 할 일을 생각하면서 오늘을 보내면 지금 해야 할 일을 할 수가 없습니다. 오늘 해야 할 일을 오늘 중으로 하지 않으면 내일이라는 날을 마음 편히 기다릴 수가 없는 것입니다.

어떻게 하면 많은 사람에게 도움을 줄 수 있을까를 생각하기 전에 우선 눈앞에 있는 한 사람에게 어떻게 하면 도움을 줄 수 있을까를 생각해야 합니다. 아무리 하찮은 일이라도 아무 것도 하지 않고 있는 것보다는 낫습니다.

어느 작가는 이렇게 썼습니다.

“언제 올지 모르는 ‘언젠가’ 만 생각하고 있는 것은 무익할 뿐만 아니라 유해하다. 결단력이 있는 사람은 도움을 청하는 사람이 원하는 것을 신속하게 실행한다. 그런데 생각은 있지만 결단력이 없는 사람은 집에서 한 발짝도 밖으로 나가려 하지 않는다. 따뜻한 난로 앞에 불행의 원인은 늘 나 자신이다.
몸이 굽으니 그림자도 굽었다. 어찌 그림자 굽은 것을 한탄할 것인가!
나 밖에는 아무도 나의 불행을 치료해 줄 사람이 없다.
√파스칼

슬리퍼 신은 발을 내뻗고 손에 불을 쬐면서 생각에 생각을 거듭하며 공상의 세계에 빠져 있다. 그런 사람은 나름대로 인류 평화 같은 거창한 일을 심각하게 생각하고 있을지 모르지만 실제로는 아무 것도 하고 있지 않다. 생각은 많아도 그 생각의 만분의 일도 세상에 공헌하고 있지 않은 것이다."

외과에 과학적인 기초를 제공하고 치과학의 선구자라고 불리는 스코틀랜드의 생리학자 존 헌터도 결단력과 강한 의지로 명예를 얻은 사람이라고 알려졌습니다.

헌터는 열 명의 형제 중 막내로 태어났습니다. 어려서 아버지를 여읜 헌터는 학교 공부보다는 놀기를 더 좋아한 아이였습니다. 그는 17세 때 장롱을 만드는 목공소에 취직해 일을 하면서 어렸을 때 놀면서 허비해 버린 시간들을 후회했습니다.

공장에서 일한 지 3년이 지날 무렵 큰형이 의사로 크게 성공했다는 소식을 듣고 형을 찾아가 해부실의 조수로 써 줄 것을 부탁하고, 형의 허락을 받아 그 곳으로 일자리를 옮겼습니다. 헌터는 이 곳에서 해부학 공부를 시작했습니다. 일하면서 하는 공부였지만, 뒤늦게 공부를 해야겠다는 마음이 불타올라서 그는 참으로 열심히 공부를 했습니다.

열심히 공부한 성과가 나타나서 헌터는 2년 후 형을 대신해서 해부실의 책임자가 되었습니다. 3년 후에는 형이 경영하는 의과 학교의 강의를 절반이나 담당하게 되었습니다. 그러나 너무 열심히 공부를 하면서 일을 많이 한 탓으로 건강이 나빠져서 기후가 따뜻한 지방으로 휴양을 가야 했습니다.

헌터가 건강을 회복하고 스코틀랜드로 돌아왔을 때 그의 나이는 36세였습니다. 그는 런던에서 개업을 할까 생각했지만, 런던에는 그를 도와 줄 만한 사람이 없었고, 경제적으로도 어려웠습니다. 또 사람들이 그의 실력을 알아 줄 리도 없었습니다.

헌터는 해부학과 외과 교실을 열어 학생들을 가르치는 일부터 시작했지만 런던은 그의 실력과 열성을 알아 주지 않았습니다. 수강생이 20명을 넘지 않았습니다. 그렇다고 해서 좌절할 헌터가 아니었습니다. 그는 자신을 믿었고, 일이 아무리 풀리지 않아도 목표를 바꾸지 않았습니다.

시간이 지나자 점점 헌터의 실력을 알아 주기 시작했습니다. 여기저기 외과 학교에서 그를 초빙해 갔고, 여기저기 병원에서 외과 수술이 있을 때마다 그를 초빙해 갔고, 그의 해부학 교실 수강생도 점점 늘어 갔습니다. 그는 끊임없이 일하고 끊임없이 공부했습니다. 점점 늘어가는 외과 수술 일을 하면서 시간을 쪼개서 동물학, 생물학, 해부학, 병리학 등 모든 분야의 연구에 몰두했습니다.

저녁 식사 후의 토막잠을 제외하고는 하루 4시간 이상은 자지 않았습니다. 헌터는 런던에서 이미 그 분야의 대가가 되어 있었고, 헌터는 불운에 굴하지 말고 더욱 대담하게 맞서 나아가라.
√베르질리우스

부동의 일인자로 명성을 얻게 된 그 연구를 집대성하기 위해 더더욱 열심히 일하고 연구하지 않으면 안 되었습니다.

헌터는 생활 기능별로 분류한 동식물 기관의 표본, 동식물학의 실증이 되는 3천 종이 넘는 동물 박제와 식물 표본, 1천 2백 점이 넘는 공룡 화석 등 1만 점이 넘는 표본을 남기고 세상을 떠났습니다.

존 헌터는 '헌터 박물관'에 일반적인 질병과 치료 후의 회복체, 특이한 질병의 물리적 변화, 기능별로 분리한 여러 가지 질병의 병리학적 표본을 남겨 세계 의학 발전에 지대한 공헌을 했습니다.

한 사람이 짧은 일생 동안 잠을 줄이고 시간을 쪼개서 이렇게 많은 양의 표본을 모은 것은 한 가지 목표를 향해 일생을 모두 바친 노력이 있었기에 가능한 일이었습니다. 그리고 우리가 주목해야 할 부분은 헌터가 오로지 독학으로 이 어마어마한 업적을 이루었다는 사실입니다.

존 헌터의 결의와 노력의 결정인 '헌터 박물관'은 정부가 사들여 런던 의과 대학에 기증했습니다.

올바른 결단력이란 누구나 그렇게 하겠다고 해서 되는 것이 아닙니다. 하루하루의 마음가짐과 날마다의 실천에 의해서 조금씩 만들어져 가는 것입니다. 그렇기 때문에 육체적 건강 역시 중요합니다. 체력이 약하면 정신까지 약하게 되고 결단해야 할 때 결단하는 용기를 가질 수 없습니다.

　'철의 장군'이라 불리는 웰링턴 장군도, '철의 의지를 가진 남자'라고 불리는 나폴레옹도 병이나 피곤함을 모르는 건강한 육체를 가지고 있었습니다. 이 사람들이 병약했다면 그 혹독한 환경의 전쟁터에서 살아 돌아올 수 없었을 것입니다.

　건강 상태에 따라서 어려운 일이나 곤란한 일에 대처할 능력이 생기는 것을 누구나 경험했을 것입니다. 컨디션이 좋고 활력이 넘칠 때는 좀 어려운 일이라도 의욕적으로 할 수 있고, 기분이 좋지 않거나 컨디션이 나쁠 때는 의욕이 없어져서 조그마한 곤란도 큰 장애물처럼 느껴집니다.

　과감한 결단력으로 인생과 일에 승부를 걸려면 튼튼한 육체를 가져야 합니다. 세상에는 온갖 고난을 극복하고 성공의 정상에 서는 순간 쓰러져 버린 사람들이 많습니다. 두뇌와 마음을 단련시키는 일에만 신경을 쓰고, 육체를 혹사만 했을 뿐 단련하지 않았기 때문에 그리 되었을 것입니다.

　인간은 살아 움직이는 생명체이므로 정신과 육체가 서로 조화를 이루어야 폭발적인 에너지를 생산할 수 있습니다. 어느 한쪽이 부족하면 다른 한쪽까지도 나락으로 떨어져 버리고 맙니다. 결단력 있게 일을 추진해 가려면 건강하고 튼튼한 육체를 가지도록 노력해야 한다는 점을 명심해야 합니다.

28

성공의 문을 여는 열쇠

지나친 조심은 일을 그르칩니다

세계 잡지 역사상 가장 많은 발행 부수를 자랑하는 '플레이보이'를 창간한 휴 헤프너는 독실한 청교도 집안에서 자랐습니다. 대학에서 발행하는 유머 잡지의 편집자로 일했는데, 여기서 잡지 편집에 대한 기초를 익혔습니다.

대학 졸업 후 대기업의 기획실에서 광고 문안을 만드는 일을 하다가 남성 잡지로 인기를 끌고 있는 '에스콰이어'에서 영업 사원으로 일했습니다.

헤프너는 항상 마음 속으로 새로운 잡지를 만들어 보겠다는 꿈을 품고 있었습니다. 그는 어느 날 이런 생각을 했습니다.

나는 쾌활하고 세련된 도시 남성을 위한 오락 잡지를 만들고 싶다.

① 예쁜 여자의 누드 사진을 싣는다면 어느 정도의 판매 부수는 확보할 수 있을 것이다. ② 잡지는 어느 정도의 질적 수준도 유지해야 한다. 따라서 창간 초에는 누드 사진으로 기반을 잡고 어느 정도 은행 예금이 불어나면, ① 누드 사진을 줄이고, ② 질을 높이도록 하겠다. 이렇게 되면 광고도 많이 들어올 것이다.

헤프너가 이런 생각을 하고 있던 1952년 회사는 그를 시카고에서 뉴욕으로 전근시키려고 했습니다. 헤프너는 교통비 명목으로 월 25달러를 더 달라고 요구했습니다. 그러나 회사에서는 20달러 이상은 안 된다고 거절했습니다. 이 단돈 5달러의 의견 차이가 휴 헤프너를 세계의 잡지왕으로 만드는 계기가 된 것입니다.

헤프너는 회사를 그만두고 지금껏 생각해 오던 잡지를 창간했습니다. 인쇄소를 설득하여 45일 간의 외상 거래를 트고, 은행에서 600달러를 꾸고, 가지고 있던 주식을 팔아 마련한 7,000달러를 보태 창간 자금을 확보했습니다.

1953년 12월에 창간한 '플레이보이'는 7만 부를 발행했지만, 과연 2호를 낼 수 있을지 없을지는 알 수 없는 불안한 상황이었습니다. 창간호에 끼워 넣은 마릴린 먼로의 누드 사진이 화제가 되어 창간호는 70%가 팔리는 호조를 보였습니다.

창간호의 성공으로 2호를 만들 자금은 걱정을 덜었으나 사무실을 마련하지 못해 자기가 사는 아파트에서 편집을 했습니다.

성공하는 사람은 송곳처럼
어떤 한 점을 향하여 일한다.
√보비

　'플레이보이' 는 창간사에서 "독자 여러분이 18세에서 80세에 이르는 남자라면, 플레이보이는 바로 당신을 위한 잡지입니다. 만일 여러분이 오락과 세련미, 그리고 짜릿한 맛을 원하신다면 플레이보이는 바로 여러분의 독특한 기쁨이 될 것입니다. 우리는 칵테일을 만들고, 피카소, 니체, 재즈와 섹스에 관한 안락한 토론을 위해 아름다운 여성을 초대하여 감미로운 음악을 준비할 것입니다. 만일 우리가 독자들에게 얼마간의 웃음과 핵무기 시대의 공포에서 기분 전환의 기회를 줄 수 있다면 할 일을 다했다고 느낄 것입니다." 라고 섹스 오락 잡지를 표방하고 나섰습니다.

　매호마다 끼워 넣는 누드 사진 덕분으로 부수를 늘려나가, 창간 1년 만에 17만 5,000부를, 10년 후인 1963년에는 무려 134만 부가 팔려나가 잡지계에 센세이션을 일으켰습니다. 이렇게 급속하게 판매가 신장한 잡지는 역사상 그 유례가 없었습니다.

　1959년 헤프너는 향락 산업을 연결시킬 플레이보이 클럽을 창설하고 체인점을 조직했습니다. 회원에게는 하얀 토끼 마크를 단 아름다운 바니걸의 서비스를 받을 수 있도록 한 것이 크게 히트를 해서 술과 댄스와 재즈를 파는 이 사업은 한 해에 150만 달러의 순익을 냈고, 그 해 '플레이보이' 잡지 수입은 176만 달러를 기록했습니다.

　이렇게 누드 사진으로 성공한 '플레이보이' 도, 음모까지 내보인 사진으로 도전장을 낸 '팬트하우스' 와 성기까지 노출시킨 사진으로 도전장을 낸 '허슬러' 등 노골적으로 섹스를 드러낸 후발 잡지들의 도전을 받고 있습니다.

매년 4월이면 헤프너는 비버리힐즈의 자택에서 광고, 언론계 인사를 초청해 성공을 자축하는 행사를 열고 있는데, 지금은 딸 크리스티 헤프너에게 사업을 넘겨 주고 자기는 회장으로 있으면서 안락한 노후 생활을 즐기고 있습니다.

사람들은 '조심' 이라는 말에 대해 지나칠 정도로 애착을 가지고 있는 것 같습니다. 날이면 날마다 사고가 나서 많은 인명이 다치고, 움직임은 곧 사고와의 대결이며 사고와 마주치지 않으려면 움직이지 않고 집 안에 가만히 앉아 있는 것이 가장 안전한 방법이라고까지 말을 합니다.

교통 사고가 무서워서 차를 타지 않는다면 어떻게 출근을 할 것이며, 비행기 추락 사고가 무서워서 비행기를 타지 않는다면 해외 출장은 어떻게 갈 것입니까.

손을 벨까 무서워 칼을 쓰지 않는다면 요리는 어떻게 할 것이며, 불이 날까 무서워서 가스를 사용하지 않는다면 난방은 어떻게 할 것이며, 요리는 또 어떻게 할 것입니까. 모든 목표에는 도구가 사용되게 마련이고, 그 도구는 위험을 수반하고 있게 마련입니다. 위험을 무릅쓰

절망은 불행을 더 악화시킬 뿐 아니라
허약을 더욱 조장한다.
√보브나르그

고 도구를 사용하는 사람은 하고자 하는 일을 이루지만, 단지 위험만을 생각해서 도구를 사용하지 않는 사람은 위험에서 보다 안전할 수는 있겠지만 아무런 목표도 이룰 수 없는 법입니다.

직장에서도 마찬가지입니다. 모든 일에는 실패라는 위험이 성공이라는 목표 달성과 함께 존재합니다. 다시 말해서 위험을 무릅쓰지 않고서는 어떠한 성공도 쟁취할 수 없습니다. 지나치게 '조심' 하는 사람은 직장에서 맡겨진 일을 성취해 내지 못합니다. 실패하진 않겠지만, 조심만 생각하고 일을 하지 않는다는 것은 곧 실패한 것과 다름이 없습니다.

많은 사람들은 자신의 환경이 바뀌어졌는데도, 새로운 환경에 대한 도전이 두려워서 현실에 안주하거나 과거의 습관에서 벗어나기를 거부합니다. 특히 직장을 잃고 실직한 사람의 경우, 생활에 쪼들리면서도 과거의 생활 방식을 바꾸려 하지 않고, 잘 나가던 시절의 추억에만 빠져 있습니다.

왜 그럴까요. 습관은 나를 숨기기에 가장 적당한 장소이기 때문에 그렇습니다. 어떤 사람은 지금까지 살아오던 방식에 안주함으로써 안전하게 살아가려고 합니다. 새롭게 자기에게 주어진 삶을 적극적으로 받아들여서 새로운 일과 새로운 생활에 도전하려고 하지를 않습니다. 성공의 방정식을 알지 못하므로 단지 실패만 피하면 된다고 생각합니다. 그런 사람은 살아 있지만 죽은 것이나 다름이 없습니다. 인생에서 안전은 정체를 의미합니다. 인생은 나날이 도전이고, 새로운 날이 새로운 삶의 열림이며, 그 새로운 나날은 내가 적극적으로 창조해야 할 나의 과제인 것입니다.

인생은 피할 수 없는 위험을 수반합니다. 살아 있다는 사실은 행운인지도 모릅니다. 교통 사고, 질병 등 나를 노리는 악운이 예고도 없이 나에게 찾아올 수 있습니다. 또 살아가면서 균형을 유지한다는 것이 얼마나 어려운 일인지 모릅니다.

우리는 미래를 지나치게 기대합니다. 어떤 때는 마음이 상하고 속았다는 느낌이 들기도 합니다. 그래서 삶을 포기해 버리는 사람까지도 있습니다. 그러나 어떤 의미에서 보면 인간의 삶의 목적이란 불행에 부딪쳤을 때 그것을 극복해 내는 과정의 연속이 아닐까요.

사람들은 때로 타성에 젖어 버린 무사 안일한 일상적인 생활에 갑갑증이 나서 파격적인 일을 저질러 보고 싶은 유혹을 느낄 때가 있을 것입니다. 그런 파격적인 일을 저지를 때 사람들은 긴장하고 흥분합니다. 그러다가 그것이 심해지면, 새로운 변화에 너무 오래 집착하면 공포감이 마음 깊숙한 곳에서 생겨나 일상을 압도해 버리고 맙니다.

생의 위험을 극복하는 일을 어떤 사업에 투자하는 경우와 비교해 봅시다. 어떤 투자든 안전하면서도 고수익을 낼 수 있는 사업은 없습니다. 위험도가 높으면 높을수록 고수익을 얻을 가능성이 많고, 그 과정 또한 스릴이 넘칩니다.

> 성실성의 상실은 생명력의 상실이다.
> √보비

　인간은 어느 정도의 스트레스를 필요로 하는 구조를 갖고 있습니다. 어느 정도의 정신적 압박감이 있어야 몸이 잘 움직여집니다. 긴장감이 전혀 없으면 축 늘어져서 비몽사몽 같은 삶을 살 수밖에 없습니다. 고위험에 도전할 때 사람은 오히려 팽팽한 긴장감 속에서 삶의 의지를 불태우는 경향이 있습니다.

　사람들은 안전하게 살고 싶어합니다. 그래서 예기치 못할 위험에 대비하려고 노력합니다. 고통받기를 원하지 않으며 외톨이가 되기를 원하지 않습니다. 따라서 그런 마음은 이익이 적더라도 본전을 까먹지 않을 방법을 찾습니다. 적게 먹고 가늘게 싸고 조심조심 현상 유지만이 최선이라고 생각합니다. 즉 위험이 가장 적은 생활 방식을 선택하고, 가능한 한 신경 쓰지 않고 살려고 합니다.

　어떤 사람에게는 육체적 스트레스가 활기차게 사는 데 도움이 되기도 합니다. 수영이나 조기 축구, 스카이다이빙이나 모터사이클 경기 같은 난폭하고 위험이 높은 운동에 도전함으로써 짜릿한 긴장감을 즐기는 사람도 있습니다. 그렇게 해서라도 위험을 극복하고 도전하는 삶의 기쁨을 배워야 합니다. 운동이나 일이나 돈벌이나 다 마찬가지입니다. 위험도가 높을수록 얻는 것도 많고 그 과정이 드라마틱해서 생동감이 있고 성취감도 큽니다.

　시계는 잠시도 쉬지 않고 똑딱똑딱 흘러갑니다. 나이를 많이 먹은 사람일수록 시간이 더 빨리 간다고 말합니다. 시간이란 나의 의지대로 늘였다 줄였다 할 수 있는 것이 아닙니다. 하지만 회사에서 하기 싫은 일을 하며 앉아 있는 8시간보다 링 위에 선 권투 선수의 3분간은 더 긴장이 되고 박진감이 넘칩니다.

다양한 변화는 시간을 필요로 합니다. 그리고 변화는 사람에게 깨우침이라는 진리를 선사합니다. 서로 다른 사람과 서로 다른 장소에서 서로 다른 일을 해 봅시다. 하루가 꼭 일 주일처럼 느껴질 것입니다. 열렬한 사랑을 나눌 때 느껴지는 정신적 긴장은 단순한 육체적 활동보다 더 많은 에너지를 소모하지만 기쁨과 성취감 또한 높습니다.

시간이란 우리 힘으로 어떻게 할 수 없는, 나이에 의존할 수밖에 없는 자연의 진리입니다. 그리고 이 마음대로 할 수 없는 나이를 어떻게 활용하느냐에 따라서 그 결과가 달라집니다. 긴장이라는 조절판은 우리의 마음 속에 있습니다.

우리는 모두 똑같은 시간을 부여받았지만, 그 시간을 어떻게 활용하느냐는 바로 우리 각자에게 주어진 책임입니다.

29

일에 몰두하는 사람이 성공합니다

만유인력을 발견한 뉴턴은 일단 연구에 몰두하면 그 일에 푹 빠져서 자아를 망각해 버리는 습관이 있었습니다. 이 습관을 잘 아는 친구 하나가 뉴턴을 골려 주려고 도시락을 몰래 빼내서 먹고는 빈 도시락을 다시 가방에 넣어 두었습니다.

뉴턴이 한참 연구를 하다 시장기를 느껴 도시락을 꺼내 뚜껑을 열어 보니 도시락이 깨끗이 비워져 있었습니다.

뉴턴은 이렇게 중얼거렸습니다.

"아차, 내가 아까 도시락을 먹었지. 그것도 모르고…. 정말 정신이 없군."

베토벤에게도 뉴턴과 비슷한 일화가 있습니다.

어느 날 식당에 갔는데 식탁 앞에 앉자마자 악상이 떠올라 곡을 종이에 옮기고 있었습니다. 한참을 그렇게 하더니 지나가는 웨이터에게

"아이고 죄송합니다. 식사를 끝낸 줄도 모르고 이렇게 오랫동안 앉아 있다니…. 계산서를 주시겠습니까?"

하고 말했습니다.

"손님, 아직 식사는 주문도 하지 않으셨는데요."

아인슈타인은 연구에 몰두한 나머지 새로 이사간 자기네 집을 찾지 못해서 밖에서 식구에게 전화를 걸어서 자기의 집을 찾아간 일이 있었다고 합니다.

에디슨은 실험에 열중하다가 결혼 날짜를 잊어먹은 바람에 하마터면 자기 결혼식을 놓칠 뻔하기도 했다고 합니다.

이런 일화에서 우리는 어떤 교훈을 얻을 수 있을까요. 위인들의 이와 같은 일화에서 우리가 "바보 같은 사람들이군." 하고 말할 수 있을까요?

위대한 일을 한 사람일수록 일에 푹 빠져 자신까지도 잊어버리는

사람이 뜻을 세우는 데 있어
너무 늦다는 것은 없다.
✓볼드윈

'몰두의 미학' 을 생활 속에서 실천하고 있었다는 사실을 우리는 알 수 있습니다.

우리가 어떤 난관에 봉착했을 때 그 난관을 극복하려 하지 않고 그 난관을 피해 가려는 소극적 대처 방법을 택해서는 안 됩니다. 피하면 난관이 사라지는 것이 아니라 항상 머물러 있기 때문에 결국에는 실패를 부르고 마는 것입니다.

난관과 위험을 극복하는 그 자체가 성공에 다가가는 한 걸음입니다. 쉬운 예로 자전거 타는 법을 배운다고 해 봅시다. 넘어질 것을 염려하면 죽을 때까지 자전거를 배울 수가 없습니다. 그러나 넘어져 다칠 것을 각오하면 누구나 자전거를 탈 수 있게 됩니다.

자동차 운전은 항상 교통 사고의 위험을 수반하고 있습니다. 사고만을 생각한다면 아무도 자동차 운전을 할 수 없게 됩니다. 위험을 피해 가기 위해 항상 긴장하고 교통 법규를 잘 준수하며 운전을 하면 우리는 이 편리한 문명의 이기를 이용하여 편리한 생활을 할 수 있습니다.

불도 마찬가지입니다. 불은 항상 위험을 수반하고 있는 이기입니다. 불나는 것이 무서워 불을 사용하지 않는다면 우리의 생활이 어떻게 될까요.

위험, 난관, 이런 것들이 우리 앞을 가로막을 때 도망가거나 피하지 말고 일단 부딪쳐 봅시다. 그리고 그것을 극복하면 성공으로 한 발짝 더 나아갈 수 있는 바람직한 위험인지, 도저히 극복할 수 없는 나락인지를 잘 살펴보아야 합니다.

새로운 일에는 항상 긴장이 따릅니다. 긴장은 위험을 극복하고자 하는 의지의 표현입니다. 그리고 그것은 생의 활력을 불러일으켜 줍니다.

긴장은 매일의 따분한 생활을 박진감 있는 나날로 바꾸어 주는 새로운 체험일 수도 있습니다. 어떤 일에 몰두하게 되면 우리는 생각 이상의 성취를 얻을 수도 있습니다.

몰두할 수 있는 일을 꼭 거창한 일에서만 찾으려 할 필요는 없습니다. 라면을 끓일 때도, 전철을 타러 걸어갈 때도, 혹은 운전을 할 때도 몰두하면 적당한 긴장감과 함께 그 시간이 보람 있게 지나갑니다. 그것은 작은 걱정을 잊게 하고 회사에서 나에게 맡겨 준 일에 대한 불안감을 잊게 해 줍니다.

그러나 어떤 경우, 기계를 다루는 일이나 한 가지 일을 반복적으로 오래 해야 하는 일은 지루해지기 쉬운데, 이런 일도 우리의 노력 여하에 따라서 몰두하면 즐거운 일로 바뀌어지기도 합니다.

어떤 사람들은 막연히 앉아서 일이 이루어지기를 바랍니다. 그런 사람 중에는 자신이 나서서 일을 하지 않아도 되는 어떤 조직의 일원이 되어 조직이 해낸 성취를 마치 자신이 해낸 것처럼 떠벌리고 다니거나 자랑하고 다니는 사람도 있습니다. 다른 사람에게 보이기 위해서 하는 일이란 이내 그 성과가 떨어지고 맙니다.

극복해 낸 위험이 크면 클수록 성취감이나 만족도도 커집니다. 그

세상의 어떤 것도 그대의 정직과 성실만큼
그대를 돕는 것은 없다.
√벤자민 프랭클린

러나 그런 성취감도 영원히 묶어 둘 수는 없습니다. 성취감을 체험할 수는 있지만 팔 수는 없습니다.

지금 내가 하고 있는 일에 몰두하십시오. 그러지 않으면 뒤떨어질 수밖에 없습니다. 지금 하고 있는 일에 자신도 잊을 만큼 몰두해야 합니다.

일에 몰두할 때는 나 자신을 완전히 잊어버리는 경지에까지 깊숙이 몰두해야 합니다. 우리는 어떤 일을 성공시키기 위해서는 하고 있는 일에 나를 완전히 파묻어야 합니다. 나를 완전히 일과 합일시키지 않고서는 그 무엇도 얻을 수가 없습니다.

우리가 완전히 나를 일 속에 파묻지 않고 적당히 해서 일을 성공시키는 비결을 안다고 해도, 그 성공은 완전한 성공이 아니라 일부의 성공이 될 수밖에 없는 것입니다.

예를 들어 자전거 타는 법을 배울 때, 균형을 잃지 않는 방법만을 생각한다면 우리의 팔다리에는 힘이 들어가서 유연해지지 않아 결국에는 자꾸 쓰러지고 말 것입니다. 내가 지금 자전거를 타고 운전하고 있다는 생각을 버리고 내가 자전거와 한몸이 되어 내 몸이 자전거의 일부가 되다시피 해야만 자전거는 쓰러지지 않고 내가 원하는 데로 나아가게 되는 것과도 같은 이치입니다.

우리는 뜻하는 일에 몰두함으로써 최선의 성공을 기대할 수 있습니다. 내가 나를 잊어버리고 일에 파묻힐 수 있다면 그 일의 성과는 놀랄 만한 것이라는 체험을 할 수 있을 것입니다.

오늘날 운동 선수들은 운동 능력을 향상시키기 위해 집중력 훈련도 함께 받고 있습니다.

우리 나라 양궁이 세계를 제패하자 양궁의 본고장인 유럽에서 한국 양궁 선수들의 훈련 방법을 연구하기 위해 우리 나라에 왔습니다. 그리고 그들은 놀라운 훈련 방법을 보고 배워 갔습니다. 그 방법이 바로 집중력 훈련으로 명상과 마인드 컨트롤이었습니다.

축구 경기에서도 선수들의 개인기와 팀의 전술이 승패를 가르는 중요한 요소가 되지만, 그와 함께 경기에 임하는 선수들의 정신력, 특히 공에 대한 집중력이 승패를 가르는 중요한 요소가 되는 것을 우리는 다 알고 있습니다. 그 경기가 수준 높은 경기였느냐 형편없는 졸전이었느냐 하는 차이는 경기에 임하는 선수들의 집중력으로 좌우되는 것입니다.

집중력은 최대의 성과를 가져오는 필수적인 요소입니다. 이러한 집중력을 갖기 위해서는 마음 속에 담겨 있는 것들을 모두 비우고 오로지 일에 몰두하는 텅 빈 자아를 만드는 일이 중요합니다. 그러기 위해서 운동 선수들도 명상을 중요한 훈련 방법으로 차용하고 있는 것입니다.

동양 철학은 바로 이러한 '비움의 상태'에 가치를 둡니다. '아무 생각 없이 행동한다' 고 하는 개념은 중세 일본의 사무라이들에게서도 용기는 역경에 처했을 때의 빛이다.
√보브나르그

찾아볼 수 있습니다. 그들은 적을 쓰러뜨리기 위해서 가장 좋은 방법은 '혼이 깃들인 검'을 지체 없이 뽑는 것이라고 믿었습니다. 적을 이기기 위해서는 하루도 거르지 않고 하는 연습도 중요하지만 사람의 동작은 생각보다는 느낌에 의해서 좌우됩니다.

훈련을 거듭함으로써 검객들은 적이 오른쪽으로 공격해 올지, 아니면 왼쪽으로 공격해 올지 혼란을 겪지 않을 정도로 직관력, 즉 동물적 감각을 개발합니다. 사무라이들은 마음의 평정과 균형을 잃지 않고 마치 자신이 적인 양, 다음에 일어날 일을 미리 아는 것처럼 움직이도록 훈련합니다.

우리가 어떤 것을 배우고자 한다면 마음의 문을 활짝 열고 그 방향으로 주의를 기울여야 할 것입니다. 열린 마음은 우리에게 깨우침을 줍니다. 열린 마음이란 바로 모든 것을 비우고 오로지 하나의 일에 몰두하는 그런 경지를 말합니다.

나를 비우고 모든 통제에서 벗어나 지금 하고 있는 그 일에만 푹 빠져 보시기 바랍니다. 그러면 성공은 어느덧 내 곁에 와서 미소를 짓고 있을 것입니다.

사람은 누구나 천부적인 성품을 타고납니다. 그래서 사람마다 성격이 다르고 개성이 다릅니다. 유전적으로 타고난 재능, 끊임없이 갈고 닦는 노력과 근면성, 그리고 행운까지 겹친다면 어떤 일을 해내는 데 더없이 좋은 결과를 가져오겠지요.

그러나 그러한 유리한 조건들보다 더 중요한 것은 완전히 그 일에 몰두하는 열정이라고 하겠습니다.

일에 몰두할 때는 두 가지 과정을 거쳐야 합니다.

첫째는 나를 완전히 비워 순수한 마음으로 일에 몰두하는 것이고, 둘째는 비판적인 검토를 반드시 해 봐야 하는 것입니다.

비판적인 검토란 마음의 여유를 가지고 하고 있는 일을 객관적으로 바라보며 결과를 주시해 보는 것을 말합니다. 그 일이 내가 원하고 있는 방향으로 어느 정도 가까이 가고 있는가를….

마치 캔버스 앞에 선 화가가 무아의 경지에서 그림을 그리고 약간 뒤로 물러서서 그림을 바라보는 것과 같습니다.

이 두 가지는 마음의 분리 상태, 즉 창의적인 행동과 비판적인 검토를 의미합니다.

많은 사람들은 명성이나 행운, 행복 등 금세 사라져 버릴 그 무엇을 얻는 데 안달복달하며 살고 있습니다.

만약 우리가 어떤 일이든 결과만을 생각하고 결과만을 중시한다면 우리는 능력을 제대로 발휘할 수가 없습니다. 결과에 앞서 도전이 있어야 하고 일을 하는 과정이 있어야 합니다.

일이 앞에 놓이면 일단 도전하고 그런 다음에 다시 생각해 보고 과정에서 나타난 문제점을 검토해 보아야 합니다. 그렇더라도 내가 일

상황은 비관적으로 생각할 때에만 비관적으로 된다.
√브란트

을 해내기 위해 창의력을 발휘하고 있는 동안에는 검토를 미루어야 합니다.

일단 일의 한 과정이 매듭지어진 다음에 검토해 보고 문제점을 파악해서 해결 방안을 찾아보고 그리고 도전의 방법을 손질해야 합니다.

이렇게 한다면 우리는 원한 바를 얻을 수 있을 것입니다. 그러나 그 전에 또 하나 기억해 두어야 할 것은 어떤 가치관, 즉 '중요한 것은 성공하는 것이다.' '시도는 곧 성공의 첫걸음이다.' 하는 생각을 깨닫는 일입니다. 어쨌든 우리의 최후 목표는 계획을 성공적으로 실천해서 좋은 결과를 얻는 데 있습니다. 그래서 우리는 성공이라는 최후의 목적을 향해 노력하는 것입니다.

다만 여기에서 그 계획을 수립하는 데 어떤 것이 가장 중요한가를 생각해 보아야 합니다. 수단과 방법을 가리지 않고 오직 이기는 데에만 자신을 내던지는 것이 과연 무슨 가치가 있는지를 생각해 보아야 합니다.

우리 인간이 실제로 원하는 것은 좋게 느끼고 바르게 느껴서 평화를 얻는 것입니다. 우리는 성공이 이런 모든 것을 가져다 줄 것이라는 환상에 빠져 있는지도 모릅니다.

사람들이 자신을 자유자재로 지배하지 못하고 책임을 지지 못하는 데는 이유가 있습니다. 그 중 하나가 혹 실패하지 않을까, 또는 실패자가 되지 않을까 하는 공포감입니다. 하면 할 수 있다는 자신감을 가짐으로써 우리는 창의적인 행동에 몰두할 수 있는 용기를 얻을 수 있습니다.

만일 우리가 '시도하며 노력하는 것이 곧 성공하는 길이요, 최선의 노력을 하는 것이 중요하다'는 원리를 따른다면 평화를 얻을 수 있을 뿐만 아니라 승리자가 될 수 있을 것입니다. 훌륭한 결과는 시도하며 노력하는 데서 얻어지는 이득에 불과하고 중요한 것은 스스로 자신을 자유자재로 컨트롤하는 일입니다.

어떤 농부가 평생을 땅에 땀을 쏟아 넣으며 손마디가 굵어지도록 열심히 살았습니다. 그 노력으로 가족을 부양하고 자신의 삶을 가꾸어 갔습니다. 그는 누구의 도움도 바라지 않았고 누구에게서도 특별한 대접을 받기를 바라지 않았습니다. 그의 생활 철학은 독립심과 근면이요, 심는 대로 거두리라는 것이었습니다.

어느 해 태풍이 불어 피땀으로 가꾼 농작물을 모두 쓸어 가고 말았습니다. 그는 재해 대책 위원회에 도움을 요청했습니다. 그는 '나는 실패자'라고 생각했습니다. 여러분 생각은 어떻습니까. 이 농부를 실패자라고 생각합니까.

그 농부를 실패자라고 생각하지 않는 사람이 많을 것입니다. 만약 그 농부를 실패자라고 생각하는 사람이 있다면, 그 사람은 변화와 위험을 두려워하는 사람이며, 변덕이 심한 우연에 휘둘리는 노예가 되기 쉬운 사람입니다. 실패라는 공포는 사람을 무력하게 만듭니다.

> 공(功)은 이루기 어렵고 패(敗)하기 쉬우며,
> 때(時)는 얻기 어렵고 놓치기 쉽다.
> √사마천

　내가 나를 사랑한다면 나의 모든 것, 나의 결정, 나의 노력, 나의 현재 등 모든 것을 사랑해야 합니다. 중요한 것은 결과론적인 성공이 아니라 어떻게 그 일을 했느냐 하는 과정상의 성실과 몰두라는 사실입니다.

　가능한 많은 용기를 가지고 담대하게 살 필요가 있습니다. 물론 용기만이 다는 아닙니다. 거기에는 실천이 따라야 합니다. 문제를 해결하는 데 그럴듯한 요령을 찾을 것이 아니라 확고하고 흔들림 없는 생을 영위하겠다는 용기를 가져야 합니다. 나의 생을 사랑과 정열로 가득 채워야 합니다.

　성공이란 용기 있게 사는 것을 말합니다. 성공이란 투쟁이며, 변화를 추구하는 창의적 열정이며, 계속해서 더 높은 곳으로 올라가려는 용기를 의미합니다.

제 7 장
성공은 인내심을 먹고 자란다

● ● ●

사람은 일을 하기 위해서 이 세상에 태어난 것이다.
사색에 잠기고 꿈을 꾸고 감상하기 위해서 존재하는 것은 아니다.
모든 사람은 자기의 능력에 따라
하고 싶었던 일을 할 때가 가장 빛나는 것이다.
자기가 하고 있는 일에
사랑과 신념을 가지지 못하는 것은 불행한 사람이다.

칼라일

30

성공의 문을 여는 열쇠

끈기가 있어야 성공합니다

중국 당나라 때 유명한 시인 이태백은 어린 시절부터 경서, 사서 같은 책을 읽어야만 했습니다. 그런데 그런 책들이 너무 어려운데다가 재미도 없어서 곧잘 몰래 서당을 빠져 나와 도망치곤 했습니다.

그러던 어느 날이었습니다. 그 날도 예나 다름없이 서당을 도망쳐 나와 큰길 가에서 놀고 있는데 문득 그의 눈에 이해하기 힘든 광경이 비쳐졌습니다. 한 할머니가 걸상에 앉아 숫돌에 쇠공이를 갈고 있는 것이었습니다. 이태백은 할머니에게 다가가 물었습니다.

"할머니, 쇠공이를 갈아 무엇을 만드시는 겁니까?"

"이 쇠공이를 갈아서 바늘을 만들 거야."

"바늘을 만든다구요? 할머니, 이렇게 크고 굵은 쇠공이로 어떻게 바

인간은 자유이며, 늘 자기 자신의
선택에 의해서 행동해야만 한다.
√사르트르

늘을 만들 수 있나요?"

할머니는 이태백을 내려다보며 이렇게 말하는 것이었습니다.

"비록 쇠공이가 크고 굵긴 하지만 내가 이렇게 날마다 잠시도 쉬지 않고 갈고 있지 않니. 이렇게 날마다 꾸준히 갈고 또 갈면 언젠가는 바늘만큼 가늘어지게 될 날이 오지 않겠니."

이태백은 할머니의 말을 듣고는, 그래 무슨 일이든지 날마다 한마음으로 꾸준히 하기만 한다면 세상에 못 해낼 일이 없을 거야, 공부도 마찬가지겠지, 아무리 어려운 책이라도 날마다 꾸준히 읽기만 하면 나중에는 그런 책들도 다 읽고 알게 될 거야, 하고 생각했습니다.

가만히 생각해 봅시다. 나는 어떤 일을 시도했다가 만족한 결과를 얻지 못했다고 그만 중도에 포기한 일은 없었는지.

만약 그런 경험이 있다면 그것은 그 일에 그만큼 노력할 필요가 없다고 생각해서 포기한 것인지 아니면 끝까지 시도해 보려는 끈기가 부족해서였는가.

부서지기 쉬운 쇠를 탄소가 단단한 강철로 변화시키는 것처럼, 끈기가 나의 성격을 변화시킨다는 것을 알고 있을 것입니다.

무엇을 이루려고 시도했다가 포기하고 다시 다른 일을 시도했다가 또다시 포기한 일은 없는지, 끈기와 인내심이 없어서 그런 결과가 생긴 것을 뒷날 깨달은 일이 있을 것입니다. 인내력과 끈기가 없다면 누구든 결코 어떤 일도 성취할 수 없습니다.

누구나 자신의 욕망을 성공으로 바꿔 놓는 과정에서 '끈기'는 절대 불가결한 요소입니다. 그리고 끈기의 기초가 되는 것은 의지입니다.

나의 의지력과 욕망이 훌륭하게 결합되었을 때 무슨 일에나 굽히지 않는 강력한 힘이 생기는 것입니다.

큰 재산을 모았거나 크게 성공한 사람은 대개 냉혈 동물이라는 평가를 듣게 되며, 때로는 가혹한 사람이라는 소리까지 듣는 경우가 많습니다. 그런 평가는 오해에서 오는 경우가 많습니다. 그들이 가진 것은 끈기가 밑받침된 의지력과 목적을 달성하기까지 결코 단념하지 않는 욕망입니다.

대다수의 사람들은 마음 속에 품고 있는 목표나 목적을 간단하게 내동댕이칩니다. 사소한 장애나 불행에도 불구하고 끝까지 목적 완수를 위해 노력하는 사람은 극소수에 지나지 않습니다.

끈기라는 말에 영웅적인 의미가 없을지 모릅니다. 하지만 이 끈기는 인간의 성격 안에서 철강에 대한 탄소와도 같은 역할을 하는 것입니다. 끈기가 없다는 그 점이 바로 실패의 주요한 원인이 된다는 것은 두말 할 필요가 없습니다. 또 끈기가 없다는 점이 대다수 사람들의 공통적인 약점입니다. 이 약점을 극복하는 최선의 방법은 우리의 욕망을 강화하는 것입니다.

> 인내를 할 수 있는 사람은 그가 바라는 것은
> 무엇이든 이룩할 수 있다.
> √벤자민 프랭클린

목표의 달성을 위한 출발점은 욕망입니다. 우리는 항상 이 점을 기억해야 합니다. 내가 한 개비의 장작을 지피고 있으면 작은 불밖에 얻을 수 없지만, 많은 장작을 지피면 큰 불을 얻을 수 있는 것처럼 내가 가지고 있는 욕망이 크면 큰 결과를 얻을 수 있지만 작은 욕망을 가지고 있으면 그 결과도 작을 수밖에 없습니다.

만약 자신에게 끈기가 없다는 것을 깨달았다면 그 약점을 욕망이라는 불길로 태워 없앰으로써 고칠 수 있을 것입니다.

끈기가 없는 사람은 일을 시작하기 전부터 성공인이 될 수 없다는 것은 뻔한 일입니다.

잠을 자는 도중에 이상한 꿈을 꾸어 가위눌린 경험이 있을 것입니다. 돌아누우려 해도 몸이 말을 듣지 않습니다. 그럴 때 어떻게 해서든지 몸을 움직이려고 했을 것입니다.

그렇게 몸부림을 치다가 간신히 한 손가락을 움직일 수 있게 됩니다. 다시 끈기 있게 의지력을 활동시켜 가노라면 다른 손이 움직이게 되고 마침내 두 발이 움직이게 됩니다. 그렇게 의지력으로 몸의 근육을 움직이다가 비로소 악몽에서 깨어나게 됩니다. 악몽에서 빠져 나오기 위해서는 한 단계씩 순서를 밟아야 합니다.

내가 정신적 무기력에 사로잡혀 있을 때 무슨 일이 있어도 거기에서 벗어나야 한다고 깨달았을 때, 그 때 취할 방법은 악몽에서 벗어날 때와 마찬가지라고 할 수 있습니다. 한 걸음 한 걸음씩 순서를 밟아 나가다 보면 이윽고 속도를 내어 완전히 의지를 지배할 수 있게 됩니다. 아무리 처음의 속도가 느리더라도 끈기 있는 의지력을 가지고 우선 움직이기 시작하지 않으면 안 됩니다.

성공한 사람은 어느 누구를 막론하고 끈기를 가진 사람들입니다. 그들이 끈기를 기르게 된 이유는 항상 절박한 환경에 쫓겨서 끈기를 발휘하지 않고서는 견딜 수 없었기 때문입니다.

끈기를 이길 다른 힘은 아무것도 없습니다. 성공을 거두는 온갖 요소 가운데 가장 큰 것이 바로 끈기인 것입니다. 이 점을 잊지 말고 가슴에 간직해 두고 일이 잘 되어 가지 않거나 속도가 늦어졌을 때는 반드시 상기해 보기 바랍니다.

끈기를 습관으로 몸에 지니게 되면, 만일의 실패를 대비해서 보험에 드는 것과 같아 난관에 부딪치더라도 침착한 태도를 보이게 됩니다. 몇 번이고 좌절하고 패배를 당하더라도 최후에는 반드시 성공을 거두고 말 것입니다.

실패를 거듭하고 시행착오를 되풀이하고도 마침내 목표를 달성한 사람들은 모두 끈기 있는 사람들이었습니다.

실패를 경험하고서도 끈기가 왜 중요한지를 깨달은 사람은 매우 적습니다. 실패나 패배가 일시적인 일에 지나지 않는다는 생각을 하지 못하는 사람이 많습니다. 반면에 욕망을 끈기 있게 활용시킨 결과 실

> 실패는 사람을 지독하고 잔인하게 만든다.
> 성공은 그 사람의 성격을 개선한다.
> ✓서머셋 모음

패를 성공으로 돌릴 수 있었다고 말하는 사람도 있습니다.

인생을 방관자적 위치에서 보는 사람에게는, 참으로 많은 사람들이 실패한 후 두 번 다시 일어나지 못하는 것만 보입니다. 드문 경우이지만 성공해야겠다고 너무 서두른 결과, 벌을 받아 실패했다는 사람도 있습니다.

그러나 실패에 직면했을 때, 나를 구원해 주는 힘이 있다는 것을 알지 못했을 것입니다. 그 힘이 침묵하고 있었기 때문에 쓰러지고 만 것입니다. 나를 구원해 주는 힘은 바로 끈기입니다.

브로드웨이에서처럼 '끈기'가 요구되는 사회도 없을 것입니다. 전 세계에서 숱한 사람들이 명성과 부, 권력과 사랑, 그 밖에 인류가 성공이라고 부르는 것들을 찾아서 브로드웨이로 몰려듭니다.

그러나 브로드웨이는 간단히 빨리 정복당하는 곳이 아닙니다. 브로드웨이는 기량을 꿰뚫어보는 힘이 있고 천재를 인정하기는 하나 그에게 돈을 가져다 주는 곳은 아닙니다. 그가 쉬지 않고 노력한다는 것을 안 후에야 대가를 줍니다.

끈기를 가지고 마침내 브로드웨이를 정복한 여성이 있습니다.

1915년 허스트 양은 뉴욕으로 와서 작가가 되고자 했습니다. 글을 써서 돈을 벌고자 한 것입니다. 허스트는 4개월 동안 뉴욕의 뒷골목을 답사하고 나서 그것을 소재로 작품을 썼습니다.

매일 낮에는 일을 하고 밤에는 작품을 썼습니다. 희망이 꺼져 갈 때에도 그녀는 "브로드웨이야 너는 수많은 인간들을 내쫓았지만 나를 내쫓을 수는 없다. 네가 나를 축출하기를 단념하도록 해 주마." 하고 부르짖었습니다.

그녀는 세터데이 이브닝 포스트에 원고를 보내 무려 35번이나 거절을 당했지만 36번 만에 원고가 채택되었습니다. 보통 사람이라면 그렇게 거절당했다면 진작에 붓을 내던졌을 것이지만 그녀는 4년 동안이나 끈질기게도 투고를 했습니다. 그리고 그녀는 마침내 성공한 것입니다. 그녀가 성공하자 돈이 들어오고 그녀의 작품이 영화화되면서 많은 돈을 벌었습니다.

우리는 허스트 양의 일화에서 끈기라는 것이 얼마나 성공에 큰 역할을 하는지 느꼈을 것입니다.

끈기를 키우는 8가지 요건

끈기란 마음의 상태를 말합니다. 따라서 끈기는 키워 나갈 수가 있는 것입니다. 모든 마음가짐과 마찬가지로 끈기가 발동하는 요건은 다음과 같습니다.

① 목적이 명확해야 한다.

우선 내가 무엇을 희망하고 있는지 알아야 한다. 그것이 끈기를 명설이는 호랑이는 범보다 못하다.
√사마천

키우는 가장 중요한 요건이다. 확고한 동기가 있어야만 어떤 난관도 극복해 나갈 수 있다.

② 욕망이 있어야 한다.

목표를 추구하려는 욕망이 강하면 끈기를 가지고 계획대로 추진해 나갈 수 있다.

③ 자기 자신을 믿어야 한다.

계획을 수행할 수 있다는 자신이 있으면 끈기를 가지고 계획대로 해 나갈 수 있게 된다.

④ 계획이 확실해야 한다.

내가 세운 계획이 조직적인 것이기만 하면 설령 그것에 결점이 있거나 비현실적인 점이 있더라도 끈기를 키우는 데는 크게 도움이 된다.

⑤ 정확한 지식이 있어야 한다.

내가 세운 계획이 건전하고 경험과 관찰에 의해 뒷받침된 것이라면 끈기를 불러일으키기에 충분하다.

⑥ 협력이 있어야 한다.

남에 대해 동정적이며, 그 사람의 입장에서 이해하고 협조한다는 것은 끈기를 키우는 중요한 요건이 된다.

⑦ 의지력이 있어야 한다.

명확한 목적 달성을 위한 계획을 작성하는 데에, 사고를 집중하는 습관을 가진다는 것은 끈기를 키우는 데 도움이 된다.

⑧ 습관이 중요하다.

끈기는 습관의 직접적인 결과이다. 정신 집중이 습관화되면 끈기는 쉽게 이루어진다. 온갖 적 가운데서 가장 나쁜 것은 공포심이다. 그러나 이 공포도 용기 있는 행위를 되풀이함으로써 물리칠 수 있다.

위에 설명한 끈기를 키우는 8가지 요건을 하나씩 검토하고 이 분석을 통해서 자신을 좀더 객관적으로 파악할 수 있게 되었을 것입니다. 그리고 지금 내가 달성하려는 목표를 가로막고 있는 적이 있다는 사실도 알게 되었을 것입니다.

다음에 열거하는 것들은 내가 성공하기 위해서는 반드시 극복해야 할 약점들입니다.

반드시 극복해야 할 10가지 약점

약점① 내가 지금 바라고 있는 것이 무엇인지를 알지 못하며, 또 그것을 명백하게 정의 내리지 못하는 일.

약점② 원인이 있든 없든 간에 주저주저하는 일.

약점③ 하고자 하는 일에 대해 전문 지식을 얻는 데 전혀 관심을 갖지 않는 일.

실패한 사람이 다시 일어나지 못하는 것은 그 마음이 교만하기 때문이다.
성공한 사람이 그 성공을 유지하지 못하는 것도 역시 교만하기 때문이다.
√석가모니

약점④ 문제가 무언지 진지하게 생각하려 들지 않고, 문제가 생기면 우유부단하게 내일로 미루는 일.

약점⑤ 문제 해결을 위해 정확한 계획을 세우려 하지 않고 이 핑계 저 핑계로 변명을 하는 일.

약점⑥ 매사에 적과 싸워 이기려 하기보다는 차라리 곧 타협을 해버리는 무관심한 태도.

약점⑦ 단 한 번의 실패로 계획을 포기하고 마는 일.

약점⑧ 아이디어나 찬스가 눈 앞에 와 있는데도 불구하고 그것을 붙잡으려 하지 않는 일.

약점⑨ 현실적인 계획을 갖지 않고 꿈만 쫓는 일.

약점⑩ 성공에의 지름길만 찾아 헤매며 그에 응당한 노력을 하지 않고 그냥 얻으려고 하는 일.

끈기 있는 사람이 되는 4가지 단계

끈기를 습관화하여 몸에 배게 하자면 대략 4가지의 단계를 거쳐야 합니다. 이 단계는 얼마간의 시간과 노력을 들이기만 하면 누구나 정복할 수 있습니다. 문제는 자신이 얼마나 열정적으로 실천할 수 있느냐 하는 일입니다.

단계① 명확하고 구체적인 목적을 가지고 그것을 달성하겠다는 불타는 열정을 가져야 한다.

단계② 뚜렷한 구체적인 계획을 가지고 그것을 끊임없이 실천에 옮겨야 한다.

단계③ 소극적이며 용기를 꺾는 일에 대해서는 굳게 마음을 닫고 보지 말아야 한다. 이 속에는 친구나 친척의 반대되는 충고도 포함된다.

단계④ 계획이나 목표를 수행하는 데 그것을 격려해 주는 사람들과 우호적인 인간 관계를 유지해야 한다.

31

중단하지 않으면 언젠가는 성공하고 맙니다

아메리카 대륙을 발견한 콜럼버스는 이탈리아의 해변 마을에서 태어났습니다. 그는 바다를 좋아해서 14세 때 선원이 되었습니다. 그 시대에는 학문이 발달되지 못해서 멀리 항해하는 사람이 없었습니다.

콜럼버스는 여러 가지 기록과 보고서를 깊이 연구하여 지구는 둥글어서 유럽에서 서쪽으로 한없이 항해하면 반드시 아시아의 동쪽에 도달할 것이라고 믿었습니다. 그러나 사람들은 지구는 평평해서 바다 끝은 낭떠러지라고 믿고 있었기 때문에 아무도 콜럼버스의 말을 믿지 않았고, 비웃을 뿐이었습니다.

콜럼버스는 어떻게 하든지 자신의 믿음을 실행하고자 했으나 항해 비용을 마련할 수가 없었습니다. 많은 세월이 흐른 후 콜럼버스의 계획을 받아들인 스페인의 이사벨라 여왕이 후원자가 되어 콜럼버스는 마침내 3척의 배에 120명의 선원을 태우고 스페인을 떠나 대서양의 서쪽을 향해 항해하기 시작했습니다.

대서양 망망대해를 항해하자 선원들은 겁을 먹고 이쯤에서 돌아가기를 원했습니다. 그러나 콜럼버스는 계속해서 항해하기를 고집했습니다. 어느 날 수평선 너머 육지 같은 것이 보여 모두 기뻐했으나 가까이 가 보니 구름이었습니다.

선원들은 콜럼버스가 고집을 꺾지 않으면 바다에 집어넣겠다는 반란 계획을 세우기도 했습니다. 그러나 콜럼버스는 선원들을 설득도 하고 위협도 하면서 항해를 계속했습니다.

스페인을 떠난 지 70일째 되는 날 마침내 육지를 발견하고 배를 댑니다. 그 섬이 지금의 상살바도르 섬입니다. 여기서 일단 스페인으로 돌아가 이사벨라 여왕에게 보고하고, 그 후 여러 차례 항해를 되풀이한 결과 드디어 아메리카 대륙을 발견했던 것입니다.

어떤 일을 계획하고 추진해 나가다가 중도에서 포기한 일이 있었을 것입니다. 그 후에 "내가 조금만 끈기 있게 밀고 나갔더라면 그 일을 완수했었을 텐데." 하고 후회를 한 적은 없었습니까. 아니면 그 때 중단하기를 잘했다고 생각하고 있습니까. 중단할 때는 그렇게 중단하는

결정을 서둘러서는 안 된다.
하룻밤 자고 나면 지혜가 생긴다.
√푸시킨

것이 정당한 것처럼 느껴질지라도, 중단하겠다는 결정은 항상 너무 성급하다는 사실을 기억해야 합니다.

어떤 문제에 부딪혔을 때, 특히 복잡하고 까다로워서 커다란 실망을 안겨 주는 큰 문제에 직면했을 때는 그것을 해결하는 기본 원리가 있습니다. 즉, 결코 중단하지 않는 것, 바로 그것입니다.

단념은 완전한 실패를 초래합니다. 이것은 내가 직면하는 문제에 국한될 뿐만 아니라 모든 문제와 프로젝트에도 해당됩니다.

단념은 최종적으로 인격의 패배와 결부됩니다. 그리고 패배감을 심화시키는 경향이 있습니다.

지금까지 내가 해 오던 방법으로 잘 되지 않으면 다른 방법을 찾아보는 것이 좋습니다. 새로운 방법마저 신통치 않을 때는 사태를 풀 열쇠를 찾을 때까지 계속 새로운 방법을 시도해야 합니다. 그 문제를 풀 열쇠는 반드시 존재하므로 잘 생각하고 탐색하다 보면 해결의 열쇠를 찾을 수 있습니다.

어떤 사람은 식사를 하면서 하얀 테이블 크로스에 그림을 그리는 버릇을 갖고 있었습니다. 어느 날 그는 식사 도중에 테이블 크로스에 거대한 산을 마주하고 서 있는 한 남자를 그렸습니다. 그는 그림 속의 남자가 자신이 짊어지고 있는 문제보다 더 큰 문제를 해결했다고 좋아했습니다.

"이 친구는 어떻게 하면 산 너머로 갈 수 있을까?"

"돌아가면 되지."

"너무 멀잖아."

"그러면 땅 밑으로 가지."

"아냐. 너무 깊어서 안 돼. 방법은 있지. 머리 속에서 산을 오르는 거야. 사람이 1만 킬로미터의 높이를 날아갈 수 있는 기계를 발명할 수 있다면 아무리 험한 산이라도 오를 수 있다는 생각이 들어."

"그래 그거 참 멋있는 생각이야. 그러나 감정적으로 판단하지 말고 늘 중단이 너무 빠르다는 원리를 적용해야 해."

그는 고개를 끄덕이며 좋아했습니다.

어떤 사람은 썩는 일회용 용기를 개발하느라 전 재산을 투자했으나 잘 되지 않았습니다. 사람들이 이제 그만두라고 충고하였으나 그는 중단하지 않았습니다.

그는 연구에 연구를 거듭한 끝에 마침내 썩는 일회용 용기를 개발해서 큰 돈을 벌었습니다. 그는 이렇게 말했습니다.

"중단은 늘 빠르다."

목표나 목적을 가진 사람은 많습니다. 그들은 열심히 일하고 생각도 많이 합니다. 그러나 어려움이 닥치면 사기를 잃고 결국에는 중단하고 맙니다. 그리고는 "좀더 버텼더라면, 좀더 견뎌 냈더라면." 하고 근면은 행운의 어머니이다.
반대로 나태는 인간을 그가 가장 바라는 어떤 목표에도
결코 데려다 주지 않는다.
／세르반테스

후회합니다. 그리고 "중단은 늘 빠르다."는 진리를 뒤늦게 깨닫게 됩니다.

그러면 어떻게 하면 중단하지 않고 끝까지 밀고 나갈 수 있을까요.

먼저, 결코 실패란 말을 입에 담지 말아야 합니다. 실패란 말을 쓰면 자기 자신이 실패를 받아들이고 말기 때문입니다.

사업가로 성공한 어떤 사람은 사업이 곤경에 빠져 매우 어려워졌을 때, 자신이 말을 할 때 희망적인 말은 한 마디도 하지 않았음을 깨닫고 자신이 실패자의 길을 걷고 있음을 알아차렸습니다. 그것은 실패 자체와 결부되는 것이었습니다. 그는 희망, 신념, 성공과 같은 좋은 말만 하기로 했습니다. 그 때부터 그는 모든 일에 자신감이 생겼으며, 사업도 조금씩 나아지기 시작했습니다.

'아니오'를 뜻하는 영어의 NO라는 말은 문을 닫는다는 뜻을 내포하고 있습니다. 그것은 실패, 패배, 연기를 뜻하는 말이기도 합니다. NO를 거꾸로 철자하면 새로운 희망이 움튼다는 뜻이 되고 전진을 뜻하는 ON이 됩니다. 곧 문제가 해결될 때까지 끝까지 전진하라는 뜻입니다.

우리가 목표를 향해 나아갈 때 부정적인 말을 절대로 사용해서는 안 됩니다. 실제 어려운 일이 닥치면 누구나 부정적인 말을 하기 쉽습니다. 우리가 인생의 참다운 목적에 도달할 수 있느냐 없느냐 하는 것은 우리가 어려움에 봉착했을 때 어떻게 결정하느냐에 달려 있습니다.

세계적인 사상가들은 끈기에 대해 이렇게 말합니다.

"신은 인내하는 사람과 함께 있다."

모하메드 간디의 말입니다.

"낙수물도 대리석을 뚫는다."

세익스피어의 말입니다.

"결코 절망하지 말라. 비록 절망했다 할지라도 그 절망을 딛고 일어서서 전진을 계속하라."

영국의 위대한 정치가 에드먼드 버크의 말입니다.

끈기를 효과적으로 작용하게 하는 데는 또 다른 원리의 도움이 필요합니다. 그것은 '인식의 원리' 입니다.

정신적으로 위축되거나 자기 패배 상황에 놓였을 때 무엇보다도 필요한 것이 '자기 인식' 입니다.

실패의 외면적인 원인뿐만 아니라 내면적인 원인도 찾아 내야 한다는 것입니다. 즉 자기가 어떤 사람인가를 알아야 하며, 나의 내면에 존재하는 힘을 인식하고 개발해야 합니다. 그러면 자연히 실패에서 성공으로 전환될 수 있는 것입니다.

많은 실패자들은 내면적인 통제가 이루어지지 않아 시간을 헛되이 보내고 실패하게 된 경우가 많습니다. 그들은 최악의 적이 자기 자신임을 깨닫지 못하기 때문에 그들은 아무리 열심히 노력해도 실패할

운명은 우리에게서 부귀를 빼앗을 수는 있으나
용기를 빼앗을 수는 없다.
√세네카

수밖에 없습니다.

세상에서 가장 알기 어려운 것이 자기 자신입니다. 사람은 자기가 하고자 하는 것이 무엇이든지 옳고 정당하다고 생각하는 '자기 방어 조직' 을 갖고 있습니다.

사람들은 자기 자신에 대하여 알려고 하지 않습니다. 다른 사람의 문제에 대해서는 알려고 하면서도 자기 자신에 대해서는 알려고 하지 않습니다.

인생에서 가장 보람 있는 순간은 현실의 자기를 깊이 이해하기로 결심하였을 때입니다.

실패는 단순히 외부에서 일어난 문제를 처리하지 못해서 오는 것이 아닙니다. 실패는 자신의 내면적 결함이나 정신적 갈등에 의한 것이 많습니다. 우리는 참다운 나 자신을 안 다음 거기에 바탕을 두고 나 자신을 통제해야 합니다. 그것이 바로 '인식의 원리' 입니다.

거울 앞에 서서 나 자신에게 물어 봅시다. "너에 대한 진실을 알고 싶다."고. 그러면 즉시 내 마음이 대답할 것입니다. "어째서 너는 그렇게도 너 자신을 모르는가. 너는 그런 일에는 관심을 갖지 마라."

건전한 정신을 갖고 있는 사람은 자기 자신을 잘 아는 것이 자기 발전의 시작임을 압니다. 우리는 무엇보다 먼저 이 인식의 원리를 깨닫고 응용하여 자신의 내부에 있는 잠재 능력을 발휘해야 합니다. 나의 잠재 능력이 제대로 발휘하기 시작하면 새로운 힘이 생겨나며 그 힘은 나의 능력을 극대화시켜 줍니다.

나의 창조성이 발휘되기 위해서는 나 자신을 알고, 어떠한 장애에
도 위축받지 않고 전진할 수 있는 힘을 내는 체험을 하지 않으면 안
됩니다.

어떤 어려운 상황이나, 희망이 없는 것처럼 보이는 상황에서도 희
망을 버리지 않으면 문제가 해결되는 경우가 수없이 많습니다.

가이드 포스트 잡지를 창간하여 매달 2백만 부씩 발행하고 있는 노
만 필이 경험한 일화가 있습니다.

어느 날 노만 필은 미시간 주에서 일을 마치고 다음 날 애리조나 주
의 피닉스에서 강연을 하기로 스케줄이 짜여 있었습니다.

평소의 교통 사정이라면 강연 시간 전에 충분히 피닉스에 도착할
수 있었습니다. 이튿날 아침 첫 비행기로 시카코에 도착, 거기서 피닉
스로 가는 비행기를 타면 시간적으로 충분한 여유가 있었습니다.

이튿날 아침의 날씨는 호텔 창문에서 바로 앞에 있는 자동차도 보
이지 않을 만큼 안개가 자욱하게 끼어 있었습니다. 비행기는 한 대도
뜰 수가 없는 상황이었습니다.

노만 필은 디트로이트로 전화를 걸어 그 곳의 날씨를 알아보았습니
다. 디트로이트도 안개 때문에 비행기의 이착륙이 불가능했으며 시카
코 공항도 안개 때문에 비행기의 이착륙이 어렵다는 대답이었습니다.

노만 필은 어떻게 해야 하나 생각했습니다. 피닉스의 사람들은 8개

성공은 수고의 대가라는 것을 기억하라.
√소포클레스

월이나 나를 기다리고 있다, 전화로 오늘 안개 때문에 갈 수 없다는 말을 도저히 할 수 없다고 생각했습니다. 그는 적극적인 마음의 소리에 귀를 기울여 어떻게든 방법을 찾아보기로 결심했습니다. 그는 자동차로 시카코를 향해 출발하였습니다. 시카코에 도착하면 그 사이에 안개가 걷힐지도 모른다고 생각했습니다.

시카코까지는 320킬로미터, 50킬로미터쯤 갔을 때 자동차가 고장이 났습니다. 그는 자동차 서비스 센터에서 차를 고쳤습니다. 그 곳에서 시카코 공항으로 전화를 걸어 보니 다행히 오후 4시에 한 편만 운행한다는 대답이었습니다. 그 비행기를 타면 피닉스로 가서 강연을 할 수 있을 것 같았습니다.

노만 필은 고친 차를 타고 공항으로 갔습니다. 공항 대합실은 사람들로 붐비고 있었습니다. 어떻게 할지 몰라 당황하고 있는데, 마침 안면이 있는 공항 직원을 만났습니다.

노만 필이 사정을 이야기하자 그 직원은 "우리 회사의 비행기는 모두 결항입니다. 다른 회사의 비행기가 한 편 있습니다. 그것을 타면 강연 시간 전에 도착할 수 있을 것입니다. 단념하지 마십시오." 하고는 비행기 사정을 알아보기 위해 사무실로 간 후 30분쯤 지나 다시 나타났습니다.

"비행기는 떠납니다만 빈 자리가 없답니다. 하지만 출입문 쪽으로 가 봅시다. 혹 해약된 것이 있을지도 모르니까요."

비행기가 이륙하기 직전, 그는 좌석표 하나를 노만 필의 손에 쥐어 주었습니다. 노만 필은 피닉스에서 무사히 강연을 할 수 있었습니다.

일이 잘 되지 않을수록 적극적인 마음으로 끈기 있게 기다려야 합니다. 이것이 바로 '지속의 원리'입니다. 끝까지 참고 견디면서 모든 방법을 시도하면 목적을 달성할 수 있습니다.

이제 틀렸다고 생각하면, 그런 정신 상태는 더욱더 어려운 문제를 불러일으켜서 결국에는 실패의 구렁텅이로 나를 밀어 넣고 말 것입니다. 어떤 어려운 상황에 부딪치더라도 구실을 만들지 않고 계속해서 밀고 나간다면 상황은 호전 쪽으로 급변할 것입니다.

32

성공의 문을 여는 열쇠

실패를 불러 오는 원인 10가지

사람은 누구나 실패의 경험을 가지고 있게 마련입니다. 대학 입시에서 혹은 입사 시험에서, 맞선에서 딱지를 맞기도 하고, 회사 일을 하다가 목표를 달성하지 못하고, 성적이 떨어지는 등 크고작은 실패의 연속이 우리의 인생인지도 모릅니다.

그렇다면 그러한 실패의 원인이 무엇이었는지를 점검해 본 일이 있는지 묻고 싶습니다. 혹시 나의 능력을 제대로 알지 못하고 무모하게 시도했던 것은 아니었을까요. 우리는 자신의 능력을 과대 평가하거나 과소 평가하는 경향이 있습니다. 그래서 능력을 제대로 발휘하지 못하는 것입니다.

앞으로 다시금 그러한 실패를 되풀이하지 않기 위해서라도 실패의 원인을 철저히 캐 보도록 해야 합니다. 실패의 원인은 광범위하고 복잡하며 여러 곳에서 나타납니다.

개인의 삶에 따라서 달라지며 성공과 실패라는 두 낱말에 따라서 좌우되기도 합니다. 심리적인 상태에 따라 좌우되기도 합니다.

실패의 가능성은 공통적이고 분명한 형태를 갖습니다.

개인에 따라, 일의 형태에 따라 수없이 많은 유형의 실패 원인들을 유사한 성격별로 묶어 10가지로 분류해 살펴보기로 하겠습니다.

이 10가지 유형은 나 스스로 찾아 내서 정복해야 할 것들입니다. 아무도 대신해서 장애물을 제거해 주지 않습니다. 혹 누군가가 도움을 주는 행운이 있다 하더라도, 직접적인 일은 나 스스로 해결하지 않으면 안 되는 것임을 명심해야 합니다.

실패의 원인① 책임을 다른 사람에게 돌린다

우리는 때때로 성공이나 실패를 행운이나 불행의 탓으로 돌리는 버릇이 있습니다. 그리고 운이란 신이 인간의 일에 개입하는 행위라고 생각합니다. 그래서 그들은 그 내면적인 것을 거의 보지 못하고, 단순히 '그 일에 대한 책임'만을 따지려 합니다.

한 발 앞선 사람들은 '나를 이렇게 하도록 한 것은 무엇인가.' 하고 생각합니다.

모든 사업은 칠전팔기(七顚八起)이다.
중요한 것은 자아를 상실하지 않는 일이다.
절명만 하지 않으면 반드시 성취된다.
√손문

대부분의 사람들은 "그것은 내 잘못이다." 하고 솔직히 인정하기를 꺼립니다. 실패나 과오에 대해 어린아이 같은 방법을 택합니다. 어린아이가 형에게 책임을 돌리는 것은 인간의 본능입니다. 어린아이들은 늘 "형이 나에게 그렇게 했어." 하고 생각합니다

다른 사람 탓으로 돌리는 행위는 이미 인생의 반은 실패했으며 남은 절반도 실패로 향하고 있음을 증명하는 것입니다.

많은 사람들이 실패를 있는 그대로 인정하지 않음으로써 실패를 극복하지 못합니다.

가공의 인물을 내세워 그에게 탓을 돌리고 그와의 싸움에 많은 시간을 낭비하느라고 어떤 성공도 얻지 못합니다.

내가 진정 싸워야 할 대상은 바로 나 자신입니다. 외적인 것과의 싸움에 힘을 소진하고 있다면 어떤 일에서도 성공을 쟁취할 수 없습니다.

실패 원인② 열등감에 빠져 있다

"왜 나는 이렇게 바보인가. 나는 얼마나 잘 속아 넘어가는가. 왜 나는 항상 착각하며 사는가. 나는 왜 이렇게 똑똑하지 못한가."

내가 나를 비하하고 과소 평가하는 마음의 이면에는 실패를 위장하려는 자기 변명이 자리하고 있습니다.

실제로 사람들은 자기를 바보라고 생각하지 않고, 잘 속는 사람이

라고 생각하지 않습니다. 오히려 남이 나를 그렇게 평가하면 화를 낼는지도 모릅니다.

실패의 진짜 핵심을 집어내어 그것과 싸우려 하지 않으며 문제를 해결하려고도 하지 않으면서 가장 손쉬운 방법으로 자신을 비난하고 자학합니다. 그 결과는 또다시 실패를 불러 올 뿐입니다.

자기 비난은 열등감과 불안감을 더욱 깊게 할 뿐입니다. 열등감과 불안감은 잡초처럼 무성하게 번식해서 내 마음에 잘 가꾸어진 장점들의 정원을 폐허처럼 망쳐 버리기까지 합니다.

그런 사람은 우울증에 빠지기 쉽고, 작은 일에도 번민에 빠지기 쉽습니다. 열등감은 하고자 하는 의지를 마비시키고 잘 하겠다는 의욕을 무력화시키고 맙니다.

실패 원인③ 목표가 없다

내가 오늘 어딘가에 가고자 한다면 무엇보다 먼저 가고자 하는 곳이 어디인지를 알아야 합니다. 그리고 그 곳을 향해 곧장 따라간다면 순조롭게 목적지에 도착할 수 있을 것입니다.

어떤 목표를 세우고 그 목표를 향해 나가면서 그 과정의 다음 길을 예비해야 합니다.

인생의 목표가 '노는' 것인 사람도 있습니다. 그들은 즐기는 것 외

지혜와 용기 없는 자가
크게 성공한 예는 없다.
√ 쇼펜하우어

에는 아무 것도 생각하지 않고, 때로는 주변의 사람은 물론 자기 자신까지도 희생시키고 맙니다. 인생을 의미 없이 사는 사람이라고 하겠습니다.

놀기만 좋아하는 사람은 타고난 재능을 무의미한 쾌락에 낭비하고 자신의 모든 에너지를 쾌락에 소비합니다.

어쩌다 목표를 정하는 경우에도 한꺼번에 많은 목표를 세워서 재능과 에너지를 소비하고 맙니다. 그리고는 손에 잡히는 것은 무엇이든지 그 가치를 과장합니다.

마음 속에는 아무 의미 없는 것들로 가득 차서 나중엔 삶의 목표를 그저 막연히 방치하다가 모든 것을 잃고 마는데, 생의 의욕도 위축되고, 생의 본능도 위축되고, 마음도 둔해지고, 몸은 축 늘어지고 맙니다. 그리고 마침내 어떤 기회가 주어졌을 때 그들은 준비가 되어 있지 않기 때문에 기회를 받아들이지 못하고 허사로 만들고 맙니다.

실패 원인④ 잘못된 목표를 선택한다

옛날 중국에 금을 좋아하는 사람이 살았습니다. 어느 날 금방에 들어가 금화가 가득 들어 있는 주머니를 훔쳐 가지고 도망을 갔습니다. 그러나 멀리 가지 못하고 포졸에게 붙잡히고 말았습니다.

"이 밝은 대낮에 금주머니를 훔치다니."

"제 눈에는 금밖에는 보이는 것이 없어서."

이 우화에서 우리는 잘못된 목표에 집착하면 결국 실패하고 만다는 교훈을 얻을 수 있습니다. 성공한 사람 중에는 성공에서 오는 기쁨을 만끽하기보다는 허탈감이나 허무감에 빠지는 경우를 볼 수 있습니다. 그들은 자신이 세운 목표를 달성하기는 했으나 잘못 선택한 목표 때문에 오히려 마음이 황폐해지고 마는 것입니다.

오랜 시간 동안 피땀 흘려 노력한 끝에 성공을 얻었으나 행복하지 않고 심한 허무감과 서글픔만이 가슴 속에 가득 차, 끝내는 자신의 전문 분야를 바꾸고 마는 경우도 있습니다.

인생에서 선택은 그것이 직업적인 것이든 사적인 것이든 대개는 젊은 시절에 하게 됩니다. 젊은날의 선택은 매우 위험스러운 일이기도 하지만 책임감 있는 사람은 쉽게 남의 말에 흔들리지 않습니다. 스스로 인생의 행로를 발견하며, 때로는 행복이 어떤 것인지도 알게 됩니다. 그러나 조급하게 변혁을 시도하지는 않습니다. 확실한 선택을 하기 위해서는 많은 생각과 또 자신에게 정직할 필요가 있습니다.

실패 원인⑤ 쉬운 길을 택한다

사람들은 누구나 손쉽게 성공할 수 있는 방법을 찾고, 그런 길이 있다면 주저하지 않고 그 방법을 선택합니다. 근면이 사람에게 즐거움

금전에 의하여 맺어진 충성은
금전에 의하여 배반을 당할 것이다.
√세네카

만을 주는 것은 아닙니다. 아니 오히려 괴로운 것일 수도 있습니다. 그러나 사람을 괴롭히는 근면 없이는 성공과 행복의 봉우리에 오르지 못합니다.

쉬운 지름길은 대개 정직한 방법으로는 찾을 수 없습니다. 변칙, 또는 임기응변식 거래 방법, 이런 것들이 성공에는 필요한 요소가 될는지도 모릅니다. 그러나 그러한 방법으로 얻은 성공은 행복과는 거리가 먼 것입니다.

실패 원인⑥ 먼 길을 택한다

서양 속담에 '가장 먼 길이 집으로 가는 가장 빠른 길이다'라는 말이 있습니다. 이 속담이 맞는 경우도 있겠지만, 인생에서 항상 그러한 것만은 아닙니다.

아인슈타인이 상대성 원리를 설명해 달라는 부탁을 받고 이렇게 말했습니다.

"어떤 젊은이가 사랑하는 연인과 함께 있을 때 그 한 시간은 1분처럼 느껴진다. 그러나 같은 젊은이가 1분 동안 뜨거운 난로 위에 앉아 있다면 그 1분은 1시간처럼 느껴질 것이다. 우리는 상대성이 아닌 현실만을 있는 그대로 말하는 경향이 있다."

장례식장에서 고인에 대한 추억을 이야기하는 말을 들어 보면 대개

한 가지 공통점이 있습니다.

고인이 젊어서 인생을 즐기기를 접어 두고 오로지 처자식 먹여 살리기 위해 악착같이 돈을 벌며 온갖 고생을 다하다가 이제 겨우 허리 좀 펴고 편안하게 살 만하니까 세상을 떠났다는 것입니다. 그래서 남은 가족들은 더더욱 애통해합니다.

돌아가는 가장 먼길이 집으로 가는 가장 가까운 길이 아닙니다. 너무 오래 기다리거나 너무 먼 여행을 하다 보면 목표를 이룰 수 없게 되고 맙니다.

실패 원인⑦ 작은 일에 소홀히 한다

미국의 맥킨리 대통령은 똑같이 유능한 두 사람 가운데 한 사람을 택하여 외교관의 업무를 맡겨야 했습니다. 두 사람 다 대통령과는 오랜 친구 사이였습니다. 그래서 선택하는 데 더 어려움이 컸습니다.

대통령은 옛날 일 한 가지를 떠올렸습니다.

폭풍우가 몰아치는 어느 날 저녁 무렵이었습니다. 한 친구와 함께 전철을 타고 자리에 앉아 있었습니다. 그 때 나이가 지긋한 아주머니가 무엇이 가득 들어 있는 바구니를 머리에 이고 전철을 탔습니다. 전철에 탄 사람들 가운데 어느 누구도 그 아주머니에게 자리를 양보해 주지 않았습니다.

> 작은 일에도 목표를 세우라.
> 그러면 반드시 성공할 것이다.
> √실러

한 친구는 신문을 읽는 체하며 그 아주머니를 못 본 체했습니다. 맥킨리가 그 아주머니에게 자리를 양보했습니다.

맥킨리 대통령은 그 때의 일을 떠올리고는 그 친구에게 외교관 업무를 맡기지 않았습니다. 그 친구는 그 때의 사소한 일 때문에 자신이 외교관 자리에 임명되지 못한 사실을 알지 못했을 것입니다.

훌륭한 경영자들은 대개 사소한 일을 소홀히 하지 않습니다. 작은 일을 잘못 다루면 큰 문제로 확대될 수도 있다는 것을 잘 알기 때문입니다. 큰 일을 하는 사람들이 의외로 꼼꼼하고 까다롭다는 것을 우리는 자주 느낍니다.

실패 원인⑧ 너무 빨리 단념한다

다이아몬드가 난다는 베네주엘라의 강에서 다이아몬드를 찾느라 몇 달째 고생하고 있는 세 사람의 친구가 있었습니다.

그들은 여러 달째 쉬지 않고 다이아몬드를 찾는 일을 했지만 다이아몬드라고는 구경조차 하지 못했습니다. 하기야 다이아몬드는 귀하기 때문에 값이 비싸겠지요.

"내가 뒤적인 조약돌이 이걸로 아마 99만 9천9백99번째일 거야. 그런데도 다이아몬드는 낯짝을 볼 수가 없으니."

이제 그들은 지쳐 있었습니다.

"그렇다고 여기서 포기할 수는 없잖아. 다시 찾아보는 거야."

한 친구가 용기를 북돋워 주었습니다.

"그래, 그럼 1백만 번째의 돌을 집어 볼까."

친구의 말에 용기를 얻은 그가 지친 팔을 뻗어 돌 한 개를 집어들었습니다. 그런데 그 돌은 다른 돌보다 무거웠습니다. 그는 돌을 들여다보다가 그만 깜짝 놀랐습니다.

"다이아몬드다."

뉴욕의 한 보석상에서 그 다이아몬드를 2백만 달러에 구입했습니다. 지금까지 발견된 이 세상의 다이아몬드 중 가장 큰 다이아몬드였습니다.

성공과 실패의 차이는 성공이 오기 전에 빨리 단념하느냐 성공이 올 때까지 단념하지 않느냐에 있다는 사실을 명심해야 합니다.

성공은 운에 따라 좌우되는 것이 아닙니다. 오직 실패를 정복하는 데 있습니다. 어렵다고 해서 하던 일을 단념하는 것 자체가 바로 실패입니다.

실패 원인⑨ 과거 속에서만 산다

조상의 이름이나 업적을 자랑하며 앞으로 나아가지 못하는 사람이 있는가 하면 단 한 번의 성공에 만족하여 더 이상 발전을 못 하는 사

성공했으면 그 자리에 오래 머물지 말라.
√사마천

람도 있습니다.

자기가 경험했던 실패의 기억에 억눌려서 나는 항상 실패만 하는 사람이라는 좌절감에서 벗어나지 못하는 사람도 있습니다.

실패의 경험을 훌훌 털고 미래를 향해 활기차게 걸어간다는 것이 그렇게 쉬운 일은 아닐 것입니다. 과거에 묶여 있는 한 단 한발짝도 앞으로 나가지 못한다면 그것이 바로 실패의 영원한 연속이라는 무서운 사실을 깨달아야 합니다.

위대한 탐험가 리빙스턴은 이렇게 말했습니다.

"앞을 향해 나아가는 한 나는 어디론가 갈 것이다."

세계에서 가장 높은 산인 에베레스트를 1953년 5월 29일 이 세상에서 맨 처음 등반한 에드문드 힐러리는 그 한 해 전인 1952년에는 에베레스트 정복에 실패했었습니다.

그가 에베레스트 등정에 실패하고 돌아오자 영국의 한 단체가 연설을 부탁했습니다. 그는 주먹을 불끈 쥐고 에베레스트 산이 그려진 지도를 가리키며 이렇게 외쳤습니다.

"에베레스트여, 너는 나를 거부했지만 다음 번엔 어림없다. 왜냐 하면 너는 이미 자랄 대로 다 자랐지만, 너를 정복하겠다는 나의 꿈은 아직도 자라고 있기 때문이다."

인생은 성장의 과정입니다. 성장하기를 주저하고 새로운 것을 두려워한다면 그것은 곧 인생을 포기하는 것과 같습니다.

결코 꿈을 버리지 마십시오.

실패 원인⑩ 성공에 대한 착각에 빠져 있다

어찌 보면 성공은 변덕의 여신입니다. 사람들은 변덕의 여신에 대해 잘 안다고 생각하지만 성공은 우리가 알고 있는 것보다 훨씬 더 교묘하고 능수능란합니다.

우리들은 작은 성취감에 속고 있습니다. 때때로 우리에게 주어지는 작은 성취감은 우리에게 그것이 마치 성공의 완성품인 양 착각하게 만듭니다. 우리는 그 환상에서 벗어나야 합니다.

작은 일을 이루었을 때 주위 사람들이 보내는 칭찬과 찬사에 속아서도 안 됩니다. 성공은 항상 내것이라는 허무맹랑한 자만에 빠질지도 모르기 때문입니다. 작은 일에 성공한 다음 그 성공이 영원한 것처럼 보일 때보다 위험한 때도 없습니다. 자신감과 자만심으로 가득 차서 다음에 닥쳐오는 위험을 가볍게 보다가 그만 크게 실패하고 마는 경우를 우리는 주위에서 얼마든지 볼 수 있습니다.

주식 투자 초보자가 어쩌다가 조그마한 액수의 돈을 따게 되면, 주식 투자가 별거냐고 생각합니다. 그래서 잘 알지도 못하면서 큰돈을 끌어다 무모하게 투자를 하고, 그러다가 상투를 잡고는 큰돈을 잃고 맙니다.

제7장 성공은 인내심을 먹고 자란다

철저히 시도되기 전에는
아무 것도 성취되지 못한다.
√펀넵 시드니

성공은 변덕쟁이입니다. 성공은 영원한 것이 될 수 없습니다. 항상 일회적이고 항상 수시로 변화합니다. 오늘 이룬 성공을 더 높은 단계의 성공을 위한 발판으로 삼지 않는다면 그 가치는 상실되고 맙니다.

우리는 성공 자체를 인생의 목적으로 삼아서는 안 됩니다. 성공에 눈이 멀어 성공만을 쫓아가다가는 성공의 환상이 주는 고통에서 벗어날 수 없게 됩니다.

33

성공의 문을 여는 열쇠

올림픽 3관왕 윌마 루돌프에게서 배웁시다

윌마 루돌프는 조산아로 태어나 인생의 첫출발인 울음소리도 내보내지 못했고, 합병증으로 폐렴을 두 번씩이나 앓았고, 성홍열에 시달렸습니다. 거기에다 소아마비로 왼쪽다리는 구부러졌고, 두 발은 안쪽으로 꼬여 있었습니다. 그녀는 항상 보족 장치를 하고 있었기 때문에 식탁까지 가는 데 다른 형제자매들에게 항상 밀려야 했습니다.

윌마는 치료를 받기 위해서 6년 동안이나 병원에 다녀야 했습니다. 병원 쪽으로 내려가는 길에서 윌마는 항상 자신이 저 언덕 위에 있는 하얀 저택에 살고 있다고 상상하곤 했습니다.

병원에 가면 윌마는 의사에게 "언제 이 보족 장치 없이 걸을 수 있을까요?" 하고 물었습니다. 의사는 언제나 똑같은 대답만 주었습니다.

신념이 강한 사람이 성공한다.
√실러

"두고 보자."

집으로 돌아오는 길에 윌마는 행복한 아이들을 데리고 있는 어머니가 되는 상상을 하기도 했습니다.

윌마는 어른이 되어 세상 사람을 위해 특별한 공헌을 하고, 나아가서 세계를 맘껏 돌아다니며 구경하는 꿈을 어머니에게 이야기하곤 했습니다. 사랑이 넘치고 의지가 강한 어머니는 불쌍한 딸의 이야기를 참을성 있게 들어 주고 다음과 같은 말로 딸을 안심시키곤 했습니다.

"애야 인생에서 가장 중요한 것은 네가 그것을 믿고 그것을 위해 계속해서 노력하는 것이란다."

11살 때 윌마는 부모가 집을 나가고 없을 때면 언니에게 망을 보게 하고는, 보족 장치를 떼내고 집 주위를 걷는 연습을 했습니다.

누군가 들어오면 파수꾼은 얼른 윌마를 침대로 데리고 가서, 보족 장치를 떼어 낸 것을 숨기기 위해 다리 마사지를 하는 것처럼 했습니다. 이런 일이 약 1년 동안이나 계속되었습니다.

이제는 보족 장치를 떼고도 어느 정도 걸음을 걸을 수 있었지만, 의사의 치료 처방을 따르지 않고 해 온 독단적인 재활 방법을 어떻게 어머니에게 설명해야 할지 망설였습니다.

병원에 가서 정기 검진을 받으면서 윌마는 의사에게 말했습니다.

"선생님께 고백할 일이 있습니다."

윌마는 지금까지 자신이 해 온 걷기 연습 과정을 설명하고는 보족 장치를 떼내고 의사가 있는 앞까지 걸어갔습니다. 이 기적적인 순간을 보고 의사는 "언제부터 이렇게 해 왔느냐."고 물었습니다.

"작년부터요. 저는 보족 장치를 떼내고 집 주위를 걷는 연습을 했습니다."

"좋아. 네가 정직하게 말해 주어서 고맙다. 오늘부터 보족 장치를 떼내고 집 주위를 걸어다니도록 허락하겠다."

윌마는 이 때부터 그 지긋지긋하고 거추장스러웠던 보족 장치를 다리에 붙이지 않았습니다.

윌마가 12살이 되었을 때, 2살 위의 언니 이본느가 동네 여자 농구팀에 들어가려고 애쓰고 있었습니다. 윌마는 언니와 함께 같은 팀에서 뛸 수 있다면 얼마나 좋을까 하고 생각하고 입단 신청서를 냈습니다. 30명의 소녀들이 신청하여 그들 중 12명의 최종 선발자가 정해졌는데 그 가운데 윌마의 이름을 찾아볼 수가 없었습니다.

집으로 돌아오니 집 앞에 농구 코치의 차가 놓여져 있었습니다. 윌마는 뒷문으로 들어가서 부엌문에 바짝 붙어 거실에서 들려 오는 농구 코치의 말을 엿들었습니다.

코치는 이본느가 몇시에 연습을 마치고 집으로 돌아올 것인지, 누가 매니저가 될 것인지, 그리고 이본느가 팀에 들어갔을 때 부모로서 알아야 할 세세한 사항들을 설명하고 있었습니다. 코치의 말을 듣고 있던 아버지가 이렇게 말했습니다.

어떤 높은 곳도 사람이 도달치 못할 것이 없다.
그러나 겸의와 자신을 가지고 올라가지 않으면 안 된다.
√안데르센

"이본느가 팀에 가입하는 것만 서명하도록 되어 있군요. 이본느에게 동생이 있는데 이 둘은 항상 같이 붙어다닙니다. 코치께서 이본느가 농구 팀에 필요한 아이라면 이본느의 매니저로 윌마를 택해 주십시오."

그렇게 해서 윌마는 자기가 바라던 선수는 아니었지만 어쨌든 농구 팀에서 일을 할 수 있게 되었습니다. 윌마는 아버지가 부탁해서 팀에 끼워 주는 것과 코치가 필요해서 뽑아 준 것과는 전적으로 다르다는 것을 느낄 수 있었지만, 농구 팀의 유니폼을 보고는 금방 기분이 좋아졌습니다.

검정색과 황금색으로 된 새 유니폼을 입은 소녀들은 아름다워 보였습니다.

어느 날 윌마는 사무실로 코치를 찾아갔습니다. 언제나 그렇듯이 코치는 약간 퉁명스런 말투로 물었습니다.

"그래, 무슨 일로 찾아왔나."

"코치 선생님께서 제게 매일 10분간만 시간을 내 주신다면 저는 그 보답으로 세계적인 농구 선수가 되겠습니다."

불쑥 내던진 윌마의 말에 코치는 크게 웃었습니다. 코치는 지금까지 그렇게 엉뚱하고도 대담한 말을 들어 본 적이 없었습니다.

"네가 원한다면 매일 너에게 10분간의 시간을 내주겠다. 그러나 나는 장학금을 받아 대학에 갈 진짜 세계적인 농구 선수가 될 학생들 때문에 곧 바빠질 테니 그리 알아라."

윌마는 기뻐서 매일 외출복 속에 체육복을 껴입고 학교에 갔습니다. 종이 울리면 윌마는 10분 동안의 소중한 개인 지도를 받기 위하여 맨 먼저 체육관으로 뛰어갔습니다. 대부분의 지도는 말로 했고 그 말을 실제 농구 기술로 바꿔 습득해야 하는데 잘 되지 않았습니다. 윌마가 속이 상해 울고 있자 친구들이 다가와서 위로했습니다.

"선생님이 가르쳐 준 것을 그대로 하기가 왜 이렇게 어려운지 나는 정말 이해할 수가 없어."

"윌마야. 우리들이 10분 동안 너와 함께 있어 줄게. 코치 선생님이 너에게 가르쳐 준 것을 네가 연습할 수 있게 도와 줄게."

다음 날부터 친구들과 반 코트 농구 경기를 하면서 코치가 가르쳐 준 기술을 연습했습니다.

다음 해 윌마는 농구 팀에 뽑혔습니다. 많은 실전에서 윌마는 팀의 베스트 선수로 뛰어 전적을 쌓아 갔습니다. 그 때 테네시 주립 대학의 육상 코치가 윌마를 발견하고 육상을 해 보지 않겠느냐고 제의해 왔습니다. 윌마는 이렇게 생각했습니다.

"이제 농구 시즌은 끝났다. 그것은 더 이상 게임이나 연습이 없다는 것을 의미한다. 또 집에서 자질구레한 일들을 하는 시간이 더 많아진다는 것을 의미한다. 왜 육상 팀에 가기를 주저하겠는가."

윌마는 육상 팀에 들어가 테네시 주에 있는 모든 고등 학교의 소녀

역경이 사람에게 주는 교훈만큼 아름다운 것은 없다.
√셰익스피어

들을 물리쳤습니다. 윌마는 14세 때 고등 학생으로서 타이거벨즈의 육상 팀에 들어가 주말마다 테네시 주립 대학에서 맹연습을 했습니다. 캠퍼스에서 윌마는 과거에 미국 올림픽 팀에 두 번이나 뽑혔던 메이파그스라는 여자를 만났습니다.

메이는 10대 소녀 윌마가 가족 외에 자기 꿈을 나누고 싶어한 유일한 사람이었습니다. 윌마는 유년 시절에 느꼈던 좌절감, 보족 장치의 시련, 참여할 기회가 없었던 농구 팀에서의 일을 메이에게 이야기했습니다. 메이는 윌마에게 용기를 북돋아 주었고 연습을 계속하게 했습니다.

첫여름이 지나갈 무렵 윌마는 700미터와 900미터 달리기에서 우승했고, 필라델피아 주니어부에서 4천미터 릴레이 경기에서 우승했습니다.

2년 후, 어느 날 메이는 윌마에게 말했습니다.

"윌마야, 올림픽 팀에 들고 싶지 않니?"

윌마는 내시빌까지 버스를 타고 병원에 다녔던 과거를 떠올렸습니다. 마음껏 걸어다니면서 이 세상을 구경하고 싶었던 어렸을 적의 간절했던 소망이 떠올랐습니다.

"올림픽 팀에 뽑히면 여행을 많이 하게 됩니까?"

"그럼, 물론이지."

1956년의 올림픽은 멜버른에서 열리기로 돼 있었습니다. 그들은 워싱턴에서 열리는 올림픽 선발 경기에서 출전 자격을 얻어야 했습니다. 200미터 선발 경기에서 윌마는 메이에 이어 2등으로 올림픽 출전 자격을 얻었습니다. 윌마는 1956년 멜버른에서 개최된 올림픽 200미터 준결승전에서 탈락하였고, 400미터 릴레이 경기에서는 동메달을 땄습니다. 그 때 윌마의 나이는 16세였습니다.

윌마는 테네시 주립 대학을 고학으로 다니면서 타이거벨즈 육상 팀의 멤버가 될 수 있는 자격 조건인 평균 B학점을 따기 위해 공부를 열심히 해야 했고, 엄한 트레이닝 스케줄에 따라 아침 6시부터 10시까지, 오후 3시부터 트랙을 달려야 했습니다.

이 단조롭고도 지루한 스케줄을 다음 올림픽이 열리는 1960년까지 4년 동안 계속해야 했습니다.

1960년 여름 로마에서 윌마는 육상 경기장으로 걸어나가면서 다시 탈락하는 일이란 있어서는 안 된다고 다짐했습니다.

약 8만의 관중들은 전 세계 육상 팬의 마음을 사로잡았던 특별한 선수인 윌마에게 우레와 같은 박수갈채를 보냈습니다. 관중석에서는 "윌마, 윌마, 윌마" 하는 응원의 함성이 터져 나왔습니다.

윌마는 100미터와 200미터 경기에서 금메달을 땄습니다. 마지막으로 400미터 릴레이 경기가 시작되었습니다. 당시 세계적 육상 선수로 이름을 날린 독일 팀의 주타와 윌마는 각각 자기 팀의 마지막 주자였습니다.

> 중요한 것은 근면이다. 왜냐하면
> 근면이야말로 생활의 수단을 부여할 뿐만 아니라
> 생활의 유일한 가치를 부여하기 때문이다.
> √실러

세 번째 주자가 윌마에게 바톤을 넘겨 주다가 그만 떨어뜨리고 말았습니다. 그 사이 주타는 저 만큼 앞서가고 있었습니다. 그렇게 빠른 선수를 따라잡는다는 것은 누가 보아도 불가능해 보였습니다. 그러나 윌마는 그 불가능해 보이는 일을 해내고 말았습니다.

결국 윌마는 400미터 릴레이 경기에서도 금메달을 따 3개의 금메달을 목에 걸었습니다.

윌마는 트랙과 필드 경기에서 3관왕이 된 최초의 여성이 되었고, 그가 세운 기록은 3개 모두 세계 신기록으로 기록되었습니다.

윌마는 미국으로 돌아와 색종이 테이프가 쏟아지는 퍼레이드 환영을 받았고, 백악관에 초대받아 존 에프 케네디 대통령의 단독 접견을 받았으며, 그 해의 여성 운동 선수상, 최고의 아마추어 선수에게 주는 설리번상을 받았습니다. 그리고 윌마의 전기를 소재로 한 TV 영화 '윌마' 가 방송되었습니다.

이 모든 과정을 거쳐 드디어 윌마에게 작위가 주어졌습니다. '살아 있는 신화적 인물' 작위 수여식에서 윌마는 다음과 같은 답사를 했습니다.

"달리고 있을 때는 모든 것을 잊어버립니다. 우리들은 항상 무엇인가를 마스터하기 위해 노력하고 있습니다. 그러나 모두가 그 경지에 도달할 수 있는 것은 아닙니다. 계속하려는 의지와 자신의 재능을 더욱 향상시키려는 노력, 이것이 챔피언을 만들어 주는 것이라고 생각합니다."

윌마 루돌프는 요즘 인디애나 폴리스에 세운 윌마 루돌프 재단에서 강연이나 세미나를 열고, 미래의 올림픽 스타를 도와 주는 일을 하고 있습니다.

윌마는 엄청난 역경을 딛고 승리자가 된 사람입니다. 그녀는 결코 자신을 패배 속에 두지 않았습니다. 그녀는 이기는 데 마음을 두고 그것을 해냈습니다. 이긴다는 것은 재능을 부여받는다거나 부자가 된다는 것보다 훨씬 더 많은 것을 의미합니다. 승리가 모든 것은 아닙니다. 이기겠다는 의지가 모든 것입니다.

인내란 한 가지 일만을 언제까지고 고수하는 것만 의미하지는 않습니다. 지금 내가 하고 있는 어떤 일이라도 완전히 집중하고 노력하는 것을 의미합니다. 자신의 일에 만족하면서도 더 많은 지식과 진보를 갈망하는 것입니다. 더 많이 하고, 더 많은 잡초를 뽑고, 아침에 더 일찍 일어나고, 하고 있는 일에 더 좋은 방법을 찾기 위해 항상 눈을 뜨고 있는 것을 의미합니다.

인내력을 키우는 10가지 방법

방법① 가장 우선적인 일을 먼저 한다.

대부분의 사람들이 우선 순위가 낮은 일에 시간을 소비하는 이

바탕이 성실한 사람은 항상 편안하고 이익을 보지만
방탕하고 사나운 자는 언제나 위태롭고 해(害)를 입는다.
√순자

유는 그 일이 하기가 쉽고 그 일을 하는 데 더 이상의 지식, 기술, 남의 협력이 필요하지 않기 때문이다.

우선 순위를 지금 해야 할 것, 곧 해야 할 것, 할 수 있을 때 할 것, 하고 싶을 때 할 것 순으로 결정한다. 날마다 결정해 보되 그날 아침보다 더 늦게 결정해서는 안 된다. 그 전날 모든 일을 마칠 때 하도록 한다.

방법② 지난날 가장 생산적인 것으로 밝혀진 나의 행동, 교제, 생각들에 대하여 전체 시간과 정력의 20%를 쓰도록 한다.

방법③ 현재 하고 있는 일을 다른 일로 바꿀 때는 일시적으로 생산성이나 효율성이 떨어지리라는 것을 예상한다.

방법④ 한 번 실패하면 다시 해 본다.

두 번째로 실패한다면 왜 실패하게 되었는지 되돌아서 다시 한 번 차근히 해 본다. 세 번째로 실패한다면 지금으로선 나의 목표가 너무 높을지도 모른다. 목표를 조금 낮게 잡아 다시 도전해 본다.

방법⑤ 비슷한 목표를 가진 사람들과 교제한다.

방법⑥ 만일 곤란한 입장이 된다거나 궁지에 몰려 있으면 환경과 분위기를 바꿔 본다. 하룻동안 바다나 시골로 나가서 긴장을 풀고 반성해 본다.

방법⑦ 항상 예기치 않은 일이 일어날 것에 대비한다.

방법⑧ 어떤 문제에서 일반적인 지식을 얻으면, 그것의 일부분을 깊이 익혀야 한다.

다양화하기 전에 전문화를 이루고 그것을 마스터할 때까지 계속하면 성공에 대한 자신감과 명성을 얻게 된다.

방법⑨ 자신의 문제에 접근할 때는 솔직하고 논리적으로 접근한다.

일반적으로 문제에는 두 가지 타입이 있다. 해결하기 쉬운 문제와 위급한 상태의 급박한 문제들이다. 자신의 문제를 평가하는 좋은 방법은 자신에게 묻는다. "나와 나의 가족에게 중요한 일에 시간을 보내고 있는가? 아니면 나는 항상 쫓기듯 시간을 마감하고 있는가?"

방법⑩ 더 많이 일하고 더 많이 공헌한다.

승리자는 천둥번개 속에서 무지개를 보고, 빙판길에 미끄러지며 걷는 대신 스케이트를 탄다는 것을 기억하라.

10. 시 경

李相鎭·黃松文 해역

공자는 시(詩) 3백편을 한마디로 대변한다면 '사무사(思無邪)'라고 했다. 옛 성인들은 시경을 인간의 마음을 정화시키는 중요한 교육서로 삼았다. 각 시에 관련된 그림도 수록되어 있다. 〈2쇄〉

● 576쪽/값 12,000 원

11. 서 경

李相鎭·姜明官 해역

요순(堯舜)시대부터 서주(西周)시대까지의 정사(政事)에 관한 모든 문서(文書)를 공자(孔子)가 수집하여 편찬한 책이다. 유학의 정치에 치중한 경전의 하나. 〈2쇄〉

● 444쪽/값 6,000 원

12. 주 역

梁鶴馨·李俊寧 해역

주역은 신성한 경전도 신비한 기서(奇書)도 아니다. 보는 자의 관점에 따라 판단을 내리도록 하는 것이 역의 기본이치이다. 주역은 하나의 암시로 그 암시를 통해 문제를 해결해 나가는 것이다. 〈4쇄〉

● 496쪽/값 12,000 원

13. 노자도덕경

노재욱 해역

난세를 쉽게 사는 생존철학으로 인생은 속절없고 천지는 유구하다. 천지가 유구한 것은 무위 자연의 도를 수행하고 있기 때문이다. 제일 귀중한 것은 자기의 생명이다 라고 했다. 〈4쇄〉

● 272쪽/값 7,000 원

14. 장 자

노재욱 편저

바람따라 구름따라 정처없이 노닐며 온 천하의 그 무엇에도 속박되는 것 없이 절대 자유로운 삶을 영위하는 소요유에서부터 제물론, 응제왕편 등 장주(莊周)의 자유무애한 삶의 이야기이다. 〈3쇄〉

● 260쪽/값 6,000 원

15. 묵 자

박문현·이준영 해역

묵자(墨子)는 '사랑'을 주창한 철학자이며 실천가이다. 묵자의 이론은 단순하지만 그 이론을 지탱하는 무게는 끝없이 크다. 묵자의 '사랑'은 구체적이고 적극적이다.

● 552쪽/값 10,000 원

16. 효 경

朴明用·黃松文 해역

효도의 개념을 정립한 것. 공자의 제자인 증자(曾子)는 효도의 마음가짐이 뛰어났다. 이 점을 간파한 공자가 증자에게 효도에 관한 언행을 전하여 기록하게 한 효의 이론서이다. 〈2쇄〉

● 232쪽/값 4,000 원

17. 한비자(상·하)

노재욱·조강환 해역

약육강식이 횡행하던 춘추전국시대에 순자의 성악설(性惡說)을 사상적 배경으로 받아들여 법의 절대주의를 역설하였다. 법 위주의 냉엄한 철학으로 이루어졌다. 〈3쇄〉

● 상·532 쪽/값 10,000 원 ● 하·512 쪽/값 9,000 원

18. 근사록

정영호 해역

내 삶의 지팡이. 송(宋)나라의 논어(論語)라 일컬어진 『근사록』은 송나라 성리학(性理學)을 집대성한 유학의 진수이다. 높은 차원의 철학적 사상과 학문이 쉽고 짧은 문장으로 다루어졌다. 〈4쇄〉

● 424쪽/값 8,000 원

19. 포박자

갈 홍 지음/장영창 편역

불로장생(不老長生), 이것은 모든 인간의 소망이며 기원의 대상이다. 인간은 죽음을 초월할 수 있는가? 불로불사(不老不死)의 약은 있는가? 등등. 인간들이 궁금해 하는 사연들이 조명되었다. 〈5쇄〉

● 280쪽/값 6,000 원

20. 여씨춘추 (12紀·8覽·6論)

鄭英昊 해역

진시황의 생부인 여불위(呂不韋)가 문객과 함께 심혈을 기울여 이룩한 저서로 사론서(史論書)이다. 유가(儒家)·도가(道家)·묵가(墨家)·병가(兵家)·명가(名家) 등의 설을 취합하고 있다. 『12기, 8람, 6론』으로 나뉘어 3천여 학자가 참여한 선진(先秦)시대의 학설과 사상을 총망라하여 다룬 백과전서. 〈2쇄〉

● 12紀·376쪽/값 7,000 원
● 8覽·464쪽/값 9,000 원
● 6論·240쪽/값 4,000 원

21. 고승전

혜교 저/유월탄 편역

중국대륙에 불교가 들어 오면서 불가(佛家)의 오묘 불가사의한 행적들과 중국으로 전파되는 전도과정에서의 수난과 고통, 수도과정에서 보여주는 고승들의 행적 등을 기록한 기록문. 〈2쇄〉

● 260쪽/값 4,000 원

22. 한문입문

최형주 해역

조선시대의 유치원 교육서라고 하는 천자문, 이천자문, 사자소학, 계몽편, 동몽선습이 수록됨. 또 관혼상제 등과 가족의 호칭법 등이 나열되고 간단한 제상차리는 법 등이 요약되었다. 〈3쇄〉

● 232쪽/값 5,000 원

23. 열녀전

劉 向 저/박양숙 해역

역사에 큰 발자취를 남긴 89명의 여인들을 다룬 여성의 전기이다. 총 7권으로 구성되었으며 옛여성들이 지킨 도덕관을 한 눈에 볼 수 있는 교양서.

● 416쪽/값 7,000 원

24. 육도삼략

조강환 해역

병법학의 최고봉인 무경칠서(武經七書) 가운데 두 가지의 책으로 3군을 지휘하고 국가를 방위하는데 필요한 저서이다. 『육도』와 『삼략』의 두 권이 하나로 합한 것이다. 〈3쇄〉

● 296쪽/값 7,000 원

25. 주역참동계

최형주 해역

『주역참동계(周易參同契)』란 주나라의 역(易)이 노자의 도(道)와 연단술(練丹術)과 서로 섞여 통하며 『주역』과 연단은 음양을 벗어나지 못하며 노자의 도는 음양이 합치된다고 하였다. 〈3쇄〉

● 272쪽/값 6,000원

26. 한서예문지

이세열 해역

반고(班固)가 찬한 『한서(漢書)』 제30권에 들어 있는 동양고전의 서지학(書誌學)의 대사전이다. 한(漢)나라 이전의 모든 고전을 일목요연하게 볼 수 있는 서지학의 원조이다.

● 328쪽/값 7,000 원

27. 대대례

박양숙 해역

『대대례』의 정식 명칭은 『대대예기』이며 한(漢)나라 대덕(戴德)이 편찬한 저서로 공자(孔子)와 그의 제자들이 예에 관한 기록의 131편을 수집하여 집대성한 것이다.

● 344쪽/ 값 8,000원

28. 열 자

柳坪秀 해역

『열자』의 학문은 황제(黃帝)와 노자(老子)에 근본을 삼았고 열자 자신을 호칭하여 도가(道家)의 중시조라고 했다. 『열자』는 내용이 재미가 있고 어렵지 않은 것이 특징이다.

● 304쪽/값 7,000원

29. 법 언

揚雄 지음 / 崔亨柱 해역

전한(前漢)시대 사마상여(司馬相如)의 영향을 받아 대문장가가된 양웅(楊雄)의 문집이다. 양웅은 오로지 저술에 의해 이름을 남기고자 힘써 저술에 전념하였다.

● 312쪽/값 7,000원

30. 산해경

崔亨柱 해역

『산해경(山海經)』은 문학·사학·신화학·지리학·민속학·인류학·종교학·생물학·광물학·자원학 등 제반 분야를 총망라한 동양 최고의 기서(奇書)이며 박물지(博物志)이다. 〈3쇄〉

● 408쪽/값 10,000 원

31. 고사성어 (세상이 보인다 돋보기 엿보기)

송기섭 지음

● 304쪽/값 7,000 원

일상생활에서 많이 쓰이는 중심되는 125개의 고사성어가 생기게 된 유래를 밝히고 1,000여개 고사성어의 유사언어와 반대되는 말, 속어, 준말, 자해(字解) 등을 자세하게 실어 이해를 도왔다. 〈3쇄〉

32. 명심보감 · 격몽요결

박양숙 해역
● 280쪽/값 6,000원

인간 기본 소양의 명심보감과 공부하는 지침을 가르쳐 주는 격몽요결, 학교의 운영과 학생들의 행동에 대한 모범안을 보여주는 율곡 이이(李珥) 선생의 학교모범으로 이루어졌다. 〈2쇄〉

33. 이향견문록

劉在建 엮음 / 李相鎭 해역
● 상 · 352쪽/값 8,000원 ● 하 · 352쪽/값 8,000원

일반적으로 많이 알려지지 않은 숨은 이야기 모음이다. 소문으로 알려져 있는 평범한 이야기도 있고, 기이한 이야기도 있고, 유명한 사람의 이야기를 능가하는 이야기도 있다.

34. 성학십도와 동국십팔선정

이상진 外 2인 해역
● 248쪽/값 6,000원

성학십도는 어린 선조(宣祖)가 성군(聖君)이 되기를 바라는 마음에서 퇴계 이황이 마지막 충절을 다해 집필한 것이다.
동국십팔선정은 우리나라 사람으로서 성균관의 문묘(文廟)에 배향(配享)된 대유학자 18명의 발자취를 나열한 것이다. 〈2쇄〉

35. 시자

신용철 해역
● 240쪽/값 6,000원

진(秦)나라 재상 상앙의 스승이었다는 시교의 저서로 인의(仁義)를 바탕에 깔고 유가(儒家)의 덕치(德治)를 바탕으로 '정명(正名)과 명분(名分)'을 내세워 형벌을 주창하였다.

36. 유몽영

張潮 지음 · 박양숙 해역
● 240쪽/값 6,000원

장조(張潮)가 쓴 중국 청대(淸代)의 수필 소품문학의 백미(白眉)로, 도학자(道學者)다운 자세와 차원높은 은유로 인간의 진솔한 삶의 방법과 존재가치를 탐구하였다.

37. 채근담

朴良淑 해역
● 288쪽/값 7,000원

명(明)나라 때 홍자성(洪自誠)이 지은 저서로 하늘의 이치와 인간의 정(情)을 근본으로 삼아 덕행을 숭상하고 명예와 이익을 가볍게 보아 담박한 삶의 참맛을 찾는 길을 모색하였다.

38. 수신기

干寶 지음/전병구 번역
● 462쪽/값 10,000원 〈2쇄〉

동진(東晉)의 간보(干寶)가 지은 것으로 '신괴(神怪)한 것을 찾다'와 같이 '귀신을 수색한다'의 뜻으로 신선, 도사, 기인, 괴물), 귀신 등등의 이야기로 이루어져 있다.

39. 당의통략

이덕일, 이준영 해역
● 457쪽/값 10,000원

조선 말기의 정치가이며 학자인 이건창이 지은 책으로 선조(宣祖) 때부터 영조(英祖) 때까지의 당쟁사이다. 음모와 모략, 드디어 영조가 대탕평을 펼치게 되는 일에서 끝을 맺었다.

40. 거울로 보는 관상(원제 : 麻衣相法)

辛盛銀 엮음
● 400쪽/값 15,000원

달마조사와 마의선사의 상법(相法)을 300여 도록을 완비하여 넣고 완전 현대문으로 재해석하여 누구나 쉽게 알 수 있도록 꾸민 관상학의 해설서

41. 다경

박양숙 해역
● 240쪽/값 7,000원

당(唐)나라 육우(陸羽)의 『다경(茶經)』과 일본의 영서(榮西)선사의 『끽다양생기』를 합하여 현대문으로 재해석하고 도록으로 차와 건강을 설명하여 전통차의 효용성과 커피의 실용성을 곁들여 다루었다.

42. 음즐록

사회에 공헌을 하고 선행을 많이 쌓아 자신이 타고난 운명을 바꿀 수 있다는 저서. 음즐이란 말은 "하늘이 아무도 모르게 사람의 행하는 것을 보고 화와 복을 내린다'는 뜻에서 딴 것이다. 어떠한 행동이 얼마만큼의 공덕에 해당하는 가에 대한 예시도 해놓았다.

鄭佑永 해역
● 176쪽/값 6,000원

43. 손자병법

혼란했던 춘추시대에 태어나 약육강식의 시대를 살며 터득한 경험을 이론으로 승화시킨 손자의 병법서. 전투에서 승리하는 데 필요한 모든 형세과 지형과 기세 등을 살펴 계략을 세우고 실행하는 것에 대한 설명. 현대인들에게는 처세술의 대표적인 책으로 알려졌다.

趙日衡 해역
● 272쪽/값 7,000원

44. 사경

'사람을 쏘려거든 먼저 말을 쏘아라'라는 부제가 대변해 주듯이 활쏘기의 방법에 대한 개론이다. 활쏘기에 필요한 도구와 마음가짐, 손동작, 발 디디기, 몸가짐, 제도 등의 올바른 것을 제시하여 활쏘기 자체를 초월한 도(道)의 경지에 오르는 길을 설명하였으며, 활쏘기는 궁극적으로 덕(德)을 쌓는 길임을 말하고 있다. 관련된 도록을 넣어 보는 재미도 더렸고, 본래 사경에는 활을 쏠 때의 예의에 관한 내용이 없어 『예기』에서 활과 관련된 예의 부분을 발췌하여 삽입하였다.

김해성 해역
● 288쪽/값 9,000원

이아

아주 오래전의 한문 대사전이다. 한문 글자 하나하나의 유래와 뜻과 음을 보여주고 그 글자가 어느 구절에 어떻게 어떠한 뜻으로 쓰였는지에 대해 자세하게 예를 들어가며 적고 있다. 우리가 많이 쓰고 있는 한문 글자 중에서 전혀 예상하지 못하던 글자의 뜻과 음, 그 글자가 쓰이는 구절을 새롭게 알게 된다.

근 간

예기(상 · 중 · 하)

옛날 사람들의 생활과 관련된 모든 것을 총망라하여 49편으로 구성해 놓은 생활지침서. 옛날 사람들이 어떤 문화를 가지고 살았으며, 어떤 것에 생활의 무게를 두었는가 하는 것들을 살필 수 있다. 또한 오늘날 그 의의를 되새겨 우리 생활에 접목시킴으로써 보다 나은 생활을 영위하는 데 토대가 될 수 있다.

근 간

101. 한자원리해법

한자가 이루어진 원리를 부수를 기본으로 나열하여 쉽게 풀어놓았다. 한자의 기본인 부수가 생겨나게 된 원리를 보여주어 한자에 쉽게 다가갈 수 있게 하였다. 〈2쇄〉

金徹泳 엮음
● 232쪽/값 6,000원

102. 쉽게 풀어 쓴 상례와 제례

편의주의에 밀려난 조상들이 지켰던 상례와 제례를 알기 쉽게 풀어 써서 그 의식에 스며있는 의의를 고찰하고 오늘날의 가정의례 준칙상의 상례와 제례와도 비교하였다. 또한 상례와 제례가 실제 거행되는 50여컷의 사진들을 함께 실어 이해를 돕고 있다.

金昌善 지음
● 248쪽/값 7,000원

세계를 움직이는 999인의 명언 〈삶의 지혜를 주는 책〉

인류를 하나로 묶어 주는 언어를 통해 시대의 정신적 질병을 치료해 주는 999인의 명언을 모아 불안과 공포에 시달리는 현대인들에게 위안을 줄 수 있도록 꾸민 책.

유태전 엮음
● 364쪽/값 9,000원

저자 趙日衡

1963년 국학대학 법률학과 졸업
현재 : 고려대학교 경영대학원 A.M.P 45기 교우회 회장
현재 : 국제라이온스협회 354-D지구 운영부위원장
현재 : 미국 알칸소 주정부 친선명예대사, 리틀락시 명예시민
현재 : 사단법인 세계 한민족 평화통일 협의회 수석 부총재
현재 : 제2건국 추진 위원회 위원
현재 : 한국 관광호텔협회 부회장
현재 : 알프스 관광호텔 대표
  감사장 및 표창장
    검찰총장 감사장 94-235호 / 경찰청장 감사장(95-0280)
    법무부장관 표창장 95-964호 / 대통령 표창장(96-336호)
    일본국 온천시장 감사장 /
    국제라이온스 354-D지구 최고봉사상인
    무궁화사자 대상장을 20여년
    라이온스 회원으로서 무려 11회씩이나 수상도 했다.
  역서 : 손자병법

성공의 문을 여는 열쇠 33

초판 1쇄 인쇄   2000년 3월 20일
초판 1쇄 발행   2000년 3월 25일

■

지은이 : 조일형
펴낸이 : 이준영

판권본사소유

■

회장 · 양태조
주간 · 김창완 / 교정 · 강화진
조판 · 태광문화사 / 인쇄 · 남양인쇄 / 제본 · 기성제책사
유통 · 문화유통북스

■

펴낸곳 : 자유문고
서울 영등포구 당산동6가 121-73 영등빌딩 B동 401호
전화 · 2637-8988 · 676-9759(FAX)
등록 · 제2-93호(1979. 12. 31)

■

정가 10,000원   ISBN 89-7030-990-X   03810

※잘못 만들어진 책은 구입하신 서점에서 바꿔드립니다.